华南师范大学创建国家教师教育创新实验区

首批教师教育专家工作室主持人研究成果

新 时 代 教 师 教 育 文 库

王 红 雷丽珍 主编

第 1 辑

基础理论与通识教育丛书

丛书主编 王 红 黄道鸣 姚轶懿

教师专业发展学校的
本土化探索
——基于广州市 24 所中小学校的实践

《新时代教师教育文库》编委会

顾 问：陈文海

主 编：王 红 黄道鸣 姚轶懿

编 委：王建平 张 卫 熊建文 潘文庆 雷 蕾

连泽纯 华维勇 张学波 罗一帆 安 宁

赵 艺 张奕华 张 杰 向 娟 李 昊

王 健 袁 宙 童汝根 雷丽珍 钟罗金

韩裕娜 张燕玲

SPM 南方传媒

全国优秀出版社 全国百佳图书出版单位 广东教育出版社

·广 州·

图书在版编目（CIP）数据

教师专业发展学校的本土化探索——基于广州市 24 所中小学校的实践 / 王红，雷丽珍主编 . —广州：广东教育出版社，2023.9

ISBN 978-7-5548-5380-1

Ⅰ . ①教… Ⅱ . ①王… ②雷… Ⅲ . ①中小学 — 师资培养 — 研究 — 广州 Ⅳ . ① G635.12

中国国家版本馆 CIP 数据核字（2023）第 056839 号

教师专业发展学校的本土化探索——基于广州市24所中小学校的实践

JIAOSHI ZHUANYE FAZHAN XUEXIAO DE BENTUHUA TANSUO——
JIYU GUANGZHOUSHI 24 SUO ZHONGXIAOXUEXIAO DE SHIJIAN

出 版 人：朱文清

责任编辑：靳淑敏

责任技编：许伟斌

装帧设计：陈宇丹

出版发行：广东教育出版社

　　　　　（广州市环市东路472号12-15楼　邮政编码：510075）

销售热线：020-87615809

网　　址：http://www.gjs.cn

E-mail：gjs-quality@nfcb.com.cn

经　　销：广东新华发行集团股份有限公司

印　　刷：佛山市浩文彩色印刷有限公司

　　　　　（佛山市南海区狮山科技工业园A区）

规　　格：787 mm×1092 mm　1/16

印　　张：30

字　　数：600千

版　　次：2023年9月第1版　2023年9月第1次印刷

定　　价：89.00元

前　言

　　"教师专业发展学校"这一概念最早源于美国。1990年，霍姆斯小组在《明日之学校:专业发展学校设计之原则》报告中对教师专业发展学校进行了明确定位，并论述了建立教师专业发展学校的六条原则。随后，美国开始建立教师专业发展学校。许多研究者从不同的视角理解教师专业发展学校。就其本质而言，教师专业发展学校是一种平等融合的文化环境，它以中小学校为载体，通过构建大学、中小学、政府、社区和专业协会等利益相关者伙伴关系，实现师范生、在职教师、大学教授等主体共同发展，提升教师教育质量。就教师专业发展学校的功能而言，宏观上，它不仅可以提升学校教育水平，改善基础教育质量，还可以优化教师教育机制，提升教师教育质量；中观上，它不仅可以培育探究与协作的文化氛围，促进中小学校变革与发展，还可以促使大学重新审视教育理念和教育研究；微观上，它不仅可以促进师范生和在职教师的能力提升，还对大学教师的专业发展有一定作用。

鉴于教师专业发展学校在促进师范生培养和在职教师能力提升，改善教师教育质量和基础教育质量方面的作用，近些年来国内教育发达地区也纷纷进行教师专业发展学校建设方面的探索。比如，浙江省在2015年就发布《浙江省教师发展学校建设实施方案（试行）》，2017年印发《浙江省教师发展学校建设标准》，并开展教师专业发展学校的等级评估工作。截至2020年，浙江省已设立教师专业发展学校1200多所。通过等级评估，2018—2019年共有82所学校被确定为省级示范性教师专业发展学校。上海市在2012年发布的《上海市教育委员会关于公布上海市教师专业发展学校暨见习教师规范化培训基地的通知》中提出了"上海市教师专业发展学校"这一概念。截至2020年，上海市共遴选了市级教师专业发展学校215所、区级教师专业发展学校325所。

为深化教师教育改革，推进广东"新师范"建设，构建高校—地方政府—中小学校协同培养机制，广州市在推动教师专业发展学校建设方面也进行了积极探索。2019年广州市教育局发布《关于协同高校创建国家教师教育创新实验区的通知》，共遴选"华南师范大学−广州市教育局创建国家教师教育创新实验区教师发展学校"24所。这一项目旨在建设一批对区域同类学校起示范、引领与辐射作用的教师专业发展学校，为中小学在职教师专业发展提供培训和指导，为高校教师参与指导基础教育改革提供平台，为师范生教育实习和师范技能培养提供支撑，促进在职教师、师范生及教师教育工作者在专业上共同发展。

经过两年多的探索与实践，初步形成了广州教师教育创新实验区的教师专业发展学校建设模式，即以教师教育专家工作室为平台的"UGS"（U：university，高校；G：government，政府；S：school，中小学校）三位一体协同发展模式。该模式以华南师范大学教师教育专家工作室为平台，组建由高校学科专家及信息技术和教育理论专家、教师专业发展学校代表构成的学术共同体，教师专业发展学校代表作为高校基础教育访问学者加入教师教育专家工作室，与高校专家共同致力于师范生培养、在职教师发展及基础教育改革研究，为职前师范生和在职教师培养培训提供新路径。

教师教育专家工作室是华南师范大学实施"创建国家教师教育创新实验区"的创新探索，是推动教师教育"职前职后一体化"的重要依托。华南师范大学充分发挥教师教育专家工作室主持人的优势，为广州市24所教师专业发展学校配备了24位教师教育指导专家，每位专家负责跟进指导一所学校，进行现场诊断指导，以及教师发展主题的成果提炼指导。通过工作室主持人的线下、线上指导与交流，每所教师专业发展学校找准切入点，基于经验、反思进行成果提炼，形成了教师专业发展学校的本土化探索成果。24所教师专业发展学校分别从体系机制、文化理念、课程教学、校本研修等不同路径、不同视角进行教师专业发展方面的探索，并取得了积极成效，在促进教师专业成长的同时，也助推了学校的整体发展。

雷丽珍

2022 年 10 月 23 日于华南师范大学

目录

路径一 体系机制引领教师发展

教育即发现——广东广雅中学教师发展指导体系的实践探索···· 3

广州中学教师专业发展的规划管理探索···· 26

"一体多环、分路推进"教师发展机制的实践与探索

　　——以广州奥林匹克中学为例···· 43

学生素质拓展学分认证与"双师型"教师培养机制探究

　　——以广州市第一一三中学为例···· 59

中学教师"六阶梯"发展模式的研究和实践

　　——以广州市执信中学为例···· 77

"智能互联"时代下的教师专业发展

　　——建设"天一书院",打造智慧型教师···· 104

名师工作室:教师专业发展共同体新模式

　　——基于广园小学名师工作室个案研究···· 130

路径二 文化理念涵养教师发展

基于真光文化的教师自主发展实践研究···· 150

"美好教师"培养理念及培养模型

　　——以华南师范大学附属小学为例···· 170

协同教育理念下的教师自我发展的探索与实践

　　——以沙面小学为例 ···· 199

试论项目驱动助力研究的合作型教师文化建构

　　——以广州协和学校语文教师专业发展的探索与实践为例 ···· 214

教育信念引领下的教师校本发展策略

　　——基于花都区骏威小学的个案研究 ···· 229

普通中小学校教师融合教育素养提升的策略研究

　　——以广州市华侨外国语学校为例 ···· 243

路径三　课程教学夯实教师发展

利用 STEM 课程体系建设助推教师共同体发展：路径与成效

　　——以广州市增城区增城中学为例 ···· 260

打造灵动课堂，成就灵性教师

　　——以广州外国语学校为例 ···· 278

指向课堂教学问题的教师校本研修的实践

　　——以广州市培英中学为例 ···· 307

以"基于现象的多学科融合教学"促进教师发展的实践研究

　　——以广州市协和小学为例 ···· 325

"一师一优课、一课一名师"活动促进教师专业发展的现状及策略研究

　　——以邝维煜纪念中学为例 ···· 345

路径四　校本研修助推教师发展

基于新教师专业素养提升的校本培训课程开发研究

　　——以中国教育科学研究院荔湾实验学校为例 ···· 358

聚焦核心能力培养，助力班主任专业成长

    ——以广州市增城区荔城街第二小学为例···· 380

"四位一体"校本研修推动学校高位发展

    ——以广州市越秀区东风东路小学为例···· 398

沐一方书天地　享一道心灵光

    ——广州市第二中学以阅读促进教师成长二维阶梯模式的

       思考···· 413

以课题研究促教师专业发展

    ——广州市培正中学研究型师资队伍建设纪实···· 426

如何培养教师教学成果的培育和凝练能力

    ——以广州市第十六中学为例···· 446

路径一 体系机制引领教师发展

建立健全中小学教师发展体系，是推动职后教师专业成长的重要前提。当前，全国各地正在构建形成省、市、区、校四级联动，互联互通，协同创新的教师专业发展支持体系。省、市、区级层面正在加强不同层级的中小学教师发展中心建设，整合资源，开展区域内教师的培训培养与研究。校级层面构建分层分类递进式的中小学教师发展体系，完善中小学教师、班主任、管理骨干等分层分类的培训课程体系，创新教师培训内容与研修方式，从而实现教师专业成长与学校整体发展的相互融合与促进。

如何以体系机制引领校本教师发展，广州市的部分教师专业发展学校在此方面做出了积极探索。比如，广东广雅中学聚焦于教师专业发展的核心素养，尝试从文化体系、支持体系、实施体系、评价体系等四个角度构建了教师发展指导的行动体系；广州中学将教师发展明确为学校的"第一工程"，开展了教师专业生涯规划管理的探索，目的是唤醒教师的专业自觉、建立专业发展的共同愿景、构建学校内部专业的支撑体系、理顺教师职业的上升通道，最终使教师产生恒久的自觉发展动力；广州奥林匹克中学则根据学校办学理念和办学愿景，提出了以学校文化为主线、以制度建设为核心、以教师发展性评价为抓手的"一体多环、分路推进"的学校教师发展机制，积极探索与实践教师"梯队–进阶式"发展模式；执信中学在集团化办学模式下，根据教师专业发展规律和不同发展阶段教师的个性需求，确定了中学教师校内与校外成长"六阶梯"发展路径，形成了全方位、立体式的教师阶梯成长培训模式……

教育即发现

——广东广雅中学教师发展指导体系的实践探索

一、问题的提出

（一）教师的专业发展是国际教师教育改革的趋势

在国际教师教育改革中，许多国家从不同角度开始注意到教师专业发展的问题，持续了近半个世纪的教育改革浪潮把教师专业发展推到历史的前台。在当代教育历史进程中，教师不是单纯的任务执行者，而是教育的思想者、研究者、实践者和创新者。在专业发展的路径上，教师的主体地位、精神和意识得到了时代的推崇，教师专业发展和对教师的重新发现将对21世纪教育产生重大影响，重新发现教师、促进教师专业发展逐步成为教师实践创新的主流话语。

（二）教师专业发展成为影响我国课程改革的关键因素

教育改革的核心在于课程改革，课程改革的核心在于课堂改革，课堂改革的核心在于教师的专业发展。新一轮课程改革的重要标志是提出了核心素养，而教师是影响核心素养落实的重要因素，在学生核心素养的发展过程中扮演着转化者这一重要角色。新课程改革的"新"也是教师专业发展的"新",这就要求教师必须做研究型、专业化的教师。当前,教师专业化程度还不是很高,教师发展的动力不足,在课程改革不断深入及教学理念不断更新的背景下,这一点在一定程度上制约了新课程的实施。

(三)教师发展指导是学校提升教育质量的重要条件

没有更好的教师就不会有更好的学校,学校实力的竞争,就是教师实力的竞争,学校长远的发展,取决于教师专业发展能否获得持续的优化、提升。因此,教师专业发展不仅仅需要教育主管部门的重视和部署,更需要学校层面的自主发展。学校是教师专业发展的重要场所,在教师专业发展过程中具有重要的作用和意义。

(四)教师发展指导是教师自我成长的迫切个体诉求

新一轮课程改革的实施为中小学教师的专业发展提供了更多的发展机遇,同时也从多方面对中小学教师提出了新的要求和目标,新的教育理念、角色定位、师生关系、教学方式都需要教师及时调整和更新。在这种情况下,教师必须通过三个层面来不断推动和实现自我成长——一是"学习即成长";二是不断反思和探究,不断更新自我理念与意识;三是主动参与,积极创新,在实践与行动中实现教师职业生涯和专业生命的螺旋式上升,这是教师自我成长的本体诉求,也是学校教师培养的重要课题。图1所示为教师自我成长的进阶金字塔。

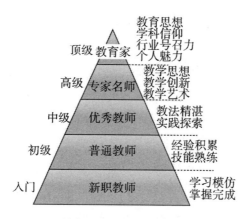

图1 教师自我成长的进阶金字塔

二、解决问题的过程与方法

（一）解决问题的基本思路

在新高考、新课程改革的背景下，作为改革开放的先行地，广东省率先提出"新师范"建设的命题。华南师范大学与广州市教育局签订创建国家教师教育创新实验区的协议，项目将在三年建设周期内开展推进10大工程、20个项目、32个子计划。广东广雅中学及时把握机遇，成功申报国家教师教育创新实验区教师发展学校项目试点学校，开展项目研究和建设，以《中共中央国务院关于全面深化新时代教师队伍建设改革的意见》为指导，贯彻落实新一轮课程的精神，制定学校教师队伍五年发展新规划，探索、完善和创新广雅特色的教师发展指导体系，建成可推广、有示范意义的教师发展指导体系，形成与高校、教育行政部门三位一体的合作发展共同体，加强资源共建共享，推动区域内教学改革研究成果的推广应用。

（二）项目研究的主要内容

项目研究的主要包括以下四个方面：（1）教师发展指导的情况分析；（2）教师发展指导的理念和策略；（3）教师发展指导实践体系的构建研究；（4）教师发展指导实践体系的实施与评价研究。

（三）项目研究的具体方法

项目研究着力于构建教师发展指导的实践体系，以行动研究法为主，同时运用文献研究法、调查研究法、个案研究法等研究方法。

（1）行动研究法。聚焦教师专业发展中的具体问题，设计解决问题的发展指导方案，在实施中通过观察教师发展的变化而对实施的策略进行反思与改进。

（2）文献研究法。检索与项目相关的论文、案例，以及专著，撰写研究综述，明确本项目研究的起点、建立教师发展指导实践体系的基本框架。

（3）调查研究法。综合运用调查问卷、深度访谈的方法对教师专业能力的发展水平及其影响因素进行分析研究。

（4）个案研究法。在项目研究的过程中，重点跟踪部分教师在参与本研究背景下构建的教师发展指导实践体系后发生的成长变化，对此进行全面的透视，进而检测、调控、完善和评价本研究体系的有效性和科学性。

（四）项目研究的总体路径

项目研究主要分为三个阶段，各个阶段的主要任务及重点工作如图2所示。

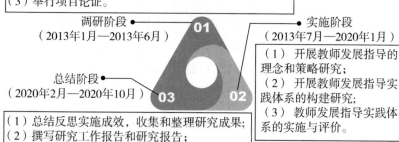

（1）查阅文献资料，了解教师发展指导的研究现状；
（2）开展调查访谈，了解教师发展指导的问题和诉求；
（3）举行项目论证。

调研阶段
（2013年1月—2013年6月）

实施阶段
（2013年7月—2020年1月）

（1）开展教师发展指导的
理念和策略研究；
（2）开展教师发展指导实
践体系的构建研究；
（3）教师发展指导实践体
系的实施与评价。

总结阶段
（2020年2月—2020年10月）

（1）总结反思实施成效，收集和整理研究成果；
（2）撰写研究工作报告和研究报告；
（3）进行成果凝练和推广应用。

图 2　项目研究的总体路径

三、成果的主要内容

经过7年的实践探索，广东广雅中学逐步形成了教师发展指导实践体系，系统回答了"如何在深化课程改革背景下实施教师发展指导"这一时代命题。

（一）确立了教师发展指导的基本理念

教育，就是发现深藏在每一个人内心的财富。著名国学大师、广东广雅中学第23任校长（山长）梁漱溟先生在《我的人生哲学》中也谈道："每个人都蕴蓄着一团力量在内里，要借着活动发挥出来。"学校就是要站在每一个不同生命个体的角度，创设条件让每一个教师发现原本不知道或不清楚的自己最擅长、最独特的方面，激发、唤醒教师的主动性，让教师发现最好的自己。

"发现"的英文是discover，其前缀dis-意为"分离""去掉"，cover意为"遮盖""掩蔽"。这个简单的词语对教育有诸多启示——"发现"，本质是解放，是唤醒，是去除功利表面后的教育本真。在教师发展指导中，坚持"发现"的教育主张，引导和而不同的教师发展，就能让教师回归教育本真，发现自我价值，实现自我成长与和谐发展。

教育即发现，不仅在于教师发现学生，也在于学校发现教师；不仅在于教师使学生成长，也在于教师实现自身的成长。"发现"教育主张，关注"教"与"学"和谐统一、双向互动、共同发展。

（二）凝练了教师专业发展的核心素养

结合国际各相关组织对教师核心素养的研究，基于我国新一轮课程改革中学生核心素养相关内容的落实情况以及教育部发布的《中学教师专业标准（试行）》，项目组在反复探讨和充分深入研究的基础上，尝试对教师专业发展的核心素养体系进行研究，形成了涵盖"师德理念""知识能力""创新素养"三大领域和十大内容的教师专业发展核心素养（表1）。

表 1　教师专业发展核心素养

一级指标	二级指标	主要表现
师德理念	国家认同	支持、认同国家的教育政策方针，积极践行社会主义核心价值观，为实现中国教育强国梦不懈努力
	职业认同	热爱教师职业，为人师表，甘于奉献，敢于创新
	学生中心	坚持立德树人，关爱学生，尊重学生，教学始终以学生为本，为学生的全面和谐发展开展相应的教育教学活动

（续表）

一级指标	二级指标	主要表现
知识能力	学科思维	具有良好学科知识结构，熟悉学科知识发展历程，能站在学科系统思想的角度实施教学，培养学生形成良好的学科素养和辩证学科思维
	人文精神	具有良好的文化品位和审美情趣，尊重、保护、培养、发展学生的个性，做到科学理性和人文素养充分融合，充分发展，成为学生学习的榜样
	教学组织	具有良好的教学实施能力、组织与调控能力，能确保课堂教学的有序开展和学生的有效学习
创新素养	信息运用	能熟练掌握并利用互联网技术、云平台系统以及现代信息技术开展相应教学活动，能将现代信息技术与教学内容有机结合，创新性地探索新的教学方式和学习途径，提升教学效益
	语言表达	具有良好的语言表达能力和沟通能力
	合作创新	善于与他人合作，共享共建共进，大胆创新实践，积极进行课程实施和教学改革
	终身学习	具有良好的自我迭代能力，积极主动接受新知识，能做到深度阅读、积极反思和不断学习

教师专业发展的核心素养，就是教师的核心竞争力，提炼教师的核心素养，有助于我们更好地认识、了解教师的职业职责和使命担当；研究教师的核心素养，能够为教师发展指导提供强有力的保障。

（三）提出了教师发展指导的基本策略

1. 教师即课程

教师要有课程意识，要自己理解和体验课程，将自己的教学智慧、人格魅力、价值取向和人生态度渗透到课程实施过程中，使教师成为课程的内在要素之一，只有如此，教师才能真正地进入课程，将静态的课程设计转化为动态的课程实施，才能将预设的课程转化为创生的课程。为此，学校鼓励教师创造性地整合实施国家课程，并在国家课程的基础上，结合学生的发展诉求和教师的个性特长，研发开设具有教师个人鲜明特色的校本课程，进而激发教师的积极性和创造性。例如，学校面向学生开设了"脑洞大开"的"融合课程"，以专题为主线，打破学科界线，融合多个知识点，由多位教师从多个角度引导学生以人类文明史为主线，以全球性视野和综合学科观点去思考人类发展史，进而培养学生系统观和整体观的思维方式，受到学生们的高度评价和热烈追捧，也让一批青年教师迅速成长起来。

2. 学习即发展

学习是教师开展教科研活动的基础。只有深入学习指导性文件，潜心钻研教育教学理论，更新优化自身知识结构，向书本学习，向同行学习，向学生学习，向网络学习，向实践学习，教师才能成为一个反思者、研究者和引领者，专业的发展才能焕发迷人的芬芳。为此，学校成立了教师发展指导中心，为教师专业发展创造各种学习条件，例如，开展基于经典作品深度阅读的青年教师读书会和沙龙研讨，以名师工作室、工作坊的形式开展各类教学研讨活动，借助高清视频进行远程同步备课，举办校内"多元互动"课例展示活动，鼓励青年教师成为学生的导师、教学的名师。

3. 教学即思维

学生就像一棵树，学习成绩只是暴露在地表外的枝丫，思维模式才是深埋地下的树之根本。教学的重要目标之一就是发展学生的思维能力，为学生的终身发展奠定基础。我们坚信，教师之所以深刻，就在于他善于搅动学生思维的涟漪，把课堂的温度建立在思维的深度上，因此，学校要积极引导教师在课堂教学中体现"尊重之道、引导之法、激发之术"，要在课堂的"发现"之旅中成为学生的引领者。

4. 名师即资源

名师是学校的珍贵资源和核心竞争力，学校始终把教师发展指导作为教育教学工作的重中之重，努力让名师成为名校的标志。为此，学校通过举办"首席教师"教育教学论坛、特级教师成长分享会、名师工作室示范课活动等，加强名师的示范引领作用；积极推进实施优秀教师评选活动，培养青年骨干教师，支持鼓励教师通过学习培训促进专业成长，先后组织300多人次参与"国培计划"、广东省新一轮基础教育百千万人才培养工程、广州市骨干教师培训、广州市名班主任培训等高层次项目培训；广邀省内教学专家成立"广雅名家工作室"，深入课堂实践，指导教学改革，引领教育科研，促进青年教师的专业成长。

（四）构建了教师发展指导的行动体系

项目组在项目研究和实践探索过程中，构建了基于教师发展指导的行动体系，包括文化体系、支持体系、实施体系、评价体系四个方面的内容，如图3所示。

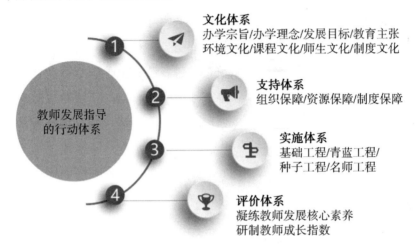

图 3 教师发展指导的行动体系

1. 方向与动力：教师发展指导的文化体系

优良的学校文化能够促使教师把组织理想作为实现个人价值的方向和动力，从而为实现组织的预期目标而精神饱满地工作。学校文化也能帮助教师理解教育教学的含义、明确自身在专业发展中的责任，并能界定教师对学校任务的奉献所发挥的作用。

"和谐"是广东广雅中学的学校文化和教育理念。为此学校提出了"在和谐中求优质，在优质中求创新，在创新中求发展"的办学思路，引导教师在教育改革中抓住对举而不对立的核心要素，推进和谐研究——

（1）人才培养：求立德与成才之和谐；

（2）课程教学：求传承与创新之和谐；

（3）校园建设：求师生与环境之和谐；

（4）改革实验：求过程与结果之和谐；

（5）管理机制：求民主与集中之和谐。

学校通过"和谐"文化，引领教师践行"和谐"教育，实现师生的和谐发展。图4所示为教师发展指导的文化体系。

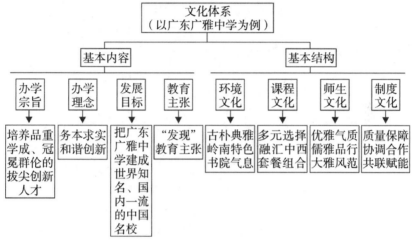

图 4 教师发展指导的文化体系

2. 条件与资源：教师发展指导的支持体系

学校积极构建行之有效、层次丰富的教师发展指导的支持体系（图5），助力教师成长。例如，"组织保障"是学校领导、中层行政、科级组长组成教师发展指导领导小组，负责统筹协调和指导各类教师发展指导工作，下设工作小组/项目小组/项目中心落实相关事宜，为学校教师发展指导相关系列培训活动服务；"制度保障"由培训制度、激励制度、考核制度组成，是学校及教育行政部门为实施推进教师发展指导系列活动而发布的相关文件，制定的相关制度；"资源保障"由场室设施、经费支持、时间保障、资料编撰等内容项目组成，是确保教师发展指导工作顺利开展，实现高质高效的必要条件。

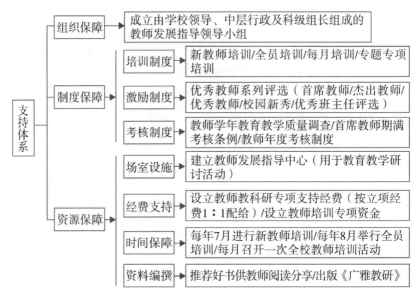

图 5　教师发展指导的支持体系

3. 分类与分层：教师发展指导的实施体系

由于指导对象的差异性和独特性，同时也由于学校对教师发展的不同规划，教师发展指导的实施举措有所不同。学校在多年的实践探索中，形成了四个培养工程系列，不断深化和加强教师发展指导。

一是"基础工程"。面向全体教师的发展指导，旨在研究课程改革、优化课堂教学、提升科研能力、促进学生发展和教师身心健康。

二是"青蓝工程"。面向新教师的发展指导，旨在帮助新教师尽快熟悉教学、站稳讲台、提升课堂教学和班级管理水平。

三是"种子工程"。面向青年教师的发展指导，旨在培养教育教学骨干队伍，为青年教师提升专业技能、参与教学竞赛等提供培训指导，实现青年教师的个性成长和特色发展（成长路径：专项—专长—专业—专家）。

四是"名师工程"。引导教师明确定位，设定奋斗目标，采取多种办法鼓励教师冒尖，努力成为校园新秀、校优秀教师、杰出教师、首席教师和省、市优秀教师、名教师。营造符合教师特点的激励环境，培养造就一支专业化、高素质、创新型的名师队伍，充分发挥名师在教育发展中的"领头羊"作用。

4. 成长指数：教师发展指导的评价体系

评价旨在挖掘潜能，使教师将短期的外在压力转换为自我诊断、自我发展的持续内在动力，进而促进教师全面进步、发展。为此，学校经过实践探索，结合教师发展中存在的问题和自我诉求，研究分析并尝试构建符合中学教师发展性评价的指标体系并将其转化为"教师成长指数"。教师成长指数框架内容如图6所示。

图 6　教师成长指数框架内容

"教师成长指数"由4个一级指标、20个二级指标构成，每个二级指标分为5个等级构成三级指标，以此对教师的发展情况进行综合评估：（1）职业发展——主要反映教师当前的职业发展情况。该指标大体可以反映教师职业发展的"快慢"程度。（2）教育教学——主要反映教师在教育教学方面所取得的成绩和进展情况。该指标大体可以反映教师业绩水平的"高低"程度。（3）教研成长——主要反映教师在教育科研方面的情况。该指标大体可以反映教师教科研能力的"强弱"程度。（4）示范引领——主要反映教师在示范带学和辐射影响方面的表现。该指标大体可以反映教师的同行声望和专业影响的"大小"情况。

"教师成长指数"的一级指标和二级指标通过量化分析法与德尔菲法（即专家赋权法）相结合确定权重，指标合成则采用极值法对数据进行标准化处理，计算公式为

$$X_{ij} = (X_{ij} - m) / (M_j - m_j)$$

式中，m 表示最小值，$M_j = \max\{X_{ij}\}$，$m_j = \min\{X_{ij}\}$。注：X_{ij} 最大值为1，最小值为0。

根据指标内容和权重分值，"教师成长指数"的框架体系制定如下（表2）。

表2　教师成长指数框架体系

发展领域（一级指标）	发展模块（二级指标）	发展等级（三级指标）					赋分
		1	2	3	4	5	
职业发展（20%）	工作教龄	1年内（新进教师）	1~5年（年轻教师）	6~15年（青年教师）	16~25年（中年教师）	25年以上（资深教师）	1~5分
	学历进修	大专	学士	硕士	博士	博士后	1~5分
	岗位承担	科任教师	备长/班主任	科长/级长	中层行政	学校领导	1~5分
	职称级别	未定级	二级	一级	高级	正高级	0~5分

（续表）

发展领域（一级指标）	发展模块（二级指标）	发展等级（三级指标）					赋分
		1	2	3	4	5	
教育教学（35%）	课例展示	校级	区级	市级	省级	国家级	1~5分
	技能竞赛	校级	区级	市级	省级	国家级	1~5分
	学生竞赛	区级	市级	省组	国家级	国际级	1~5分
	教学业绩	不理想（年级81%~100%）	一般（年级前61%~80%）	较好（年级前41%~60%）	良好（年级前21%~40%）	优秀（年级前20%）	1~5分
	班主任工作	不理想（有处分记录）	一般（无处分/无表彰）	较好（校级奖励1~2次）	良好（校级奖励3~5次）	优秀（校级奖励5次以上或市级以上奖励）	1~5分
	学生评价	不理想（满意率<10%）	一般（满意率10%~39%）	较好（满意率40%~69%）	良好（满意率70%~90%）	优秀（满意率>90%）	1~5分
	综合荣誉	校级	区级	市级	省级	国家级	1~5分
教研成长（25%）	论文发表	无	省级刊物（1~2篇）	省级刊物（3篇以上）	国家级刊物（1~2篇）	国家级刊物（3篇以上）	1~5分
	论著出版	无	参与编写	合作出版	主编出版	专著出版	0~7分
	主持项目	校级	区级	市级	省级	国家级	1~5分
	参与研究	校级（前3名）	区级（前3名）	市级（前3名）	省级（前3名）	国家级（前3名）	1~3分
	培训学习	校级	区级	市级	省级	国家级	1~5分
示范引领（20%）	专题讲座	校级	区级	市级	省级	国家级	1~3分
	指导教师	校级	区级	市级	省级	国家级	1~5分
	社会兼职	校级	区级	市级	省级	国家级	1~5分
	成果辐射	校级	区级	市级	省级	国家级	1~7分

根据表2，"教师成长指数"总分值设定为100，教师根据个人发展情况，参照表2相关指标内容，按权重计算最终得分即为个人成长指数。

"教师成长指数"的分析应用主要体现在三个方面：

一是以具体直观的指数形式帮助教师了解自己的当前发展情况。教师不仅可以计算自己个人的成长指数，也可以查询了解自己的成长指数在全校教师中的大体位置，通过知己知彼，设立目标，为后续制定自我发展规划提供参考依据。

二是学校可根据相关指标引导教师绘制个人发展雷达图，以分析自己的优势与不足，进而制定相应的发展规划并付诸实践。图7所示为A老师的个人发展雷达图（2019年）。

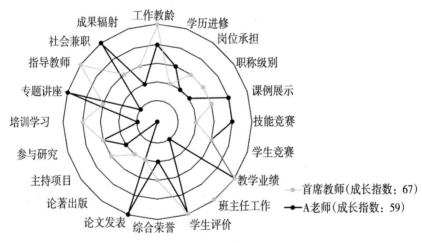

图 7　A 老师的个人发展雷达图（2019 年）

由图7可知，该老师在教学业绩、学生评价、论文发表、专题讲座、社会兼职等方面表现突出，但在培训学习、论著出版等方面表现较弱，另外其职称评审可能缺乏一些硬性条件需要及时补足。

可见"教师成长指数"为教师分析了解自己提供了客观科学的评价，能有效激发教师自我成长的强烈诉求和巨大动力，为教师发展提供了有力支撑。

三是"教师成长指数"可以帮助学校了解不同教师群体的发展情况（如图8所示），及时实施相应的教师发展指导举措，不断优化、加强教师队伍建设。

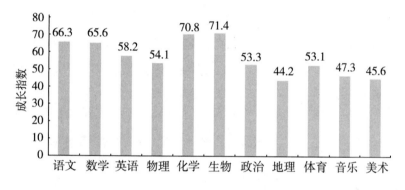

图 8　科组教师成长指数（2019 年）

从图8可以看出，该校生物和化学两个学科的教师发展表现突出，地理、音乐和美术三个学科的教师发展不够理想，学校需要加强对这三个学科的问题分析和策略指导，帮助学科教师实现优质均衡发展。

"教师成长指数"尝试用一个边界清晰、内涵明确的"指数"来反映教师自我发展的现状和生态，进而转化为教师自我反思、自我规划、自我成长的内驱力，同时也为学校开展教师发展指导工作提供可参考借鉴的途径，不失为一种有益的探索。

四、广雅教师发展成果

（一）形成了教师发展"金字塔形"成长阶梯

学校开展了一系列项目的评选活动，逐步形成了各类型优秀人才的"金字塔形"成长阶梯。比如，综合型人才成长路径：校园新秀（每年评选一次）—优秀教师（每两年评选一次）—杰出教师（每两年评选一次）—首席教师（每三年评选一次）；特色人才成长路径：铜莲花勋章—银莲花勋章—金莲花勋章。学校为各年龄层的教师树立了目标。

（二）成立了学术委员会和"广雅名家工作室"

学校根据五年发展规划，制定了《广东广雅中学队伍建设工程实施方案》，建立骨干教师后备人才库，从行政管理、教学管理、班级管理三方面合理地培养和储备人才，同时，学校组织校内特级教师和首席教师成立广雅中学学术委员会，邀请高校专家、省市教研员、正高级教师和特级教师，成立"广雅名家工作室"，指导学校各项教育科研工作。

（三）完善了教师校本培训体系

校本教研是教师专业发展的最佳载体，学校积极创新，借鉴省市高端培训模式，构建了有效的校本教研体系。比如新教师培训、暑假全员培训、科组教研培训、科研课题培训、班主任培训等。广东广雅中学教师培训活动设置见表3。

表3　广东广雅中学教师培训活动设置

形式	内容	活动主题	主要形式	参会教师
专题报告	由学校主管行政部门结合阶段工作统筹安排	（1）校长专题报告； （2）校外专家讲座； （3）部门工作通报	专题讲座	全体教师
学习分享	由相关教师汇报分享培训体会	（1）科组/部门考察汇报； （2）教师学习培训汇报	汇报分享	全体教师
示范引领	邀请学科带头人进行经验分享或开展相关教学指导	（1）特级/首席教师论坛； （2）学科带头人教学督导； （3）广雅名师示范课展示	经验分享、听课评课	科组教师
专题研讨	结合学科教育教学主题开展相应研讨活动	（1）核心素养研究； （2）学科教学研究； （3）特色课程研究； （4）高考备考研究； （5）科组建设研讨	专题研讨	科组教师
青年论坛	活动由青年教师轮流主持，主题由教师共同商议确定	（1）读书心得分享； （2）班级管理交流； （3）优秀课例展示； （4）教师发展探讨	主题发言、自由讨论	青年教工

（四）开展了一系列影响巨大的教学研讨活动

学校每年举办课堂教学技能大赛（如教育集团青年教师"片段教学"比赛）、教师年度论文评比以及多层次、多类别的公开课研讨活动（如"多元互动"校级公开课、全市教研公开课、中美教师同课异构、翻转课堂现场展示、广东广雅中学-长郡中学-九江一中省际同课异构、广东广雅中学-华南师范大学附属中学-华东师范大学附属第二中学省际同课异构、广东广雅中学-佛山一中省内同课异构、广东广雅中学-长郡中学-石家庄二中三校同课异构、广东广雅中学学科带头人校内教学示范课教学开放日等活动），活动形式多样，对教师专业成长产生了积极的影响。

（五）加强了教师的科研指导和成果凝练

学校以课题为引领，重视教师成果的推介和整合，大幅提高科研经费额度，支持教师参加全国、省、市各级教育研究规划立项课题的申报，近10年来共有73项课题获得省市教育部门立项，43项课题顺利完成并结题，15位教师出版个人论著和校本教材，7项成果和项目入选广州市教学成果奖获奖名单并获得表彰。

（六）发挥了教师专业发展的示范引领作用

教师发展指导体系实施以来，学校搭建多元发展平台，加强师生高阶思维培养，融合共生理念，形成教师发展共同体，引导教师聚焦核心素养，为思维而教，为未来而教，教师专业呈现良好发展态势，目前学校有正高级教师、特级教师17人，省级"名家工作室""名师工作室"4个，市级"教育专家工作室""名师工作室"10个，市级"名班主任工作室"1个；国家"万人计划"教学名师1人，广东省"特支计划"教学名师1人，广东省新一轮基础教育百千万人才培养工程名师培养对象2人；广州市基础教育百千万人才培养工程教育专家、名教师培养对象14人；广东省、广州市教师工作室主持人13人；在职南粤优秀教师5人；1人被评为全国优秀班主任，1人被评为全国优秀教师，1人被评为内地新疆高中班优秀教育工作者，4人被评为广州市名班主任，11人被认定为广州市基础教育名教师，7人被评为广州市骨干教师，28人被评为广州市优秀教师，2人被评为广州市优秀教育工作者，10人被评为广州市优秀班主任，23人担任广州教育学会各学科专委会会长、副会长、常务理事、理事和年级中心组成员，8人为广州市学科高考研究组成员，此外还有多位教师担任广州教育学会各专业委员会特约教研员、职称评审专家以及各类竞赛评审委员会专家，入选教师数量位居全市前列。

（七）实现了名校优质教育的品牌辐射

学校依托高校、社会资源，高位引领，在积极开展教师发展指导工作，促进广雅教师专业发展再上台阶的同时，也实现了学校优质教育的品牌辐射。

2017年，广东广雅中学被评为全国教育硕士专业学位研究生联合培养示范基地（广东省唯一入选中学）；

2018年，广东广雅中学当选为广东省中小学校长联合会教师专业发展专业委员会承担单位（专业委员会主任、秘书长均来自广东广雅中学）；

2019年，广东广雅中学入选广东省第一批省级示范性教师教育实践基地；

2019年，广东广雅中学再次当选华南师范大学中小学协同发展战略联盟单位和卓越教师协同培养基地；

2019年，广东广雅中学入选中国教育科学研究院拔尖创新人才培养项目实验学校；

2020年，广东广雅中学入选国家教师教育创新实验区教师发展学校。

2021年，我校入选广东省中小学教师校本研修示范校、广东省基础教育校本教研基地和学科教研基地项目学校，以及广东省普通高中新课程新教材实施省级示范校。

五、结语

项目研究形成了一系列富有成效的创新举措，实践探索形成的教师发展指导体系与实施的相关举措对不同层次、不同地区的中小学校的教师培训与指导具有良好的参考意义和推广应用价值，但具体实践成效因地而异、因校而异、因人而异，仍有许多值得进一步深入研究的地方。

"三寸粉笔，三尺讲台系国运；一颗丹心，一生秉烛铸民魂。"今天的学生就是未来实现中华民族伟大复兴中国梦的主力军，教师就是打造这支中华民族"梦之队"的筑梦人。教师发展指导，关乎学生全面发展、教师个人成长和学校质量提升，是一个系统工程，既需要学校及教育行政管理部门高度重视、整体规划、科学统筹、协调落实，也需要充分发挥教师本人的主观能动性，要成为高素质、专业化、创新型教师，需要教师在教育实践中不断反思、不断学习、不断提高。

教师发展指导需要以"发现"的教育主张，引导教师聚焦核心素养，重视课堂教学，努力提升教育教学水平，实现"生、师、校"三者的和谐优质发展，学校要努力为教师的发展创建良好的文化体系，提供坚实的教师发展支持体系，构建科学合理且富有可操作性的实践体系和激励体系，引导教师结合核心素养的要求和成长指数的评估来分析自己的优势和不足并进行自我反思、自我规划、自我成长，为教师实现自我专业化发展赋予更大平台和更多空间，使学校成为教师成长的家园和幸福的港湾，最终使教师成为学校实现跨越式发展的重要力量和核心竞争力。

撰稿人：广东广雅中学
指导专家：华南师范大学　首批教师教育专家工作室主持人黄丽燕教授

参考文献

［1］胡庆芳.上海市中小学教师专业发展学校的功能定位及实践特色［J］.教育理论与实践，2013（4）：25-28.

［2］钟启泉.为了未来教育家的成长：论我国教师教育课程创新的课题［J］.教育发展研究，2011（18）：20-26.

［3］余彬.试论我国教师专业化发展存在的问题及对策［J］.中国校外教育，2010（18）：63.

［4］孙元涛，赵明阁.教师专业发展学校：探索、经验与启示［J］.教师教育研究，2004（1）：77-80.

［5］张金泉.新课改中的教师教学评价研究［D］.曲阜：曲阜师范大学，2004.

［6］赵希斌.国外发展性教师评价的发展趋势［J］.比较教育研究，2003（1）：72-75.

［7］郑友训.论教师专业发展学校与新教师的专业成长［J］.辽宁教育研究，2003（8）：83-84.

［8］叶澜，白益民，王枬，等.教师角色与教师发展新探［M］.北京：教育科学出版社，2001.

广州中学教师专业发展的规划管理探索

一、导言

新时代，教师质量关乎国家战略。《中共中央 国务院关于全面深化新时代教师队伍建设改革的意见》强调：造就党和人民满意的高素质专业化创新型教师队伍；开展中小学教师全员培训，促进教师终身学习和专业发展；建立健全地方教师发展机构和专业培训者队伍。这是中华人民共和国成立以来党中央出台的第一个专门面向教师队伍建设的里程碑式的政策文件。基础教育，根本就在教师。面对新要求、新挑战，我们将如何通过教研创新、教研转型来做好专业服务？

2018年，我们首次将教师发展问题明确为学校的"第一工程"，提出了打造广州中学"智慧校园""智慧课堂""第一工程""追梦行动"四张名片的主张。学校成立教师发展中心，凝聚学校力量、专家队伍，研究教师专业发展的基本规律，构建学校教师专业发展课程，创新教师研修模式，探索学校教师教育资源建设的机制，致力于解决教师专业发展面临的重点问题和难点问题，为学校教师的专业发展提供方向引领和专业支持。

本次凝练，主要阐述广州中学自建校以来在教师专业发展理论研究与实践探索方面积累的经验和成果，是在理论概述的基础上强调理论的校本化建构和应用。

对于文中出现的"规划管理"这个概念，我们也可以理解为"教师专业生涯规划的管理"。我们认为教师的专业生涯规划不仅仅是教师个人的行为，也应该是学校人力资源管理的一项重要内容。我们探索教师专业生涯规划的管理，目的是唤醒教师的专业自觉、建立发展共同愿景、构建学校内部专业的支撑体系、理顺教师职业的上升通道，最终使教师产生恒久的自觉发展动力，实现教师专业的不断发展。

二、我校教师专业发展的需求分析

教育部在《教育部关于印发〈幼儿园教师专业标准（试行）〉〈小学教师专业标准（试行）〉和〈中学教师专业标准（试行）〉的通知》（教师〔2012〕1号）中指出："《专业标准》是国家对幼儿园、小学和中学合格教师专业素质的基本要求，是教师实施教育教学行为的基本规范，是引领教师专业发展的基本准则，是教师培养、准入、培训、考核等工作的重要依据。"这一标准，为我们学校教师理想行为的建构提供了政策依据。我们对广州中学教师群体的"实际行为"展开了调研，设计学生满意度调查问卷、开发课堂观察量表、采取教师个别访谈的方式，依据教育部颁布的《中学教师专业标准（试行）》，从专业理念与师德表现、专业知识表现、专业能力表现三个维度进行了广州中学教师理想行为建构，形成了对我校教师群体特征的全面描述。具体特征分别概况如下：

（一）教师的专业理念与师德表现

教师的专业理念与师德表现见表1。

表 1 教师的专业理念与师德表现

观测维度	主要表现
教师的职业理解与认识	能够认识教育工作的意义；职业理想意识有待提升；大部分教师满意自己的工作，能够努力、负责任地把工作做好，但有时会感受到工作中的压力，容易产生焦虑情绪，对班主任工作普遍有畏难情绪
专业认同与职业规划	比较认同教师的专业化理念，但认识不够全面；基本有近期的职业发展目标，但缺乏实现目标的具体而明确的行动计划；有部分教师表示难以处理家庭和工作两者之间的关系
对待学生的基本态度和行为	具有尊重学生权益的意识，能感受到学生差异的存在，但不能辩证看待这种差异以及其教育的意义
教育教学的态度和行为	普遍认同"立德树人"的理念，但在教学中大多还难以做到将知识学习、能力发展和品德养成有机结合；认可"学生主体"的理念，知道要培养学生自主学习的能力；高度认可培养学生动手能力、探究精神和合作意识的重要价值
团队合作与交流	普遍认同团队合作在自己专业成长中的价值，但仅仅把团队合作的价值定位在积累教育教学经验方面
教育政策、法律法规意识	普遍具有基本的教育法律意识，明确意识到自己的言行举止不能侵犯学生的基本权益，但主动利用法律维护自身权益的意识和能力有待提高
师德修养	高度认同师德对做好教师工作的重要意义

（二）教师的专业知识表现

教师的专业知识表现见表2。

表2　教师的专业知识表现

观测维度	主要表现
学生发展知识	了解一般性的学生发展知识，但缺乏理论支撑
学科知识	有相对扎实的学科知识基础，但学科应用知识明显储备不足，比较缺乏对学科知识在实际生活中应用情况的了解
教育教学知识	对合作、探究教学等一般性教育教学了解较多，但对模型建构教学等具有学科特色的教学理论，知晓率不高
自我发展知识	较为关注知识和能力方面的自我发展，却较为忽视职业理想与信念方面的发展；热衷于策略、技巧、经验的积累，忽视学科知识的更新和对学生心理的研究

（三）教师的专业能力表现

教师的专业能力表现见表3。

表3　教师的专业能力表现

观测维度	主要表现
基本功	教学语言基本符合学科特色，能根据教学目标和内容选择和运用媒介资源；关注知识和技能目标的达成，基本能围绕重点和难点实施教学
以学生为中心的教学意识	注意营造和谐融洽的课堂氛围，重视教学情境的创设，有意识吸引学生的有意注意和唤醒学生的主动参与意识
教学行为对学生多方面发展的意义	注重知识和技能目标的落实，能有意识渗透学习方法指导并进行情感态度和价值观方面的引导

　　需求是我们确定策略和方法的起点，调研是我们了解教师需求的重要手段。由此我们可以看出，我校教师的专业需求主要集中在理论的学习和研究、课堂提问和设计、学习活动和学生任务设计方面，重难点把握、学生学情分析反而排在第二位。为了发现更多的

信息，我们对需求又进行了"聚类"，选取典型的困难和问题进行汇总，具体内容见表4。

表 4　典型的困难和问题汇总

分类	困惑（举例）	诊断分析
分析能力	（1）问题一讲就明，一做就错，不知道如何将教与学的问题落到实处； （2）抓不住教学的重难点； （3）如何有效提问，凝练语言…… （4）无法提升学生成绩，对此很焦虑	（1）缺乏经验，对学生学情掌握不够； （2）缺乏分析方法
问题设计能力	（1）如何将智慧课堂与学科教学有效结合； （2）课堂提问指向性不明确怎么办……	（1）未掌握问题本身的难度、逻辑关系； （2）缺乏提问的策略研究； （3）可能对教学的目标不够清晰……
活动设计能力	（1）如何让课堂充实又有趣，让学生信服我； （2）如何真正实现翻转课堂； （3）如何开展丰富多彩的综合实践竞赛活动； （4）缺乏教学实践，课程设计不理想……	（1）活动目标不明确； （2）对活动的具体任务、学习要求不明确

通过调研发现，教师遇到的问题既具体又杂乱，我们需要一些"筛子"，才能最终确定学校教师专业发展的方向和主题。其中，"教师专业发展的阶段规律"，我们认为就是最重要的"筛子"。对于处于不同发展阶段的教师，有着不同的发展主题，例如对于处于第一阶段，也就是适应期（1～5年）的教师来说，最关键的是"站稳讲台，缓解生存压力"。他们对专业理想和教学现实的差距感到失落，师生关系摇摆，教育任务安排紊乱。他们要不断学习、

消化、吸收，以尽快适应教师岗位的要求，并被同事接纳。第二阶段是稳定期（6~10年），处于这一阶段的教师逐步适应了课堂教学，形成了自己的教学风格，能承担专业角色的职责。教师的生活和事业开始步入轨道。第三阶段是重新评价期或试验期（11~20年），我们也称之为"职业危险期"。在这个阶段，教师觉得工作环境不再富有挑战性。他们不再安于现状，或进行教改试验或关注学校组织管理中的弊端或采取激进方式克服之。它属于教师整个职业生涯的中期阶段，教师既有可能获得满意的职业发展，又有可能遇到职业生涯的危机。第四阶段是平静和维持期（21~30年），长期的教育教学工作使教师成为资深教师。他们对教学知识和技能充满自信，失去专业发展的动力和热情，守成安逸，抵制变革。第五阶段是退出期（30年以上），即教师生涯的退出。

我们对学校教师处于这五个发展阶段的人数进行统计，占比分别为：10%、20%、37%、17%、16%（图1）。其中，居于试验期（即职业危险期）的教师人数最多。在这支队伍中，有接近40%的教师处于职业危险期，同时职业的早衰现象也特别明显。如果我们不能为教师提供螺旋上升的发展通道，不能把发展通道变宽、变长，我们就无法实现学校和教师的可持续发展，无法促进教师职业生命价值的提升。

当我们要求教师做职业规划的时候，学校教师发展部门也需要做管理规划。教师的专业自觉是教师专业发展中最基本、最核心的要求；学校为教师发展提供支持既是学校的一种责任，也是教师职业生涯发展中不可逾越的重要环节；建立开放的专业关系，及时得到专业团队的指导和帮助，是促进教师成长不可或缺的重要力量；

学校政策制度的指引和规约，是教师实现职业理想的重要保障。当这一切形成合力，就会促进教师自主、和谐、可持续发展。

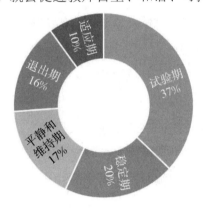

图 1 广州中学教师专业发展阶段人数比例示意图

三、规划管理的分层建构

（一）找到教师主动发展的动力源：教师专业发展的动力管理

广州中学执行校长彭建平在他的文章《校长是激扬教师生命活力的人》中提到，教师的职业大体可分为谋生型、知本型和生命型三种不同的境界。"谋生型"的教师会以薪酬作为工作的前提；"知本型"教师把知识作为资本，着力提升自己的教学能力，多以获得荣誉、较高奖励和职称为动力；"生命型"教师能自觉地追求自我生命价值的实现，是学生精神生命的缔造者和生命的激扬者。这三种类型恰好代表了不同的职业价值观，即教师把什么看得最重。看重收入者，职业生涯规划就会朝着高薪方向；看重地位者，那么职业生涯规划就会优先考虑升迁。价值观的一个核心问题是如何看待和对待成功和幸福之间的关系。因此，我们在为教师专业发展提供帮助的时候，首先要帮助他们获得职业认同。所谓教师职业认同，指的是教师内心对所从事职业的价值与意义的认定，并能够从中体验到乐趣与幸福。表5是我们为2020年入职新教师制定的暑期培训课程表的部分内容。

表5 2020年入职新教师暑期培训课程表（部分内容）

时间		课程名称	内容	主持人	主讲人	地点
8月14日（星期五）	8:30—9:30	欢迎仪式	分管副校长致欢迎词，解读学校新教师培训课程的详细内容	刘桂玲	曾彤	502室
	10:00—11:30	文化认同	广州中学办学理念与目标追求	刘桂玲	吴颖民	
	14:30—17:30	拓展活动 活动分组		刘桂玲 罗振兴		五山校区四楼篮球馆
8月15日（星期六）	8:30—10:30	广州中学课程改革	全面解读广州中学课程改革的背景、愿景，了解改革的具体做法和对新教师的要求	刘桂玲	阮英武	502室
	11:00—11:40	我的智慧课堂实践探索——优秀青年教师座谈之一	分享在广州中学的感受，交流成长的感悟	刘桂玲	唐雯	502室
	14:30—16:30	教育的使命与担当	校长对青年教师的期望与要求	刘桂玲	彭建平	502室
	16:30—17:30	分享交流一天的感受		刘桂玲	新教师	五山校区

新教师的入职培训，我们要确保有三个作用：

第一，引导新教师确立自身的职业角色。职业角色的确立，需要通过专业意识的增强来实现，我们安排了三场报告，即吴颖民校长的"广州中学办学理念与目标追求"、彭建平校长的"校长对青年教师的期望与要求"、林少玲副校长的"我的职业生涯规划"，而且三场报告有意安排在开头、中间和结尾，分别从学校、教师、新教师自身三重角色的要求中，让新教师对师范专业和教师职业有更专业、更深刻的认识，引导新教师尽早确立自身的职业角色。

第二，帮助新教师树立良好的职业价值观和职业信念。形成教师职业价值观和职业信念，榜样的影响力至关重要。对毛艳滨、唐雯等优秀教师典型案例的分析和宣传，有利于增强教师的光荣感和尊严感；同时参训的新教师与优秀教师之间的深度交流与分享，能进一步潜移默化地帮助新教师树立起职业认同感；最后邀请何国跻、郑文富、刘姝昱、廖湘楚等正高级教师通过讲座、课堂教学实战点评等方式与新教师交流，以身边榜样的作用促进新教师职业认同感的进一步形成。

第三，加强新教师之间的联系，进而形成专业的学习共同体，促进新教师认同感的持续强化。在这五天的培训中，我们采用了小组合作学习的方式，将新教师分组结对，每天都安排不同的活动任务：团队拓展破冰行动、分享一天的学习感受、读书交流会等。这些活动的安排为新教师之间相互了解、相互学习提供了机会和平台。他们在长期接触和了解后，会形成交流的"小圈子"——不仅会讨论岗前培训的内容和感想，还会在今后从事教师职业的过程中，继续相互交流、相互学习，共同提高和进步，这实际上就是构建了学习共同体。学习共同体的形成将有利于进一步增强新教师的进取精神，强化他们的职业自豪感、认同感和归属感。

（二）构建教师专业发展支撑体系：教师专业发展的团队管理

教师专业发展最强大的支撑体系就是教师的培训课程。我们秉承"基于需求、发展需求"的理念，构建了我校教师的培训课程结构，如表6所示。

表6　我校教师培训课程结构

课程类别	内容	学习专题	学习形式
公共课程	职业理想与道德	教育政策法规	讲授、实践体验、案例剖析、校本研修、外出学习
		职业道德	
		职业理想与职业幸福	
	专业发展	专业发展规划	
		专业发展途径	
	学生发展理论与实践探索	学生观	
		学生发展知识	
		家校合作	
学科课程	学科教学通识知识与技能	学科育人	
		学习方式	
		教学技能	
	学科教学研究（分学科、分学段）	教材分析	讲授、课例研修、现场观摩、实践演练、师徒结对、同伴研修、展示交流、教学比武
		教学方案设计	
		资源整合	
		任务设计	
		活动组织	
		教学评价	
		学科技能	

　　我们的培训不仅要注重教师急需的知识和技能的增加，还要改变教师内在的思想意识。我们要思考如何激发教师有意识地发掘自身潜能，帮助教师获得支持其可持续发展的学习反思能力，促进教师的自我持续发展。

　　从2018年开始，我们连续三年开展教学比武活动。第一年，我们的设计重点为"全员参与，初高中教师贯通"。第二年，我们强调"智慧课堂""小组合作学习方式"应用的教学实践展示。第三年，我们设计了很多"分享"环节，以实现教师自身角色的重大转变，让学习真实发生。在设计教学比武活动时，我们尽可能避免让教师只是作为培训中的倾听者，他们也可以是发问者、讨论者和实践者。表7～表10为广州中学教师专业发展提升行动方案部分项目内容。

表 7　中层干部管理思想分享沙龙

序号	日期 / 会议	内容	负责人
1	10月14—17日	中层干部培训：深化学校教育改革创新	刘敏
2	11月13—14日	中层干部培训：新高考命题改革背景下，高中学科教学的挑战与应对	阮英武
3	11月16—17日	中层干部培训：中层领导力课程	刘允飞
4	期末行政工作会议	中层干部管理思想分享沙龙	曾彤、阮英武

表 8　骨干教师：教育教学专项研讨
（即凤凰和五山微讲堂活动）+ 高层次阅读会

序号	日期	内容	负责人
1	10月1—8日	公布参与本项目的教师名单和项目内容	曾彤
2	10月14日	召开教育教学思想凝练的方法指导会	刘桂玲、刘姝昱
3	10月19日	收集主题，微讲堂和阅读会场次安排及公布	刘桂玲、刘姝昱
4	11月1日—12月25日	举行微讲堂活动及阅读分享会活动	刘桂玲、刘姝昱

表 9　青年教师课堂教学展示研讨

序号	日期	内容	负责人
1	10月1—8日	公布参与本项目的教师名单和项目内容	曾彤
2	10月14日	举办"如何上好一堂研究课"的培训讲座	吴仙珍、张宣
3	10月19—31日	课堂教学展示	吴仙珍、张宣
4	11月1—30日	召开研究课的分享交流会（每个青年教师准备30分钟的分享交流发言）	吴仙珍、张宣

表 10　新教师教学技能比赛

序号	日期	内容	负责人
1	10月1—8日	公布参与本项目的教师名单和项目内容	曾彤
2	10月12—17日	举办新教师硬笔书法培训活动	邓彬、张寅
3	10月19—24日	举办"让教育多一些美感"PPT设计指导会	邓彬、张寅
4	10月26—31日	举办一期"如何设计教学方案"培训活动	邓彬、张寅
5	11月1—30日	组织教学技能比赛	邓彬、张寅

以上是2020年广州中学教师专业发展提升行动中的四个项目任务，它们呈现出三个特点：

（1）根据教师发展的不同阶段，采用不同的方式、设置不同的学习任务，充分体现"基于需求，服务需求"。

（2）无论是青年教师、骨干教师，还是中层干部，我们更看重教师在准备阶段和分享阶段思维的碰撞和成果的分享。展示只是对碰撞和交流最后呈现的效果的考量。如果展示失败，那么教师对前期准备的反思就会显得异常重要，他们的收获也许更大。

（3）我们把培训和竞赛裹挟在一起，既是学习提升，又是成果检验；既是学习场，又是赛场；既有动力，又有压力。

我们特别强调要突显三个支撑作用：

（1）同伴支撑：学校中每一个学科组、年级的教研组或小课题项目的课题组，都基本上整合了优秀的培训师资，可以多方法、多维度引导教师深度参与和主动建构，既是比赛同时也是培训。我们力求最大限度提升教师的实际获得。在青年教师课堂教学展示研讨中，通过分析课例、研讨课例、实践展现、分享交流，促使青年教师不断建构对于教学设计、教学实施、教学评价与反思的认知，关联自己的教学实践，夯实学科教学基本功。

（2）专家支撑：师徒结对等相对固定的指导关系，引领着教师的专业发展。青年教师比的是一堂"研究课"，所谓研究课，就一定是在常规教学中有所突破，要大胆开展实践探索，勇于突破自己，不墨守成规。这样的"研"需要专家团队的指导和帮助。

（3）服务支撑：同伴合作、专家指导，需要发挥学校教师发展中心、课程教学中心等部门的组织协调作用。随着教师培训工作常态化开展，我校教师发展中心的统筹功能逐渐显现，不断发挥着长效支撑作用。

学校教师专业发展支撑体系的建立，可以有效改善教师单打独斗、孤立无援的状态，打破了教师专业发展过程中出现的封闭现象。为了实现教师专业发展的"长治久安"，我们就要努力成为"学习型组织"，"学习型组织"的一个关键特质就是分享。因此，我们要创造一切机会，鼓励教师的无边界的交流，教师培训的课程就是教师奔跑的跑道，就是表达自己的平台。

（三）理顺教师职业的上升通道：教师专业发展的行政管理

广州中学的办学愿景是"让每一个生命都绽放精彩"。这里所指的生命，既是学生又是教师。我们需要为每一个教师定制发展路径。

（1）增加教师发展层级，降低发展坡度，使教师拾级而上。降低坡度，就是增加希望。我们用评价和"荣誉称号"来填充层级。"学校要跳出以分数论好坏、评比表彰单一性的藩篱，把教师的注意力从过多关注功利性的评价转移到对师生生命成长的关注上；从过多关注官方评价转移到非官方非正式的评价、同伴同行的评价上。学校创造机会保持教师持久的成就感与生命活力，创造更多让教师实现自我价值的评价方式，以全方位激励之能形成强大的驱动力，让每一个人都能体会到自己是学校不可或缺的人，让每一个人在每次活动中都能获得一次感动，得到一份尊重，让每一个人都有闪亮登场的机会，都有闪闪发光的时刻。"这段文字摘录自彭建平校长的文章《校长是激扬教师生命活力的人》。我们是这么说的，也是这么做的，我们创造了我们自己的荣誉系列。"给自己申报一个荣誉""月度人物""年度人物""青年才俊""魅力班主任"的评选全部来自"民间"。团结一切可以团结的力量，发动一切可以发动的力量，教师团队可以集体推荐，学生服务部门可以推荐、学生可以推荐、家长可以推荐、校友可以推荐，在这个过程中，我们希望教师们能够了解自我、发现自我、成就自我。

（2）增加内涵，拓展宽度，我们的理想是让所有的教师都能齐头并进。一支队伍能够到达哪里，取决于这支队伍的领跑者。我们应该关注在不同路径上奔跑着的人，唤醒他们的内在潜能。通过学术积分制、学校名师大讲堂、五山和凤凰教师微讲座、教学沙龙、教师高层次读书分享会等不断丰富教师发展性评价的内容，丰富教师的目标追求，关注不同奔跑速度的人，表达我们的认可，拓展更多有效的激励方式，让每一位教师都能找到实现自身价值的途径。

（3）增强外力驱动，延长教师发展历程。教师的职业早衰现象对教师职业生涯规划的不利影响是非常突出的。短暂的历程，肤浅的积累，无法达到职业水平的应有高度。教师的专业发展既需要个人努力，也需要外力的推动。我们对不同阶段的教师提出不同的要求。通过考核、聘用、培训、竞赛等方式督促不同阶段的教师继续发展。在学校行政外力的强制推动下，实现教师职业的"二次成长"。

广州中学教师专业发展路径如图2所示。

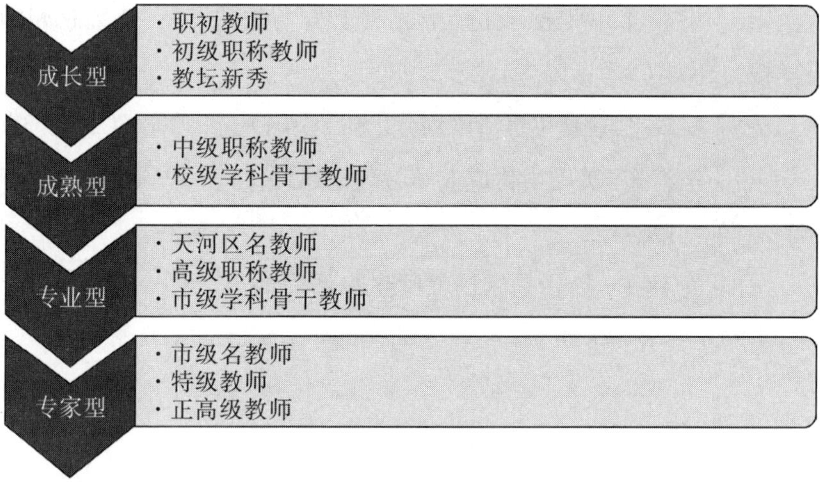

图2　广州中学教师专业发展路径

撰稿人：广州中学　曾彤

指导专家：华南师范大学　首批教师教育专家工作室主持人谢明初教授

参考文献

［1］教育部师范教育司. 教师专业化的理论与实践［M］. 北京：人民教育出版社，2001.

［2］圣吉. 第五项修炼：学习型组织的艺术与实务［M］. 郭进隆，译. 上海：上海三联书店，1998.

［3］赵昱青. 职业锚理论评析［J］. 山西财经大学学报（高等教育版），2009（S2）：107.

［4］李瑛. 我国教师发展阶段论及其启示［J］. 安徽工业大学学报（社会科学版），2006（4）：127–129.

［5］韦筱青，罗建华. 论生涯心理教育与教师发展［J］. 柳州师专学报，2004（3）：92-95.

［6］罗双平. 职业生涯阶段划分［J］. 中国人才，2000（2）：35.

［7］王海东. 美国当代成人学习理论述评［J］. 中国成人教育，2007（1）：126-128.

［8］彭建平. 校长是激扬教师生命活力的人［J］. 人民教育，2019（Z3）：67-70.

"一体多环、分路推进"教师发展机制的实践与探索

——以广州奥林匹克中学为例

一、导言

《中共中央国务院关于全面深化新时代教师队伍建设改革的意见》提出：加强教师队伍建设，要"把管理体制改革与机制创新作为突破口"，到2035年实现"教师管理体制机制科学高效，实现教师队伍治理体系和治理能力现代化"的目标任务。

广州奥林匹克中学是在广州市东圃中学基础上更名创办的一所新学校。学校的办学理念是：厚德行健，点亮人生。学校的办学愿景是：助力师生圆梦人生赛场。学校的发展必然带来教师队伍新的发展，近年来，学校新增教师的人数占到了现有全体教师人数的三分之一，其中尤以青年教师居多。如表1所示，学校教师除在编教师之外，还有大量的非在编教师（占比：15.5%）。50岁以下教师占比超过80%，教师队伍比较年轻，年轻教师比重较大（35岁以下占近40%）。仅从学位、职称来看，教师成长空间还很大（硕士占比只为近四分之一，未评定教师占比为18.6%）。

表 1　广州奥林匹克中学师资队伍基本情况

类别	编制		学位		职称				年龄		性别	
	在编	非在编	学士	硕士	高级	中级	初级	未评	50 岁以上	35 岁以下	男	女
人数	246	45	176	71	63（正高级1人）	128	46	54	53	112	82	209
占比/%	84.5	15.5	60.5	24.4	21.6	44.0	15.8	18.6	18.2	38.5	28.2	71.8

　　大批新教师加入，使得学校实行选课走班之后，并没有出现教师短缺现象。但由于高中现实行新课标和新高考，许多教师经验不足或没有经验，仍然被安排在相应教育教学岗位上。新增教师人员来自四面八方，每位教师的个性特点和文化特征各不相同，教师队伍的整体素质将直接影响学校教育教学的质量。如何使来自不同地方和拥有不同文化特征的教师融入学校文化，如何设计科学的教师成长路径，打造一支新的高素质、专业化、创新型教师队伍，是学校在教师培养方面面临的挑战。战胜挑战的关键在于学校顶层设计，科学规划，创新实施，构建科学、高效的教师发展机制。

　　学校提出了以学校文化为主线、以制度建设为核心、以教师发展性评价为抓手的"一体多环、分路推进"的学校教师发展机制，将教师校本培训课程化，创新教师队伍管理制度和管理内涵，积极探索与实践学校教师"梯队-进阶式"发展模式，形成广州奥林匹克中学教师发展新文化，创建学校管理特色和品牌。同时，学校积极借助外部力量谋发展，成为广州市首批发展学校试点单位，聘请了华南师范大学首批教师教育专家工作室主持人何亮教授等多位专家长期指导学校教师发展。

二、"一体多环、分路推进"教师发展机制的构建

教师专业发展是一个多层面、多维度的系统化过程。教师专业发展是指教师在专业思想、专业知识、专业能力等方面不断发展和完善的过程。当今全球化、信息化的时代背景下教师终身学习成为教师专业发展的重要途径和推动力。[①]教师学习的内在机制包括教师学习的内在过程和影响因素及相互作用关系。其中教师学习的内在过程包括教师学习获得的互动过程、发展过程以及自我调节过程。影响教师学习过程的内在心理因素主要有教师的职业认同、主动性人格、自我效能感和个人成就目标，且各因素通过一定的相互作用关系，共同促进教师更高效地学习。[②]

研究表明，教师的专业发展具有很强的阶段性和分层分类特点。美国学者福勒在1969年编制的《教师关注问卷》中，根据教师的需要和教师在不同时期所关注的焦点内容把教师的成长划分为关注情景、关注自身生存和关注学生三个阶段，揭开了教师发展理论研究的序幕。[③]卡茨（L.Katz）将在职教师（任教五年及以下）的发展分为求生、巩固、更新、成熟四个阶段，每个阶段教师发展的特征都有所不同，那么教师在每一阶段要着重解决的主要问题也是不同的。[④]我国教育界著名学者叶澜认为教育的形态起源于人与人之间的交往，教师专业发展的第一阶段是"非关注"阶段，是在教

---

① 李志伟. 论教师学习和教师专业发展[J]. 黑龙江教育学院学报，2008（9）：64-65.

② 严运锦，赵明仁. 教师学习的内在机制解析[J]. 教育理论与实践，2017，37（4）：38-42.

③ 张琳. 教师专业发展阶段理论研究述评[J]. 创新创业理论研究与实践，2018，1（22）：22-23.

④ 吕冬梅. 从教师发展阶段理论看教师专业发展[J]. 亚太教育，2015（31）：208.

师正式接受教师教育之前无意识中以非教师职业定向的形式形成了较稳固的教育信念，具备了一些"直觉式"的"前科学"知识和与教师专业能力密切相关的一般能力。① 对处于不同成长阶段的教师应给予差异化的专业发展支持，制定适宜每一名教师专业成长的发展计划，赋能于教师，能切实提高教师主动参与专业发展的积极性和主体性。②

图1 "一体多环、分路推进"教师发展机制

综合大量相关文献研究，学校提出以习近平新时代中国特色社会主义思想为指导，以办学理念和办学愿景为核心，以教师终身学习为教师发展理念，构建基于专业群的"一体多环、分路推进"教师发展机制（图1）。"一体"是指以教师成长管理模式为主体；"多环"是指以"强基工程""鸿雁工程""品牌教学团队""优秀教练团队""优秀科研团队"为五个发展路径，以校本研修为基础，分路推进，全方位、全员培训教师，打造优质教师队伍，以教师发展促学生发展、学校发展、教育发展，全面提升学校教师队伍素质。

① 张琳. 教师专业发展阶段理论研究述评[J]. 创新创业理论研究与实践，2018，1（22）：22-23.
② 叶颖. 不同成长阶段教师专业发展的现实困境与对策：基于TALIS2018上海数据结果的实证分析[J]. 上海教育科研，2020（9）：58-62.

三、"一体多环、分路推进"教师发展机制的实践与探索

（一）教师成长管理模式

学校在实践过程中，逐渐形成了初步的教师成长管理模式，具体分为三个层面：

（1）建立学校教育、岗位教育和自我教育有机结合的教师成长模式。引导教师制定个人发展三年规划和年度成长菜单，明确教师发展的目标和路径；每学年开展教师发展分享会，分享教师成长故事和成果，制作教师成长手册。

（2）建立教师发展学分管理制度，完善教师专业发展档案。对教师参与培训、教育教学、学术科研等的过程和成果实行量化积分，将成长足迹及时记录在教师专业发展档案中，教师不断丰富个人年度发展记录、个性发展记录、教育成长记录。

（3）建立调动教师自我发展积极性的机制。在教师评优评先、职称评聘工作中，建立健康的竞争机制，激励和促进教师达成自身发展的目标；出台促进教师发展的奖励条例，对发展快、成长迅速的教师和学科组、备课组予以表彰；对优秀教育教学成果，结集推广。

（二）实施"强基工程"，提升教师核心素养，优化队伍素质结构

教师核心素养界定为：教师在接受和参与教师教育、从事教育教学以及投身教研等活动中所形成和发展的，使其能适应社会发展

需求、教师职业要求，并能促进自身专业发展的具有统帅作用的专业修养。教师核心能力界定为：教师在接受和参与教师教育、从事教育教学以及投身教研等活动中所形成和发展的，使其能适应社会发展需求、教师职业要求，并能促进自身专业发展的具有统帅作用的关键能力。[①]

学校的"强基工程"（图2），以培养教师六大核心素养为重点，构建教师培养的课程体系，在促进教师教育教学必备的关键能力的培养与提升上实现突破，优化教师素质结构，实现教师素质的整体提升。教师六大核心素养包括师德修养、教育教学水平、教育技术能力、学术研究水平、创新研发能力、身心健康素质。"强基工程"是一种培养方式，其以核心素养为价值目标、以活动为载体、以课程为导向。根据六大核心素养，以课程为载体，设计相应不同活动，落实素养培养目标。为确保具体目标的落实，学校以"融创杯"学术节为平台，实施"八个一"工程，即教师每学期开设一节优质观摩课，制作一节信息技术与教学融合的教学素材，撰写一篇教学反思或案例分析报告或教育叙事，做一次教研或沙龙等活动的中心发言人，读一本教育理论专著，参与一个课题研究，写一篇经验总结或科研论文，开设一门特色课程或活动竞赛或项目课程。

---

① 王光明，张楠，李健，等. 教师核心素养和能力的结构体系及发展建议[J]. 中国教育学刊，2019（3）：81-88.

图 2　强基工程

1. 着力提升思想政治素养，全面加强师德师风建设

2018年1月20日，《中共中央　国务院关于全面深化新时代教师队伍建设改革的意见》（以下简称《意见》）发布。《意见》提出：突出师德。把提高教师思想政治素质和职业道德水平摆在首要位置，把社会主义核心价值观贯穿教书育人全过程，突出全员全方位全过程师德养成，推动教师成为先进思想文化的传播者、党执政的坚定支持者、学生健康成长的指导者。学校在构建师德修养课程的过程中，充分考虑学校教师实际情况，突出党员、年级、科组三个层面的师德培养，以社会主义核心价值为核心，重点将理想信念、道德政治思想、依法治教、学术规范要求等内容纳入师德修养课程。设计系列活动实施师德修养课程，包括专家讲座、参观学习、岗位竞赛等。充分发挥教师党支部先锋带头作用，加强党员队伍建设。近几年重点加强了师德课程中仪式课程建设，建立新教师入职宣誓、教师师德承诺和教师光荣退休欢送制度。课程评价采用"四有好教师""四个引路人""四个相统一"等评价标准和方法激励措

施促进教师成长发展。在教师职业规划课程中突出师德规划。

2. 立足教育教学主阵地，提升教育教学水平

学校教育教学工作的主阵地是课堂。教师的教育教学水平是教师核心素养中非常重要的内容。素养是在实践中提升的。学校突出以课堂磨砺为提升教育教学水平的重要途径。班会课是学校德育工作的主阵地。学校开发出以自主德育为特色的学生德育培养系列课程，通过班会课等的实施，通过对班主任进行岗位培训，加强班主任常规工作管理，开展"班主任论坛"，建立班主任工作激励机制，从而打造出一支具备自主德育素养的专业化的德育教师队伍。

学校通过常规管理、教学评价机制保障学校教学质量的提升；同时，促进教师专业素养的发展。创新课堂结构，探索和优化教学模式，奏响课堂磨砺行动的主旋律。立足课堂，磨砺课堂，实施"集体备课、互相听课、客观评课、高效上课、课后落实"的课堂磨砺五环节。学校通过学术节、建模大赛、教研视导等多种形式，每学期都开展各种类型的公开课、示范课、研讨课、汇报课、同课异构、教学比武等课堂交流活动，创造机会促进教师专业发展。全面落实听课制度，规定不同角色、成长阶段、年龄教师的听课任务。要求每位教师每学期至少上一节科组内公开课，优质课比例达80%以上。建立标准，制定好课的标准，以标准来规范教师教育教学、促进教师教育教学水平的提升，使教师的成长有"章"可循。

3. 融合创新，提升教师教育技术能力

学校成为广州市中小学教师信息技术应用能力提升工程2.0试

点校，依托信息能力提升工程，全员参与，全员培训，通过计算机培训、课件制作比赛、继续教育培训等多种形式，提升信息技术与教育教学整合的能力。转变教师角色，从教学生到帮助学生，利用信息技术支持学生的学习已成为教师信息技术能力发展的方向。教师通过更新理念、转变角色，融合创新教育技术手段和教育教学方法，有效提升现代教育技术能力。在新冠肺炎疫情期间，学校加强对教师的培训，同时，统一线上教学平台，形成了基于网络的线上教学模式，取得了明显的效果，在同类学校中成为信息技术应用的典范学校。学校加快了智慧校园建设，在建设的同时，进行教师培训。在建好智慧校园的同时，学校教师就已能顺利使用智慧课室相关设施设备开展教学。

4. 以研促教，提升学术研究水平

做科研型教师是新时代发展的需要。教育在变化，教师和学生都在随时代的发展而变化，科研型的教师能很好地把握教育发展的趋势，发现教育的规律，从而促进教育的发展，学术研究水平是教师核心素养的重要组成部分。以学术节为平台、学术活动为手段是学校提升教师学术研究水平的基本策略。学校每年举办学术节，开展以学术为核心的各项教育教学活动。比如：开展学术阅读活动，每位教师每学期至少阅读一本学术书籍，鼓励、引导教师订阅一份教育教学杂志，研读有关教育教学理论文章；开展学术沙龙活动，促进教师对话与交流、学习与反思，每位教师每学期至少参与一次中心发言；开展课题研讨，让教师在研究中提升自己的专业水平，落实人人有课题的倡议；建立学术研究共同体，把共同学习、合作

研究、互动提高、经验辐射作为校本研训的核心理念，切实提升校本研训的成效。

5. 通过开展"好课程"评比活动，提升教师创新研发能力

课程、课堂、课题是我们常说的"三课"，反映了教师在学校工作的主线条，课程被放在首位。教师了解新课程、新课标，要有课程开发和实施意识，使教育教学工作课程化有利于提升教育教学效果。教师的课程素养是教师核心素养的一部分。学校重视课程建设，重视教师课程能力的培养，引导教师参与课程建设，培养教师开发课程、建设课程、实施课程的能力和素养。学校通过开展"好课程"评比活动，有效提升了教师的创新研发能力。

6. 促进教师身心健康发展

学校将教师身心健康列入教师核心素养中，并设计和开展各项活动以提高教师身心健康水平，将教师身心健康发展纳入校本培训课程实施过程中，是对教师发展认识的重要突破。实践证明，教师身心健康的发展能有效促进教师专业成长。

（三）实施"鸿雁工程"，强化教师梯队培养

1. 建立"梯队－进阶式"教师发展路径

学校"梯队-进阶式"教师发展路径是：实施多层次、多方向的教师培养"鸿雁工程"，形成"青鸿—飞鸿—博鸿—头雁"四级教师梯度培养机制，如图3所示。根据不同发展阶段的教师需要，对三年内新教师、骨干教师、名师培养对象分别实施"青鸿""飞

鸿""博鸿"培养计划，以"强基工程"、"八个一"工程、师徒
结对、教学比武、培训跟岗为主要途径，形成从"青鸿"到"飞
鸿"，再到"博鸿"和"头雁"的梯度进阶式培养方式。

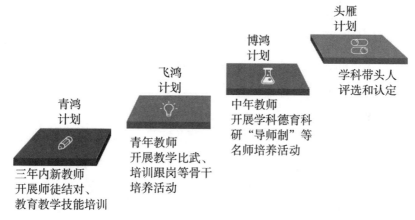

青鸿计划
三年内新教师开展师徒结对、教育教学技能培训

飞鸿计划
青年教师开展教学比武、培训跟岗等骨干培养活动

博鸿计划
中年教师开展学科德育科研"导师制"等名师培养活动

头雁计划
学科带头人评选和认定

图 3 鸿雁工程

2. 加强"名师工作室"建设

学校通过推进各级各类名师工作室的建设，培育名师和学科带头人，充分发挥辐射作用，打造金牌"导师团"，在各学科形成"学科带头人-名师-骨干教师-青年教师"的团队，培养一支师德高尚、技能精湛、梯队合理的师资队伍。目前学校已形成名校长工作室、名师工作室、科技骨干教师工作室、正面教育工作室等多种类型的多个工作室，在学校教师发展过程中发挥了重要作用，培养出一名正高级教师和多名市级以上骨干教师。在学校名校长工作室的培养之下，目前已有一名中层干部（学校名校长工作室成员之一）晋升为副校长。学校名校长工作室，帮扶贵州省毕节市大方县、纳雍县培养后备干部，其中2人晋升为正校级干部，1人晋升为

副校级干部，2 人晋升为中层干部。在学校彭红亮特级教师（正高级教师）工作室的培养之下，涌现出多名校级以上骨干教师、优秀级长和班主任，他们发表多篇论文。学校近年成立了科技骨干教师工作室，培养出李永钊、张德锋两位广州市科技骨干教师，在区域学校内处于领先地位。学校正面教育工作室在校内培养了一大批熟悉正面教育的班主任教师，形成了学校正面教育特色，并辐射到区域学校和对口帮扶学校众多教师。

（四）建设优秀品牌教学团队

建设优秀品牌教学团队，是学校建设优秀教师队伍的一项重要目标和举措。学校突出各项工作的团队合作，以项目式、包班制、导师制等多种创新方式，建设和培养优秀品牌教学团队，用示范引领教师团队的成长，构建了科学、详细的教学团队评价指标体系，激励和保障优秀教学团队的建设，形成一个学科有多个优秀教学团队、至少有一个课程品牌的优质教学队伍。

学校根据发展目标，鼓励更多优秀中青年教师脱颖而出，提出到 2023 年，计划达到每个学科培养出 1~2 名高水平学科带头人和 4~5 名区市级骨干教师的目标，各学科基本形成结构合理的教师梯队，使学校教师队伍的学历、职称和素质得到整体提升。

（五）培育优秀教练团队

实行"引""培""聘"结合，组建金牌教练团队，打造学校科技、体育、艺术和奥林匹克竞赛的特色教育。一是引进高水平教练人才，聘用中央美术学院、中央音乐学院、科技特长类名校特色项目毕业生作为优秀教练；二是培养本校教师作为项目教练；三是聘请名校教授，选聘中山大学、华南理工大学、星海音乐学院等高校特色项目的教授，作为学校的项目导师；四是形成各项目高水平教练团队培养机制，打造包含"项目导师、主教练、骨干教练、青年教练"的教练团队。

（六）培育优秀科研团队

形成"整体推进—学科分类—项目小组"三层梯进式科研创新团队。以跨学科研发团队建设为抓手，打造"青鸿、飞鸿、博鸿、头雁"几个不同层次的科研创新能力强、特色鲜明的科研团队，形成层次分明、梯队合理的队伍结构。构建"校级—市级—省级—国家级"四级科研课题网络结构。学校提出，三年内年轻教师课题申报率达到100%，在各层次课题和科研项目立项研发上形成优势。加强与国内高水平院校和专家合作，加大各级各类主题式科研培训力度，提升教师论文撰写、课题研究能力。近年来，全校市级以上课题申报数量和立项率显著提升。至2021年5月，学校在研区级以上课题25项，其中省级6项、市级6项、区级13项，校级课题26项。涵盖了学校全部学科和部门，近年参与校级以上课题研究教师达到90%以上，初步形成了每个科组有课题、人人参与课题的教科研氛围。

学校从教科研普及逐渐向高质量课程开发和重要项目研究发展，尤其是加强课程研发团队建设。学校制定课程研发制度，成立课程研发项目团队和评审团队，以项目制的形式，组建课程研发小组，提出研发申请，由评审团队根据可行性确定是否立项。逐步规范研发过程、评估课程研发成果、完善课程研发奖励等机制。

四、总结与反思

（一）充分发挥校本培训课程在教师发展中的核心作用

教师专业发展是自主的专业建构的过程，它体现出自在、自为、自觉、自控等内容。[①]学校校本培训应以师为本，要充分发挥校本培训课程在教师发展中的核心作用。学校会经常组织开展很多教师培训活动，但是，由于没有系统性和针对性，往往会造成教师培训存在低效和失效的问题。用课程的理念和校本课程的实施引领教师发展，可以使教师发展更为自主、科学和系统。我们学校以教师发展的核心素养为基本内容和发展目标，构建不同层面的校本培训课程，通过课程的实施实现教师核心素养的发展，有效地促进了教师发展。

（二）构建和创新教师成长管理模式

教师的激励和评价机制是教师成长管理模式的重要组成部分。实践证明，教师的发展机制将教师发展目标达成情况纳入考核范围，与工作业绩挂钩，往往会取得明显的效果。

（三）搭建教师发展平台和实施多条发展路径

学校搭建多项教师发展工程平台，建立校本教研与师徒制相结

---

① 朱旭东.论教师专业发展的理论模型建构[J].教育研究，2014，35（6）：81-90.

合培养新教师的专业学习共同体，实施多条发展路径，促进教师充分、自主发展。聘请高等学校专家、中学知名校长、特级教师成立教师发展学校顾问团，定期对教师专业发展学校开展咨询和指导工作，持续优化培养路径和方法。

五、结语

作为广州市首批教师专业发展学校试点，学校得到广州市教育局和华南师范大学的关心和大力支持。在构建和优化教师发展机制以及提升教师发展效果方面，华南师范大学何亮副教授等专家给予了大力指导。在此，一并表示衷心感谢！

撰稿人：广州奥林匹克中学　张敏　黄永忠

指导专家：华南师范大学　首批教师教育专家工作室主持人何亮副教授

参考文献

［1］杨志成.中国中小学教师发展核心素养体系建构研究［J］.教师发展研究，2017（1）：44-49.

［2］李海英.教师教育课程设置的价值取向［J］.全球教育展望，2005，34（1）：40-44.

［3］陈凤琴.核心价值观视野下的教师职业发展定位［J］.文教资料，2017（14）：86-87.

［4］陈莉，王姝莉，谢晓辉.美国推进教师信息技术能力发展策略及启示［J］.中国远程教育，2020（10）：17-22.

［5］徐延宇，言姝嫒. 师范院校与中小学教师发展共同体构建路径探索［J］.高教论坛，2020（10）：44-48.

［6］缪剑峰. 建立"师本"的教师专业发展机制［J］.福建教育，2020（19）：16-18.

［7］秦春勇，张凤良. 教师发展机制创新运用的区域实践［J］.江苏教育研究，2020（16）：53-56.

［8］何菊玲. 教育现代化背景下教师教育一体化目标与课程体系研究［J］.陕西师范大学学报（哲学社会科学版），2020，49（3）：149-160.

［9］吴蓉，沈涵頔. 关于教师专业发展支持体系的文献综述［J］.南国博览，2019（3）：80-81.

学生素质拓展学分认证与"双师型"教师培养机制探究

——以广州市第一一三中学为例

一、导言

2019年10月，中共十九届四中全会讨论了推进国家治理体系和治理能力现代化等若干重大问题，强调要"注重加强普惠性、基础性、兜底性民生建设，保障群众基本生活。满足人民多层次多样化需求，使改革发展成果更多更公平惠及全体人民"。[①]中学阶段开展素质拓展学分认证对教师素养的提高可起到积极的促进作用，素质拓展学分认证是根据教育发展规律、人才培养目标和中学生成长的特点，制定科学合理的第二课堂培养计划，开展丰富多彩的第二课堂活动，如国防教育、科技创新、劳动创新、社会实践、志愿服务、文化艺术与体育活动，并将学生素质拓展状况全面纳入学分制管理和学生综合评价体系。

中学阶段开展素质拓展学分认证对教师素养的提高有重要意义，第一需要教师具备认识论层面的素养，掌握具体的学科知识、学科教学知识、课程知识以及学生误解与评价方面的知识；第二需要教师具备价值论层面的素养，具备行为管理、包容心态、青少年

---

① 中央政治局. 中国共产党第十九届中央委员会第四次全体会议公报[Z]. 2019.

幸福和心理发展的知识以及构建高效促进学生学习环境的能力；第三需要教师具备本体论层面的素养。

二、学校背景

广州市第一一三中学是一所全日制完全中学。矗立在岭南文脉之地，周边高校林立，毗邻天河区政府，环境优美，交通便利。学校创办于1978年，沐浴着改革创新的时代之风，拥有永立潮头的时代气息和深厚的岭南文化底蕴。先后被评为广东省一级学校、广东省普通高中教学水平优秀学校、广州市示范性普通高中。2017年9月，广州市第一一三中学联合天府路小学组建了广州市第一一三中学教育集团；2018年3月，广州市第一一三中学与华南师范大学附属中学建立教育联盟，两校互派教师，以资源共享、多元发展等方式进行深度合作，推进区域教育综合改革的深化，为把广州市第一一三中学教育集团建设成为全市一流的优质教育集团注入新活力；2018年5月，广州市第四十四中学和广州市第一一三中学融合成新广州市第一一三中学。截至2023年1月，学校共有金融城校区、东方校区、乐学校区等三个校区，拥有教职员工382人，专任教师351人，110个教学班，师生4940人。2017年建设成为广州市示范性高中后，学校管理、校园环境、师生发展等各方面都步入高速发展的快车道，成为近年来天河区最具竞争力的学校之一。

三、学生素质拓展学分认证与"双师型"教师培养机制的理论探析

（一）学生素质拓展学分认证

1999年6月《中共中央国务院关于深化教育改革全面推进素质教育的决定》明确指出，"加强共青团、少先队和学生会工作，在培养和提高学生素质方面发挥更大的作用"，[①]这是提高学生素质教育水平的重要文件，这个文件是学生素质学分认定的肇始。2002年3月25日，共青团中央、教育部、全国学联联合做出在高校实施"大学生素质拓展计划"的决定，进一步整合深化教学主渠道外有助于学生提高综合素质的各种活动和工作项目，对大学生综合素质的培养进行全面的、个性化的规划和实施。[②]2010年《国家中长期教育改革和发展规划纲要（2010—2020年）》要求："关心每个学生，促进每个学生主动地、生动活泼地发展，尊重教育规律和学生身心发展规律，为每个学生提供适合的教育。"[③]这个文件基于时代的需求，提出对学生的培养要尊重教育规律和学生身心发展规律，为每个学生提供适合的教育。教育部2014年印发的《教育部关于全面深化课程改革 落实立德树人根本任务的意见》首次提

---

① 中共中央办公厅，国务院办公厅. 中共中央国务院关于深化教育改革全面推进素质教育的决定[EB/OL].（1999-06-13）[2020-03-12]. https://www.gmw.cn/01gmrb/1999-06/17/GB/18090%5EGM1-1706.HTM.

② 共青团中央，教育部，全国学联. 关于实施"大学生素质拓展计划"的意见[Z]. 2002.

③ 中共中央国务院印发国家中长期教育改革和发展规划纲要（2010—2020年）[J]. 人民教育，2010（17）：2-15.

出"核心素养体系"概念。[①]同时，2020年修订的普通高中课程标准，也将核心素养作为重要的育人目标。

大学生素质拓展教育学分制是对学生素质拓展教育进行学分化组织、管理、认证、评价、激励和监督的一种教育机制，[②]我国高校及职业学校把学生素质拓展学分认证列为学校考核的一项重要内容。核心素养的提出，对中学阶段开展学生素质拓展学分认证很有必要：一是提升学生素养的需求，二是学生的兴趣需要和高校素质拓展课程一体化衔接的需求。

（二）"双师型"教师概念

1995年国家教委颁发的文件《国家教委关于开展建设示范性职业大学工作的通知》（教职〔1995〕15号）（以下简称《通知》）首次在国家政策中提出"双师型"教师概念。《通知》的第一条"申请试点建设示范性职业大学的基本条件"第四点提出："有一支专兼结合、结构合理、素质较高的师资队伍。专业课教师和实习指导教师具有一定的专业实践能力，其中有三分之一以上的'双师型'教师。"[③]有的学者提出，"双师型"教师应具备的职业素质

---

① 中华人民共和国教育部. 教育部关于全面深化课程改革　落实立德树人根本任务的意见[EB/OL].（2014-04-24）[2022-04-08]. http://www.moe.gov.cn/srcsite/A26/jcj_kcjcgh/201404/t20140408_167226.html.

② 连榕，杨丽娴，吴兰花. 大学生的专业承诺、学习倦怠的关系与量表编制[J]. 心理学报，2005，37（5）：632—636.

③ 易玉屏，夏金星. 职业教育"双师型"教师内涵研究综述[J]. 职业教育研究，2005（10）：16-17.

标准是"一全""二师""三能""四证"。[①]

我们认为，"双师型"教师应是取得《中华人民共和国教育法》规定的教师资格，能够满足中学生对相关专业理论学习与实践指导的求知需求的教育工作者。

（三）学生素质拓展学分认证与"双师型"教师培养机制

学生素质拓展学分认证与"双师型"教师培养机制在本质上是一致的，即通过校内教育教学实践改革，实现教育提质，推进当前新课程改革及国家治理能力的现代化。学校承担全部的办学责任，在缺乏办学自主权的情况下难以开展教育实践改革。有了自主权才能激发办学活力，多主体参与才能集思广益，还要提高校长的领导力、唤醒中小学的办学自信、设计多样化办学的动力机制。教育治理能否激发不同主体参与教育的活力，有效提供优质的教育服务，是衡量治理体系和治理能力现代化的重要指标。

自2013年以来，中小学教育质量综合评价改革的创新价值在于以生态文明思想指导教育的科学发展、借鉴与推广学能测验与质量调查方法、建构安全信任的评价文化，以促进师生的自我发展。[②]

教育的根本任务——立德树人，要求学校进一步落实发展学生核心素养，培养学生适应终身发展和社会发展需要的必备品格和关

① 贺文谨. 略论职技高师"双师型"师资队伍建设[J]. 职业技术教育，2002，23（4）：50-52.

② 魏宝宝，杨康艳，米金培，等. 中小学教师共同体构建的实践形式与意义探索[J]. 教学研究. 2018（4）：32-39.

键能力，提升学生的创新精神、实践能力，提高学生的人文素养、科学素养和体育艺术修养，这一根本任务的实现，要求学校必须提高教师素养。

教师素养，是指教师反思和专业发展能力，与学生家长和同伴的协作能力以及对教育问题进行专业探究和深入理解的能力；不同时期的欧盟教师核心素养框架虽然表述有所不同，但至少包括四个模块的内容，即知识层面、学生层面、工作环境、自我层面。学生素质拓展学分认证与"双师型"教师培养机制示意图如图1所示。

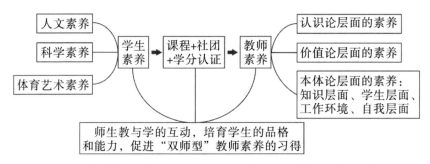

图 1　学生素质拓展学分认证与"双师型"教师培养机制示意图

四、培养"双师型"教师核心素养的时代意义及落实路径

（一）培养"双师型"教师核心素养的时代意义

1. 教育竞争国际化的时代诉求

21世纪以来，全球知识与经济高速发展，各国各民族间多元文

化交流碰撞、博弈融合、衍变共生，促使人类成为命运共同体。知识经济的全球化联动教育竞争的国际化，并驱动教育信息化时代的到来。教育与国家命运休戚相关，如何推行教育改革、提高国民素质，以适应未来激增的人才需求成为全球热议的共同话题。经济合作与发展组织于1997年率先提出了核心素养的结构模型，之后联合国教科文组织、欧美等国家和地区也掀起了核心素养的文化研究热潮。"兴国必先强师"，教师作为文化的缔造者、保存者、传输者和守卫者，俨然成为国际教育竞争的聚焦点。各国相继推行基于21世纪公民核心素养的教育指引，美国、澳大利亚、新加坡等国纷纷研制教师核心素养框架，并采取了一系列培养措施。

2. 培育学生发展核心素养的价值导向

核心素养作为一枚改变教育内涵的"楔子"，重新定义了教育的疆界，①凸显了学校教育的根本目的和课程教学的改革方向。②未来教育的目的不仅包括知识的获得和能力的提升，还包括思维和必备品格的培养，更包括公民素质和核心素养的比拼。2014年我国教育部在《教育部关于全面深化课程改革　落实立德树人根本任务的意见》中提出，要加快制定学生核心素养体系，促进学生全面而有个性地发展。③2016年9月中国学生发展核心素养框架正式公布，培育学生核心素养迫在眉睫。"善学者必有善教者""善教者

---

① 李帆. 核心素养，一枚改变教育内涵的"楔子"[J]. 人民教育，2015（24）：18.

② 钟启泉. "核心素养"赋予基础教育以新时代的内涵[J]. 上海教育科研，2016（2）：1.

③ 中华人民共和国教育部. 教育部关于全面深化课程改革　落实立德树人根本任务的意见[EB/OL].（2014-04-24）[2022-04-08]. http://www.moe.gov.cn/srcsite/A26/jcj_kcjcgh/201404/t20140408_167226.html.

使人继其志"，学生发展与教师密切相关，学生核心素养的提出产生价值驱动，为拟定教师核心素养做出了方向性指导，也为深化课程改革树立了新风向标。反之，教师核心素养的培育既是推进学生核心素养提升的核心动力，也是促进学生全面发展教育的重要一环。学生核心素养与教师核心素养互相促进、互相补充，构建为一个良性的教育生态圈，有力推动教育供给侧结构性改革。

3. 教师专业持续发展的现实需要

1965 年保罗·朗格朗出版《终身教育导论》，终身教育的思潮席卷全球，人类逐步迈向倡导终身学习理念的学习型社会。终身学习能力已不单是社会发展要求公民具有的核心品质，更是教育变革对教师职业的育人逻辑要求。面对"生有涯而知无涯"的现实，教师作为引领教育发展的领军人物，以终身学习的意识推动素养的提升是实现自身价值升华的必由之路。[1]这就向坚守教育阵地的教师提出了严峻挑战和紧迫诉求——明确自身定位，秉持"终身学习"的发展理念，不断吸纳更新、深化充实、超越完善，拓宽职业发展之路。党的十六大倡导构建终身教育体系，打造全民学习、终身学习的学习型社会。这要求教师具有自我完备的意识和终身学习的视域，更新教育观念和专业知识，提升核心素养和职业技能，带头践行终身学习，实现专业可持续发展。鉴于此，培育教师核心素养不仅是社会更新的自然走向，更是教育改革的内在需求。

---

[1]　曾文茜，罗生全. 国外中小学教师核心素养的价值分析[J]. 外国中小学教育，2017（7）：9-16.

（二）培养"双师型"教师核心素养的落实路径

目前国内相关研究大多数是参照国外的已有成果，或是解读学生核心素养框架及学科内涵。对教师核心素养模型体系的研究，目前国内仍处于探索阶段。事实上，任何教育范式和教育价值的理论探索，都要根植于实践的土壤中才能生根发芽。教师核心素养的培育是一项庞大的系统工程，包含各个要素，其构建绝非一日之功，其落实更是一个动态的发展过程，涉及方方面面，不可能一蹴而就，需要不同主体间通力协作。鉴于我国实施的是三级课程体系，需要从教育内部、社会路径和教师自身出发，发挥教育合力，采用自上而下和自下而上双轨并进的方式，促使国家保障、学校指导、教师行动三位一体，与学生核心素养的培育构成完整的育人系统，从而落实立德树人的根本任务。具体有三个层面的落实路径。

1. 宏观层面：围绕国家顶层设计，构建教学相长的育人模式

随着教师核心素养的提出，教育部也要求明确教师适应未来教育应具备的基本素养和核心能力，遴选教师核心素养指标，提出并出台翔实的素养标准和落实方案，为教育事业注入新活力。

根据《广东省教育厅关于公布广东省创建国家教师教育创新实验区立项结果的通知》（粤教高函〔2018〕53号）要求："各高校、地级市教育局要以实验区建设为契机，创新师范生培养模式和职后培训方式，强化实践教学，加强资源共建共享，推动教学改革研究和成果推广应用，促进师范生培养系统化，职前培养和职后培训一体化，政府、高校、中小学教师教育协同化，构建起注重协同

育人、创新能力和实践能力培养的教师教育新模式。"

我校根据国家政策的要求，进一步落实中国学生发展核心素养，培养学生适应终身发展和社会发展需要的必备品格和关键能力，提升学生的创新精神、实践能力，提高学生的人文素养、科学素养和艺术修养，适时出台了《广州市第一一三中学学生素质拓展学分认证实施方案》，在学校第二课堂构建"课程+社团+学分认证"的学生素质拓展模式，以此提高教师素养，培养"双师型"教师，对学生素质拓展学分认证与"双师型"教师培养机制进行了探索与实践。

2. 中观层面：重视学校资源建设，打造教师发展共同体

学校是教育发生和发展的主要阵地，因此在落实教师核心素养培育上起支撑和带动作用。基本方式有三种：第一，加强教师在职学习和研修培训，引导教师潜心教书育人，激发教师的工作热情，提高教师的职业幸福感。第二，结合地方资源开发校本课程，形塑教师素养培育的文化环境。塑造利于教师素养培育和专业发展的文化氛围，指导教师专业发展，为教师静心钻研教学、切实提升教学水平提供良好的环境。第三，以程印贵名校长和学校名教师为引领，促进优质教师资源流通共享，构建教师学习成长共同体。实现优质资源的成果展示和互惠共享；通过名校长和名教师校际双向流通和跨区域合作，塑造以名师为中心，辐射青年教师的教师学习成长共同体。

3. 微观层面：发挥个人主观能动性，提升教师学习内需力

"双师型"教师的培养，教师核心素养的培育，核心动力源于个人。国家、地方、学校只是影响教师发展的外部因素，教师自己是内部因素，是落实核心素养的主体和关键。教师只有充分发挥个人主观能动性，提升学习内需力，增强自我成长力，才能顺应教育改革潮流、决胜教育国际竞争。这是新时代向教师提出的新使命和新任务，任重而道远，教师当有新目标和新作为。教师只有不忘教育初心、牢记育人使命，培育核心素养、提升专业技能，才能成为让党和人民满意的"四好教师"。

五、广州市第一一三中学学生素质拓展学分认证与"双师型"教师培养机制实践与探索

（一）三个载体

1. 以名校长、名教师工作室为载体，开展线上线下培训，形成教与学的互动

程印贵名校长作为省、市名校长工作室主持人，将工作室成员南海区儒林中学的彭玉怀、英德市英西中学的黄志辉培养成当地优秀校长，接待了广东省、江西省、四川省、海南省，以及南京市、福州市、郑州市、毕节市等省、市的校长和教师们到校跟岗学习、交流；通过理论学习、专题讲座、交流分享、课题研究、实践指导等方法，促进学员和干部成长，培养了16位正、副校长；学校行政和学校教师抽空学习，同前来跟岗的校长、教师互动、交流，立足校本示范引领，培养2名正高级教师、2名广州市名班主任、2名

广州市优秀班主任，2名广州市优秀班主任，一批青年教师崭露头角。发现并培养体育老师郭耿阳等一批骨干教师，如2018年9月至今，郭耿阳老师被认定为广州市名教师培养对象、天河区名教师，并成为广州市骨干教师、广州市特邀教研员、广州市中心组成员，申报立项市级以上课题3项，在《中国学校体育》《现代中小学教育》等核心期刊发表论文4篇；2018年12月郭耿阳的"身体练习体验理论探索与实践"获得国家基础教育教学成果二等奖，排名第六，2019年3月获省人文社科成果三等奖；2019年8月郭耿阳被任命为广州市第一一三中学科研处主任。此外，还50多位教师分别获评广州市优秀教师、广州市骨干教师。

学校先后和高校联合培养研究生，程印贵为华南师范大学教育硕士兼职指导教师、名校长讲堂"讲座教授"，广州大学教育学硕士生导师，完成了指导黄志杰、何秋菊等研究生的任务；完成了指导华南师范大学政治与法律学院梁美意、张见圣、张雨三位研究生。每年接收华南师范大学、广州大学、广东技术师范大学、广东第二师范学院等院校的大批实习生来我校实习，为期一个学期。每年都会有广东省内的名校长前来参加培训，省外南京、郑州、海口、凉山、上饶等市（州）的大批名校长也会来进行名校长跟岗、学习。

2. 以课题研究为载体，以校本课题为突破口，以省、市规划课题为引领，落实好学校"人才强校"战略部署，充分发挥学校教科研工作的引领和服务功能，提升教科研水平，打造新时代新一一三中学

"一个人可以走得很快，一群人才能走得更远"。教师个人的专业化发展，离不开整个集体的研讨、分享。为提升教师业务素养，提高教师教育研究的能力，我校每年请专家指导省、市、区及校本课题的申报、开题、结题研讨活动，以名校长、名师工作室引领学校教科研的发展，使校本课题研讨上档次、提水平，重视普及和提高的关系，夯实基础，注重提升，鼓励教师申报区、市、省教科研项目，形成了较为浓厚的教科研氛围，从而促进了教师科研素养的提升。

3. 以广州市教师发展学校为载体

为贯彻落实《广东省教师队伍建设"十三五"规划》《广东"新师范"建设实施方案（2022—2025年）》等文件的精神，深化教师教育改革，华南师范大学与广州市教育局协同创建国家教师教育创新实验区，广州市第一一三中学入选首批广州市教师发展学校。

广州市教师发展学校这个平台，构建了校内外跨学科的学术专家团队、青蓝工程–校内外"传帮带"、校内外听评课制度、教学–研究–专业成长一体化体系。专家肯定了学校在三个学校融合方面所做出的努力，并提出教师队伍融合和学校教师发展的机构建设的建议，与此同时，也给出了学校教师发展明确的指导思想，建议从育人目标、课程建构、课程实施、课程评价等四个维度，建立分层分类的教师发展指导课程体系。

学校将以建设首批教师发展学校为契机，依托华南师范大学教师教育学部的优质资源，借助教师教育专家的专业引领优势，为教师的专业发展提供平台，孕育集教师教育、教学实践、教学研究于一体的教师发展体系，使教师持续地得到专业发展。

（二）三个路径

1. 开展学生素质拓展学分认证

学生素质拓展学分认证，让大部分教师开展校本课程和选修课程的拓展教学，构建丰富多样的课程，让学生选择，每个学生在初高中阶段必须掌握两项以上技能，进行学分认证，构建"课程+社团+评价"拓展学习模式。促使学科核心素养发展落到实处。

（1）学生素质拓展学分认证的六个模块（图2）。

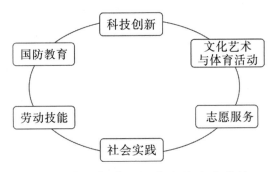

图 2　学生素质拓展学分的六个模块

素质拓展学分认证课程包括国防教育、劳动技能、志愿服务、社会实践、科技创新、文化艺术与体育活动六个模块。学生素质拓展课程主要通过课堂学习、实践学习和个人修习三种途径实施。

（2）素质拓展学分认证课程及评价一览表（表1）。

表1　素质拓展学分认证课程及评价一览表

类型	课程类别	完成学期和要求	学分	证书名称	组织形式	负责部门
必修	国防教育	第一学期	2学分	国防教育证书	学校统一组织	政教处
	劳动技能	第二学期	2学分	劳动技能证书	高中：学农；初中：实践活动	
	志愿服务	寒暑假和周末或学校统一组织时间；不少于40小时	2学分	志愿服务证书	个人或小组完成（广东i志愿网打印服务时间用于佐证）	团委
	社会实践	寒暑假和周末或学校统一组织时间；不少于4次	2学分	社会实践证书	个人与学校统一组织相结合（社会实践表申请）	政教处
选修	科技创新	第一～四学期	2学分	科技创新证书	个人与学校统一组织相结合；竞赛获奖认证、校本特色课程认证、社会考级证书认证	科研处、教导处
	学科竞赛		2学分	特色课程证书		

特色课程证书由各学科组结合特色课程情况设置认证细则。（各学科根据学科核心素养凝练出2～4项认证技能，进行考核）

2. 教师素养拓展的方向

基于学分认证制度的校本特色课程，把课程的设计与实施过程作为培养教师技能的载体。为提高课程质量，建设深度集备模式。加强对集备与行动研究的引导，以初中新教材、高中高考为中心，以毕业班的复习课和讲评课、非毕业班的新授课和练习课为载体，集中开展新课标、学法教法、教学策略、分层作业等方面的专题研究，提升集备品质。

（1）学科加拓展＝延展性课程（大学先修；深度拓展－财经教育）。

（2）学科加学科＝跨学科课程（STEAM/STEM/无线电/航模）。

（3）学科加德育＝生涯规划课程（成长导师、学业规划）。

（4）学科加实践＝品德教育、国防教育、劳动教育。

3. 建设智慧校园，提升我校教师教育信息化建设水平

协同推进区"互联网＋"建设，组织教师积极参加"粤教云"示范应用、"数字教育城"的天云微课及翻转课堂特色项目等研究，打造智慧校园。通过打造数字化校园、智慧校园，创设良好的信息化氛围，引领教师发展、促进学生成长，提高学校教育教学质量，提升学校的信息化管理水平，实现学校数字化的跨越式发展，为全面推进素质教育、逐步实现学校教育的现代化奠定坚实的基础。

六、结语

学生素质拓展学分认证和"双师型"教师培养机制的构建以名校长、名教师工作室、课题研究及广州市教师发展学校为载体，通过课程体系构建、学科课程融合和智慧校园打造三种路径，实现学生与教师的双边发展。这一平台的打造，促使学校实现了校际互动与海量资源的共享，一方面促使学生核心素养培养真正落地，另

一方面提高了教师的终身学习能力、数字化生存能力和反思创新素养。以此课题研究为体裁，开发出符合学校自身特点的建设理念、培训课程及解决问题的策略，落实好学校"人才强校"战略部署，充分发挥学校教科研工作的引领和服务功能，提升教科研水平，定能打造出新时代新一一三中学。

撰稿人：广州市第一一三中学　程印贵　刘利　刘娟　郭耿阳

指导专家：华南师范大学　首批教师教育专家工作室主持人童汝根副教授

参考文献

［1］共青团中央，教育部，全国学联.关于实施"大学生素质拓展计划"的意见［Z］.2002.

［2］中共中央国务院印发国家中长期教育改革和发展规划纲要（2010—2020年）［J］.人民教育，2010（17）：2-15.

［3］中华人民共和国教育部.教育部关于全面深化课程改革　落实立德树人根本任务的意见[EB/OL].（2014-04-24）[2022-04-08]. http://www.moe.gov.cn/srcsite/A26/jcj_kcjcgh/201404/t20140408_167226. html.

［4］连榕，杨丽娴，吴兰花.大学生的专业承诺、学习倦怠的关系与量表编制［J］.心理学报，2005，37（5）：632-636.

［5］易玉屏，夏金星.职业教育"双师型"教师内涵研究综述［J］. 职业教育研究，2005（10）：16-17.

［6］贺文谨.略论职技高师"双师型"师资队伍建设［J］.职业

技术教育，2002，23（4）：50-52.

　　［7］中央政治局.中国共产党第十九届中央委员会第四次全体会议公报［Z］.2019.

　　［8］魏宝宝，杨康艳，米金倍，等.中小学教师共同体构建的实践形式与意义探索［J］.教学研究，2018（4）：32-39.

　　［9］饶从满.未来教师素养模型建构［R］."比较教育与中国教育现代化"高峰论坛.上海：上海师范大学，2019.

　　［10］李帆.核心素养，一枚改变教育内涵的"楔子"［J］.人民教育，2015（24）：18.

　　［11］钟启泉."核心素养"赋予基础教育以新时代的内涵［J］.上海教育科研，2016（2）：1.

　　［12］曾文茜，罗生全.国外中小学教师核心素质的价值分析［J］.外国中小学教育，2017（7）：9-16.

中学教师"六阶梯"发展模式的研究和实践
——以广州市执信中学为例

一、理论基础

《中共中央 国务院关于全面深化新时代教师队伍建设改革的意见》（中发〔2018〕4号）明确要求：到2035年，教师综合素质、专业化水平和创新能力大幅提升，培养造就数以百万计的骨干教师、数以十万计的卓越教师、数以万计的教育家型教师。[①]教育部颁布《中学教师专业标准（试行）》作为中学教师管理的重要依据，要求中学制定中学教师专业发展规划，促进教师专业发展。[②]2020年10月，中共中央、国务院印发《深化新时代教育评价改革总体方案》，该方案把改革教师评价，推进践行教书育人使命作为重点任务之一，明确了把师德师风作为教师评价的第一标准，把教师的教育教学实绩和一线学生工作作为教师考核的基本要求。[③]《广东省教育现代化2035》（粤发〔2019〕26号）提出要打造高素质专业化

① 中共中央 国务院关于全面深化新时代教师队伍建设改革的意见[EB/OL].（2018-01-31）[2022-04-02]. http://www.gov.cn/zhengce/2018-01/31/content_5262659.htm.
② 中华人民共和国教育部. 教育部关于印发《幼儿园教师专业标准（试行）》《小学教师专业标准（试行）》和《中学教师专业标准（试行）》的通知[EB/OL].（2012-09-13）[2022-04-02]. http://www.moe.gov.cn/srcsite/A10/s6991/201209/t20120913_145603.html.
③ 中共中央 国务院印发《深化新时代教育评价改革总体方案》[EB/OL].（2020-10-13）[2022-04-02]. http://www.gov.cn/zhengce/2020-10/13/content_5551032.htm.

创新型教师队伍，完善学校教研制度，加强教育科研及教学研究人才队伍建设。教育部原部长陈宝生在《2017年全国教育工作会议工作报告》中明确指出，"现在一些教师职业倦怠问题比较普遍、比较突出。我们不仅要把最优秀的人吸引到教师队伍中来，还要尽最大的努力保护他们对教育事业的感情，调动他们对教育工作的积极性，激发他们对教书育人的激情"。①《教育部等八部门关于进一步激发中小学办学活力的若干意见》（教基〔2020〕7号）提出强化校内激励作用。学校要构建完善的教师激励体系，要帮助教师诊断改进教育教学问题，提高教育教学能力，促进教师专业成长；加强思想政治工作和人文关怀，增强教师职业荣誉感和幸福感。②通过为教师成长提供必要条件，进一步激发中小学办学活力。所以，一所学校中人才储备以及决定学校未来事业顺利发展的中坚力量便是广大教师群体。

教师作为教育实施者，对教学的质量和学生的发展有深远影响，建立完善的教师生涯发展模式，促使教师生涯发展专业化，不仅有助于教师的培养，更能促进教师的自我提升，不仅能提高教师队伍的质量，更能提升教师的幸福感。

关于教师生涯发展的管理策略问题国际上已展开相关研究，我国对其讨论也有不少文献。"生涯"是指人的一生发展，以职业为核心，包括职业历程与生活经历以及在这个过程中个体所扮演的角

---

① 陈宝生. 办好中国特色社会主义教育 以优异成绩迎接党的十九大胜利召开：2017年全国教育工作会议工作报告[J]. 中国高等教育，2017（Z1）：4-14.

② 教育部等八部门. 教育部等八部门关于进一步激发中小学办学活力的若干意见[EB/OL].（2020-09-15）[2022-04-02]. http://www.gov.cn/zhengce/zhengceku/2020-09/24/content_5546939.htm.

色。教师生涯发展是指教师的职业素质、能力、成就、职位、事业等随时间轨迹而发生的变化过程及相应的心理体验与心理发展历程。[①]教师生涯发展包含两个维度：一是时间维度；二是领域维度，包括职业理想、知识水平、教育观念、教学监控能力、教学行为与策略以及对教学的心理感受等。[②]学校是教师生涯发展最重要的环境因素，帮助教师设计与学校发展目标相一致的职业生涯规划是促进教师生涯发展的关键。因此，从教师生涯发展的理论出发，宏观地思考教师生涯发展规划与指导的各个方面，有效提升教师个人素养，反过来对学校的良性发展意义深远。"胜任力"是由美国学者戴维·麦克米兰于20世纪70年代提出的，戴维·麦克米兰认为胜任力是指第一手材料直接发掘的、真正能区分拟研究的生活成就或工作业绩方面优劣的个人条件和行为特征，之后的研究发现，胜任力可通过培训与发展得到改善与提高，是一种与职位的高绩效相关联的知识、技能、能力和特征。[③]目前普遍认为，胜任力是指个体成功履行其职能所具有的专业知识、专业能力、专业价值观和个人特质等特征的综合表现，且这些特征可以被测量。因此，国内外学者不断将胜任力理论应用于人力资源管理之中，根据构建的各种

---

① 斯黛菲，沃尔夫，帕施，等. 教师的职业生涯周期[M]. 杨秀玉，赵明玉，译. 北京：人民教育出版社，2012.

② 刘彩宾. 生涯视角下高中教师专业发展的"三维"策略研究[J]. 教师教育论坛，2017，30（4）：81-83.

③ HERNEMAN H G, MILANOWSKI A T. Alignment of human resource practices and teacher performance competency[J]. Peabody journal of education, 2004, 79（4）：108-125.

胜任力模型进行职工的招聘与任用、激励、考核与评估、培训。[①]
随着教师专业化进程的发展，21世纪10年代后，教师胜任力成为国
内外教育领域关注的话题，基于胜任力的概念，教师胜任力是指教
师成功履行教学职能所具有的专业知识、专业能力、专业价值观和
个人特质等特征的综合表现，且这些特征可以被测量。[②]因此，教
师胜任力可以作为教师培养、培训、遴选的重要指标。[③]本实践中
将不同学科教师的胜任力界定为不同学科教师顺利完成教学任务所
需的知识素养、教学能力、职业品格与个人特质的总和，使用知识
素养、教学能力、职业品格和个人特质4个维度对教师胜任力进行
调查。

二、中学教师生涯发展实践比较

（一）国外中学教师生涯发展实践

世纪之交以来，改革教师教育、提升教师质量成为教育改革的
热点，世界主要国家纷纷推进教师培养改革，例如，英国2004年
提出"卓越教师计划"（Outstanding Teacher Program，OTP），
2011年出台、2012年正式实施的《培养下一代卓越教师》将培养

---

① 徐建平，谭小月，武琳，等. 优秀中小学教师胜任特征分析[J]. 教育学报，2011，7（1）：
48-53.
② 何齐宗，龙润. 小学教师教学胜任力的调查与思考[J]. 课程·教材·教法，2018（7）：
112-118.
③ 徐建平. 教师胜任力模型与测评研究[D]. 北京：北京师范大学，2004.

卓越教师提升到了国家战略层面。[①]美国自2001年颁布《每个学生成功法》后，2016年10月美国联邦教育部又颁布了《新教师教育法规》，[②]帮助教师获得更多专业发展机会，从而创造有助于学生成功的学校氛围，以确保所有学生都有同等机会接触到优秀教师。芬兰自2001年起就开始实施"教师教育发展计划"，指出要将终身教育理念贯穿于教师在职教育，[③]2016年又颁布了"打造世界上最优秀教师"教育发展计划，提出教师教育将通过密切的合作以及创新的文化环境来实现，强调利用同行支持来加强团队协作。[④]这一系列举措为青年教师培训提供了政策支持。

在得到政策法规的支持后，国际上关于促进青年教师生涯发展的策略主要集中在研究专业标准的制定、工作环境的建设、校本制度的规划、形成性评价体系的构建、培训方案的系统化等几个方面。[⑤]一些青年教师生涯发展专业标准化策略，内容和目标具体、

① DEPARTMENT FOR EDUCATION. Training our next generation of outstanding teachers: implementation Plan[EB/OL].(2011-11-01)[2022-11-19]. https://www.gov.uk/government/publications/training-our-next-generation-of-outstanding-teachers-implementation-plan.

② 何菊玲，杨洁. 他山之石：国际卓越教师培养之成功经验[J]. 陕西师范大学学报（哲学社会科学版），2018，47（1）：162-169.

③ PÄIV HÖKKÄ, ANNELI ETELÄPELTO. Seeking new perspectives on the development of teacher education: a study of the finnish context[J]. Journal of teacher education, 2014, 65（1）: 39-52.

④ HEIKKINEN H L T, WILKINSON J, ASPFORS J, et al. Understanding mentoring of new teachers: communicative and strategic practices in Australia and Finland[J]. Teaching and teacher education, 2018（71）: 1-11.

⑤ JONATHAN ECKERT, JASMINE ULMER, EDIT KHACHATRYAN, et al. Career pathways of teacher leaders in the United States: adding and path-finding new professional roles[J]. Professional development in education, 2016, 42（5）: 687-709.

明晰，避免了教师培训中易出现的理论与实践脱节的问题，而且使培训极具针对性和操作性。①同时，国外一些培训方案的培训内容具有层级化和系列化的特点，②在一些导师制的指导机制中，既有包括全职指导教师与兼职指导教师的分类课程，也有包括基础课程、深化课程和高级课程在内的层级课程。美国作为生涯发展的发源地，在21世纪提出了"从学校到生涯"（School to Career, STC）理念，该理念主导着当前美国职业生涯教育的改革与实践，其核心内涵包括终身职业教育、全民职业教育、关注个体发展、加强与企业界合作及课程整合。③美国的生涯发展主要针对在校生，而入职后的生涯发展的跟踪研究还没有形成针对教师个体特色发展的范式。此外，教师的生涯发展具有阶段性发展的特点，在国家层面，澳大利亚、新西兰、美国等国家已经建立了教师生涯发展不同时期认证的专业化标准，同时在各级教育管理部门都制定了相应的指导机制，提高专任教师水平的建设规划也提升到了国家层面。④对于教师个人而言，由于不同阶段教师的发展程度不同，因而不同阶段教师生涯发展的主题和需要有所不同，英国一项对处于生涯发展适应期阶段的青年教师调查研究指出，该阶段教师对教学能力提

---

① 李红惠. 国际教师专业标准制定：时代背景、理论依据与框架内容：兼论我国教师专业标准的特点[J]. 教师发展研究, 2018, 2（2）: 119-124.

② ROBERT V, BULLOUGH J R. Mentoring and new teacher induction in the United States: a review and analysis of current practices[J]. Mentoring and tutoring: partnership in learning 2012, 20（1）: 57-74.

③ 高琰妮, 王乃戈. 美国STC理念下的中学生涯教育及对我国的启示[J]. 中小学心理健康教育, 2016（18）: 12-17.

④ ZEMBYTSKA M. Supporting novice teachers through mentoring and induction in the United States[J]. Comparative professional pedagogy, 2015, 5（1）: 105-111.

升，教学问题反馈，同事人际关系处理等该发展时期的重点困惑的解决策略有迫切需求。[1]美国一项针对教师专业能力提升的项目研究发现，实施针对青年教师生涯发展的有效策略，能够帮助青年教师更好地习得技能，解决教学生活中出现的问题。[2]这些研究表明各国关于教师尤其是青年教师的生涯发展的策略研究还处于针对不同生涯发展独立时期的调整实证探索阶段，还没有建立信息化的联动平台及跟踪机制，缺乏贯穿青年教师生涯发展整个时期的策略研究。随着世界性教育模式变革的推进，如慕课、翻转课堂、在线学习等模式的出现，教师生涯发展面临着前所未有的挑战，这对教师生涯发展的新模式构建及相关策略的研究提出需求。[3]有研究表明，由于新的教学手段和技术的出现，对教师生涯发展的专业化需求，将持续相当长的时间。[4]

综上所述，世界各国在教育教师生涯发展这个关乎民生发展的重要问题，尤其是促进青年教师生涯发展上，既有政策法规的支

① SPENCER P, HARROP S, THOMAS J, et al. The professional development needs of early career teachers, and the extent to which they are met: a survey of teachers in England[J]. Professional development in education, 2018, 44（1）: 33-46.

② LOTTER C R, THOMPSON S, DICKENSON T S, et al. The impact of a practice-teaching professional development model on teachers' inquiry instruction and inquiry efficacy beliefs[J]. International journal of science and mathematics education, 2018（16）: 255-273.

③ PHILIPSEN B , TONDEUR J, ROBLIN P N, et al. Improving teacher professional development for online and blended learning: a systematic meta-aggregative review[J]. Educational technology research and development, 2019（67）: 1145-1174.

④ FURMAN SHAHARABANI Y, TAL T. Teachers' practice a decade after an extensive professional development program in science education[J]. Research in science education, 2017（47）: 1031-1053.

持，又有相对健全的管理机制，同时还有扎实的理论和实践研究作为基础。不断提升教师生涯发展的专业化指导水平，使指导教师的专业发展具有明确的尺度和弹性空间，为引领、指导青年教师实现不同程度的专业化发展提供了积极的导向，具体到广州市执信中学实践的实际，对中学教师生涯发展的机制的梳理和个性化生涯发展平台构建还需要具体根据我国国情进行相应的调整。

（二）国内中学教师生涯发展实践

国内关于中学教师生涯发展的研究，主要集中在对教学能力的培养上，比如教学中的导师制、传帮带、初任教师教学培训等方面。[1]然而，传统视角中基于教师"工作人"状态的界定已不适合当前教育改革对教师作为"知行合一"的"整体人"提出的要求，故需要对教师专业发展进行再定义：教师专业发展是教师在工作与生活中与教育有关的一切个人成长。也就是说，用生涯视角来审视教师的专业发展，可以解决传统专业发展观的片面性，将教师作为"完整人"来关照和调整。[2][3]一项针对教师生涯发展的调查研究发现，当前教师生涯发展存在两方面的困境：一是高中教师参加培训的积极性越来越低；二是高中教师参加培训的效果不理想。[4]

---

① 朱碧云，赵敏. 中小学初任教师导师制的瓶颈及其突破机制研究[J]. 教学与管理，2014（10）：4-7.

② 陈晨，单福利. 基于职业生涯周期的教师发展[J]. 教育现代化，2019，6（24）：116-118，128.

③ 斯黛菲，沃尔夫，帕施，等. 教师的职业生涯周期[M]. 杨秀玉，赵明玉，译. 北京：人民教育出版社，2012.

④ 徐挺. 基于职业生涯发展的高职院校青年教师培养研究[J]. 管理观察，2016（8）：79-81.

有研究表明，不同的激励策略对于不同生涯发展期的教师，能够发挥的作用效果具有差异，这是由于不同教龄的教师在成长方面的需求不同。①因此，可以通过针对不同教龄阶段教师设置不同的策略来有效改变当前教师生涯发展的困境。中学教师的生涯发展在不同阶段会面对不同的挑战与机遇，在教师生涯发展的各阶段，探讨个人问题和价值观，培养生涯决策和发展能力，做好相应心理调适，克服生涯发展中的阻碍，能促进教师生涯健康发展，最终提高生涯满意度、增强成就感。在对青年教师的培养建议上，许多研究者也提出要充分发挥学校管理者的作用，建立行之有效的教师评价机制，统筹各级层面的关系，实行培训方式多样化、培训内容个性化等策略，比如天津师范大学王光明团队构建了"以高质量的培训方案为基础，以高切合的师资团队为核心，以高参与度的学习方式为依托，以高素养的管理团队为保障，以高规格的成果转化为动力"的"五高"培训模式。"五高"培训模式在新疆、江苏、山东、北京、广西、重庆、山西、贵州等十多个省（自治区、直辖市），累计培养两万多名中小学数学教师，取得了显著的培训效果。②

国内基础教育集团化办学是近年来发展较为迅速的新兴办学模式，是我国教育发展到一定阶段的特有办学模式，也是与国际上的教育模式有很大区别的模式。③在国家提出卓越教师培养的背景下，教育集团成员单位如何实现教师资源均等化是一个迫在眉睫的

① 赵世俊. 教师培养中的生涯规划辅导[J]. 江苏教育，2017（16）：42-44.

② 廖晶，王光明. 中小学数学教师"五高"培训模式的建构与应用[J]. 数学教育学报，2017，26（5）：17-19.

③ 张徐. 基础教育集团化办学研究回顾、反思与展望[J]. 教育导刊，2019（1）：40-46.

问题。集团化教育模式下，尤其是以正在发展的教育集团为研究主体，开展集团内青年教师生涯发展的策略研究在国内是空白的领域。如果能够在集团化办学的过程中通过学校办学体制和教师培养模式的创新，将优质教师生涯发展资源迅速扩增，并进行整合，实现教育高水平、宽范围的均衡，将有助于实现教育的公平与正义。[①]因此，针对集团化办学模式的教师发展策略的实践将担负起时代的使命。

对不同模式下的教师生涯发展进行有效的策略研究有助于教师实现完整的教育生活。广州市执信中学的办学理念是"还师生完整的教育生活，促进师生主动发展"。所谓完整的教育生活，就是教育过程中既能够关注师生成就，又能够关注师生身、心、智统一的完整的教育生活，这与生涯发展理论中"完整人"的概念不谋而合。通过对国外中学教师生涯发展进行研究发现，可以制定评价标准来界定教师生涯发展的不同阶段，在教师生涯发展的校本实践中，在教师生涯发展不同阶段所对应的阶段构建具有校本特色的，符合不同教师心理发展特点的生涯发展体系，激发青年教师生涯发展的内在动力，实现主动发展。

三、"六阶梯"发展模式形成背景

由于21世纪初我国进行新课程改革，中学教师数量有了一个井喷式的提升，中学40岁以下青年教师的数量在学校教师中所占比例较高，以广州市执信中学为例，截至2022年12月，在编专职教师

---

① 陈凤娟. 基础教育集团化办学的困境与突破[J]. 现代中小学教育，2019, 35（6）：4-7.

372人，40岁以下青年教师198人，占比53.22%。琶洲实验学校现有（含派驻）教师125人，40岁以下青年教师111人，占比88.8%。随着集团化发展的推进，新的校区和集团校不断建立，学校新教师尤其是青年教师的数量迅速增加，一所学校中人才储备以及决定学校未来事业顺利发展的中坚力量便是广大的青年教师群体，帮助处在不同生涯发展阶段的教师尽快适应执信教育集团办学文化氛围，实现教师个人的快速成长迫在眉睫。教师群体的职业生涯未来发展不仅仅影响教师本人，还会直接影响一所学校未来的长远发展。所以，我们应该对教育集团中教师群体的未来职业生涯规划及发展进行细致的探索、研究。研究教育集团背景下的教师生涯发展要关注并协调多方主体的利益和冲突，及时做出适当的调整，提出科学合理的教师生涯发展的可借鉴的范式，这对促进地区教育公平健康发展有着重要的意义。

在构建广州执信教育集团中学教师"六阶梯"生涯发展模型的有效机制和管理模式的背景下，研究采用江西师范大学何齐宗教授设计的调查问卷，对广州市执信中学教师胜任力情况进行调查，该调查问卷涵盖各学科胜任力的四个维度（表1），包括教师的知识素养、教学能力、职业品质和个人特质4个一级指标，在一级指标下又设置11个二级指标，包括教育知识、学科知识、通识知识、教学设计、教学实施、教学探索、职业态度、职业情感、职业追求、自我特性、人际特征，二级指标的指标内涵更为明确，是对一级指标的具体阐释。[①]在二级指标下设置50个三级指标，包括教育

---

① 钟朋丽. 初中教师教学胜任力实证研究[D]. 南昌：江西师范大学，2018.

理论知识、教育实践性知识、学科基本知识、学科前沿知识、自然科学知识、人文社科知识、教学目标设定、教学对象分析、信息获取与处理、教学内容安排、教学方法选择、课堂组织、语言表达、教学演示、教育技术运用、启发技巧、激励艺术、师生互动、教学自主、教学评价、教学反思、教学研究、教学改革、责任心、进取心、严谨性、师生关系、教学情感、专业认同、待遇认同、单位认同、职业规划、职业理想、职业信念、职业境界、适应性、坚持性、计划性、自信心、幽默感、批判思维、自我调控、心理状态、身体状况、民主性、平等性、公正性、宽容性、沟通能力、合作精神。

表 1　教师胜任力维度结构

一级指标	二级指标	三级指标
知识素养	教育知识	教育理论知识、教育实践性知识
	学科知识	学科基本知识、学科前沿知识
	通识知识	自然科学知识、人文社科知识
教学能力	教学设计	教学目标设定、教学对象分析、信息获取与处理、教学内容安排、教学方法选择
	教学实施	课堂组织、语言表达、教学演示、教育技术运用、启发技巧、激励艺术、师生互动
	教学探索	教学自主、教学评价、教学反思、教学研究、教学改革
职业品质	职业态度	责任心、进取心、严谨性
	职业情感	师生关系、教学情感、专业认同、待遇认同、单位认同
	职业追求	职业规划、职业理想、职业信念、职业境界
个人特质	自我特性	适应性、坚持性、计划性、自信心、幽默感、批判思维、自我调控、心理状态、身体状况
	人际特征	民主性、平等性、公正性、宽容性、沟通能力、合作精神

使用调查问卷对学校不同生涯发展阶段教师的胜任力进行测评，拟合教师胜任力和生涯发展不同阶段，创设校本化的生涯发展不同阶段的评价标准，以此为指导形成系列化、校本化的教师培训方案和有效的培训策略，促使青年教师更快、更好成长，形成合理的梯队结构，培养一批具有省、市级影响力的名师群体，夯实学校的核心竞争力。

四、"六阶梯"发展实践探索与模式建构

教师综合素质、专业化水平和创新能力决定了学校的教育质量，对教育改革起到了决定性的作用，提升教师综合素质、专业化水平和创新能力需要增强教师对于学生、对于教学工作的责任感，需要提升和优化教师的知识素养、教学能力、职业品质和个人特质，需要从学校层面进行统筹规划，开展行之有效的教师培训工作，提高教师教育教学的胜任力。

（一）顶层设计构建教师阶梯成长培训体系

广州市执信中学重视打造高素质专业化创新型教师团队，在集团化办学模式下，为了更好地整合各级教研资源，开发利用社会资源，为教师生涯发展提供发展空间和优质平台，学校结合不同时期教师阶梯化发展需要，本着遵循教师专业发展规律和满足不同发展阶段的个性需求，构建了广州市执信中学"六阶梯"教师发展模式（图1），全面实施分层分类，设置通识性的知识素养培训、检测教师技能的教学比赛、专家和模范教师引领下的职业品质熏陶培训、自我发展自我提升的个人特质的行程等项目，形成全方位、立

体式的教师阶梯成长培训体系。

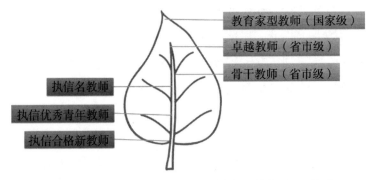

教育家型教师（国家级）

卓越教师（省市级）

骨干教师（省市级）

执信名教师

执信优秀青年教师

执信合格新教师

图1 广州市执信中学"六阶梯"教师发展模式

"执信合格新教师—执信优秀青年教师—执信名教师"的校内成长三阶梯培训框架，是通过对青年教师进行系列培训帮助教师一步一个脚印从合格走向优秀，直至成为学校教育教学的中坚力量。从学校层面设置阶梯式培训模式，让不同发展阶段的教师都能进行不同目标、不同培训课程的学习，让他们各有所得，各有发展空间和成长阶梯。

对1～3年教龄的新教师进行入职培训，培训课程侧重提升教师的知识素养和职业品质，帮助他们熟悉教学常规，站稳讲台，使他们从生疏走向熟练，早日成为"执信合格新教师"。

对4～15年教龄的青年教师进行教学技能方面的针对性培训，培训课程侧重完善教师的知识素养和教学能力，积累教学经验，提升教育理论素养，促进未来的可持续发展，使教师从熟练走向成熟，早日成为"执信优秀青年教师"。

对15年以上教龄的成熟教师进行教研能力方面的培训，培训课程侧重提升教师的知识素养和优秀教师应有的个人特质，提升教育教学能力和科研能力，升华教育品质，使这些教师成为有较强研究能力的教师，从成熟走向卓越，发挥专业引领作用，成为"执信名教师"。

为在专业领域有一定影响力的校优秀青年教师、校名教师继续提供辐射性成长的下一个三阶梯培训框架，即"（省市级）骨干教师—（省市级）卓越教师—（国家级）教育家型教师"，目的是促使校优秀青年教师、校名教师走出执信，在政府行政部门的教师培训体系中，参加国家、省、市级培训，本着能力建设、持续发展的原则，从专业能力、教研能力和创新能力三方面凝练具有个人特质的教育教学风格，发挥区域学科带头人和骨干教师的力量，通过组建名师团队，发挥名师的辐射作用，为培养区域更多的优秀教师做出贡献。

"六阶梯"教师发展模式在设置培训课程时分为知识素养发展模块、教学能力发展模块、职业品质发展模块、个人特质发展模块四大部分，课程为理论学习与教学实践相结合、个体学习与团队研修相结合的课程类型，以期提升教师的自我学习力和思维品质（图2）。

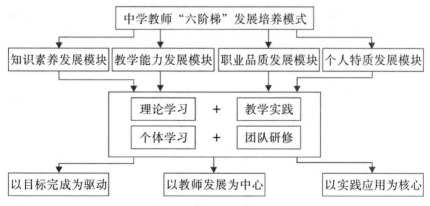

图 2 中学教师"六阶梯"教师发展模式

（二）团队建设促进教师群体共同发展

团队建设是教师专业发展的内在需求，是学校发展的有效动力，指向教学质量管理的学科组团队具有导向性、凝聚力，通过构建学科组的共同发展愿景、培养备课组长、创新管理学科组教研、备课组集体备课等进行团队建设。

科组长是团队的领头人，要在认真了解科组教师发展意愿的基础上定位科组发展的共同愿景，学科组在科组长的组织下，对学科教材、课程标准、考试大纲、教学目标、教学内容、教学方法、学科教师发展的动态等方面进行深入研究，确定科组持续研究的方向和目标，树立以研促教的团队意识。科组长是团队培养的执行人，需要关注教师个性发展，需要了解教学情况，需要多组织听课活动，需要为年轻教师提供帮助，更需要精心设计科组教研活动，指导年级备课组长开展有主题、有方向的教学研究，推动课堂变革，促进年级备课组长成长，进而引领团队教师共同成长。科组长是团队管理者，要形成团队向心力、凝聚力，营造学科组民主和谐、开放合作、务实求真的文化氛围，开放民主的氛围有利于成员个性特长的发展，为教师展开教学探究与创新实践奠定基础；团队成员相互支持、相互鼓励的和谐环境，能够激发个体和集体创新的信心、热情与勇气，增强工作、学习的自信心与愉悦感，团队成员力量优势互补，激发教师团队内在动力，促进科组群体共同发展。

教学能力发展模块的课程，就是通过学科组团队针对教学实践中的问题和教师发展问题，持续、渐进地开展科组活动得以实施落实，学科组是对课堂教学的实际问题开展研究、学习教育理论、开阔教育视野的最基层的教学教研组织，重在解决实际问题，引发对教育问题的思考，提升教育教学质量。学科组活动开展的有效性和质量决定了学校该学科教师的专业成长程度，也决定了学科组团队的建设水平。教师应在合作中相互学习，在实践中培养能力，在研究中积累资源，在教师经历中积累教学经验，在教学经验中走向教育经典。

（三）自我研修提升教师主动发展内驱力

教师发展也是一种自主学习和自我研修的过程，成人自主学习性较强，但也容易受已有经验影响，因此在教师自我研修环节，主要以问题研究为中心，结合多种学习方式，激发教师自我学习的积极性和主动性，促成教师自我学习的持久性，从而让教师发展更有成效。

教师是有思想、有态度的人，作为传播知识的中间人，具有较强的主动发展性和创造性，以及强烈的求知欲。针对教师自身教学中的问题需求，针对教师个人理论修养与实践能力提高的需求，通过开展"读书交流和分享"活动，提高教师个人理论修养；通过读书思考，解决教学中的实际问题；通过读书活动，培养"大气、正气、书卷气"的执信教师。教师个人研修坚持以新理论为导向，图书馆提供最新的专业杂志给学科组教师阅读，提供丰富的网络资源给学科组教师查询，教师利用寒暑假时间充电，边读书边写读书心得，并将平时的教学思考和反思写成论文，学科组教师间进行论文分享，结集成册供学科组学习，通过读书、写论文、分享心得，不断积淀、改善知识结构，厚积薄发，为日后成为优秀教师打下坚固基础。

　　教师是不断完善自我、渴望实现自身价值的人，教师专业化发展就是教师自身价值的体现，教师在陪伴学生成长的过程中，也完成了自身的价值提升。日常教学也是教师研修的主战场，教师之间相互听课，围绕教学实践中的心得体会、经验困惑进行交流，在分享自己经验、思考与智慧的同时，引发思维的碰撞，教师在内驱力作用下重构理解教育问题的过程，就是教师自我研修的过程。

（四）专家引领推动教师专业持续发展

　　在激发教师内驱力的同时，教师团队的发展也离不开外部力量的专业支持。高水平教育专家在学校的各项教育工作中发挥着非常重要的指导和引领的作用，能够帮助学校从宏观上把握方向、指导实践。

　　暑期是教师集中研修的大好时光，学校精心策划组织教师参加为期三天的执信教育集团全员培训，邀请教研机构、大学院校的同行专家做专题讲座、学术报告，培训的起点高、内容新、资源多、实效强，如有何勇校长专家引领型讲座"守教育初心、担时代使命、创执信辉煌"，有全国优秀思政课教师吴又存老师的师德师风讲座"努力当好学生的引路人"，有大量的关于新课程改革的专家讲座。在高质量的讲座中进行的集中培训，传递了教育教学新理念、新经验，夯实了教师理论基础。

　　学校在开展教学研讨活动的过程中，将专家请到学校、请进课堂，实现教师与专家的对话和交流，带动和引领教师专业发展。学科组根据教研活动的具体问题，邀请学科教研员、大学教授到校听课点评，开展针对具体研讨问题的专家讲座，这种有针对性的教学问诊和专家课后给出的教学建议，实实在在地给予教师以理论指引，有利于实践提升，这是落实教学新理念、新经验的一种非常有效的途径，在这种实证教研中，教师们的教学能力得到发展。

从教研入手，走科研强师之路，学校对课题研究的高度重视使得"以研促教"得到真正的落实，学校提倡教师把教学中遇到的疑难问题转化为课题进行研究，以此提升教师科研的主动性和积极性，倡导新课程的自主、合作、探究式学习的教学思想，转变教学方式，提高课堂教学实效。不管是学校层面的课题，还是学科组的课题，不管是国家级、省级、市级课题还是校内自主课题，科研处均对课题进行严格管理，在开题、结题报告会上都会邀请专家到会进行指导，使教师正确把握研究方向，开展有效的教学实验。通过专家引领，规范严谨地做课题、做课程，通过课题带动学科组锻炼研究能力，把在教学中遇到的疑难问题转化为课题研究，真正实现教研理念明晰化、教研意识习惯化、校本教研规范化、课题研究实践化的目的，以专家引领下的教研项目带动教师综合能力的提升。

（五）教学实践与反思成就教师专业能力

教师专业能力发展包括认知和行为两个方面，在教师身上体现为学科知识及其教学实践。学科知识支撑着教师专业实践的认识和观念，主导着教师的教育教学实践，是教师专业发展的根基；教学实践则是教师每天都在进行的教育教学活动，只有在学习研究中开展有意识的教学实践活动，才会促使教师不仅满足于"如何教"，而且探究"为什么这样教"，只有当教师以研究的心态看待教学实践时，才有可能促进教师学科知识的增长和更新。只有善于研究、反思个人教学实践、善于学习，教师的学科知识和教学实践才会互相促进，教师的专业能力才能得到发展。

教师通过立足于自身实践的"经验＋反思"过程获得专业发展，对教师自身实践的反思、批判可以促进教师教育教学理念的自我更新，当教师以自身的教学经验、教学行为为反思对象时，就意味着教师在实践中运用教学理论进行自我革新，进行教学行为的自我完善，这是一种自我超越，是教师专业发展的必经之路。课堂是教师的主阵地，以课堂为载体促进教师专业能力发展有四个常规环节：（上课教师）备课—上课—反思—重建；（听课教师）备课—听课—评课—重建。上课教师通过教学实践呈现个人知识，听课教师通过观察上课教师的行为判断上课教师所积累的个人知识，并做出判断、甄别，听课教师要关注上课教师的课堂实践好在哪里、问题在哪里，更为重要的是分析原因、思考如何改进等。以课堂为载体有助于实现教师专业知识与教学实践之间的良好互动，以教师熟悉的教学实践为理论介入的平台，使抽象的理论变得具体和可理解。通过教学实践促进教师专业知识的优化，同时促进教师专业知识更新和教学实践的共同提升，从而保证教师专业能力发展具有整体性、内源性和可持续性。

广州市执信中学的教学研讨，有常规性的校内学科组教师间的公开课、推门课，也有邀请外校教师到校进行同课异构、课例研讨，学科组开展的教学实践研究助推了学科教师的专业成长，助力了团队共同成长。教学实践在增强教师专业性、促进教师专业发展方面具有重要作用，广州市执信中学以课堂教学为中心，以提高教学质量为核心，以促进教师群体与个体专业发展为轴心，立足课堂，积极开展校本教研活动，让教师走向新课程，让教师走向学生，让教育教学走向学生。

五、广州市执信中学"六阶梯"教师发展模式的实践成效

教师是培训的主体，只有充分发挥教师的主观能动性，才能使教师培训取得应有的实效。广州市执信中学在教师发展培训方面，不论是设定培训活动内容、培训环节还是实施培训过程都从教师发展的角度出发，引导教师深度参与，以提升教师的知识素养、教学能力、职业品质和个人特质，提升培训的实效性。

近几年，通过教师发展"六阶梯"培养培训，"崇德瀹智"的校训已深深根植于执信这片沃土上，根植在一代又一代执信人的心中，"殚精求知，笃志力行，尚严善导，以身立教"的教风已经流淌在广州市执信中学每一位教师的血液里。梯队建设初步取得了成果，广州市执信中学现有特级教师6人，正高级教师5人，教育名家工作室主持人1人，广东省名校长工作室主持人1人，广东省名教师工作室主持人2人，广州市教育名家工作室主持人1人，广州市名班主任工作室主持人2人。教师中有博士、硕士84人，近百人次获全国模范教师、全国优秀教育工作者、全国优秀教师、全国巾帼建功立业标兵、广东省名教师、广东省师德建设先进个人、广东省优秀教师、广东省名教师工作室主持人、广东省优秀班主任、广东省三八红旗手、南粤杰出教师、南粤优秀教师、广州市劳动模范、广州市名教师、广州市名班主任工作室主持人、广州市优秀班主任等荣誉称号，40多位教师为省、市学科研究会的常务理事、正副会

长、学科中心组成员，一批教师承担国家、省、市教育科研课题研究的工作。学校所有科组均获得"广州市优秀科组"称号和"高考突出贡献（集体）奖"，英语科组被评为"全国工人先锋号""全国巾帼文明示范岗""全国职业道德建设百佳班组"，语文科组、物理科组被评为广州市"工人先锋号"，政治科组被评为广州市"巾帼文明示范岗"。雄厚的师资力量，为执信的长盛、可持续发展，提供有力保障。

大数据、人工智能等新技术变革对教师信息素养提出了新要求，通过建设智慧校园，学校积极鼓励教师主动适应信息化、人工智能等新技术变革，开展高效的教育教学实践，以适应时代发展的需要，构建了"以校为本、基于课堂、应用驱动、注重创新、精准测评"的教师信息素养发展新机制，提升了教师信息化教学能力、培训团队信息化指导能力，全面促进了信息技术与教育教学融合创新发展，一大批年轻教师在新技术的教学改革中，勇立潮头。以信息化手段应用为导向，以资源共享为纽带，以教师课堂应用为中心，创新教育教学新模式，推动信息技术与教育教学深度融合，学校教师积极参加教育部开展的"一师一优课、一课一名师"活动，利用信息化手段进行教学实践，共有24人获评部级"优课"，27人获评省级"优课"，105人获评市级"优课"，通过活动，进一步增强了教师对信息技术推进教学改革、提高教学质量重要性的认识，充分调动各学科教师在课堂教学中应用信息技术的积极性和创造性。

六、"六阶梯"教师发展模式推广实效

执信中学集团校成员琶洲执信实验学校，立足校本培训，依托

集团，促进教师发展，不断提高教师们的工作能力和业务素养。主要开展好教研组、备课组教育教学研讨活动，依靠集团教育开展好教师集体备课、公开课、考核课，促进教师专业化的发展，提高教育教学质量。重视联动，组织新教师参加教育集团组织的新教师系列培训，给集团校教师提供了更多学习的机会，促进教师快速成长起来。在骨干教师的带领下，申报了广州市教育科学规划课题"基于九年一贯制一体化的多学科融合的课堂实施研究"、广州市教科院政策课题"基于'暖心'教育学校特色的校本课程体系建设的研究"和教育部学校规划课题"融合3D技术的STEAM创新型项目学习设计和实践研究"。许晓云老师作为海珠区生物名师工作室负责人，开展了对信息化应用融合创新课题"基于STEM理念的初中生物资源库构建研究"的研究，建设了海珠区探究实验资源库，促进工作室教师的专业发展。

从化六中是广州市执信中学的对口合作共建学校，在教师培养方面，本着"造血强师、专业提升"的目标，通过制定发展规划，立足校本培训，注重专家引领，实施双向培训，落实跟岗培训等措施，开展了科组长、备课组长等骨干教师培训，全体专任教师到广州市执信中学轮训，进行为期一周的专业跟岗学习。立足于提升教师队伍的整体教学水平，立足于提高教师的专业综合素质，立足于提高学校的整体教学质量，逐步完善了学校的校本教研和校本培训规划、督促与评价机制，促进教师朝专业化方向发展。教学教研成果显著，教师在从化区各种主题教研活动项目中，获奖众多。省级课题、市级课题多个立项并完成课题研究，教师论文获奖数量逐年增多且获奖级别不断提高，荣誉越来越多，骨干教师的在区、市、省的知名度不断提升。广州市执信中学在与从化六中六年的共建中，建立了教师共同教研机制，教师跨校研修，搭建各种平台，使优秀师资和先进理念流动起来，为每一位教师提供进步的空间，整体提升了师资专业化水平。

广州市执信中学作为国家级师范性普通高中，在教师培训方面也做出了自己的努力和贡献，海南省儋州市组织学科骨干教师来广州市执信中学跟岗培训一个学期，跟岗教师深入年级组、学科组、备课组，全方位参加教育教学活动。在跟岗学习的时间里，从广州市执信中学教师的言行举止中，感受到执信教师对教育的执着和热爱，对教学刻苦钻研的敬业精神，以及对教学研究的深入和认真，知识素养、教学能力给他们留下了深刻印象，对他们的教学产生了很好的示范和引领作用。

七、教师发展新模式展望

执信教育集团在新课程、新教材、新高考的新形势下，将继续探究教师培养的最佳方式，充分利用信息化时代带来的丰富资源，新技术应用带来的变革，教师培训将更多地朝教师自我学习、自我发展方向转变，促使名校育名师，名师扬名校，让"崇德瀹智"的校训根植于执信这片沃土上，根植在一代又一代执信人的心中，让"殚精求知，笃志力行，尚严善导，以身立教"的教风流淌在广州执信中学每一位教师的血液里，在教育改革中做出新的贡献。

（1）创建学术型科组体系下的教师专业发展制度，为普通高中教师培养和校本教研提供可借鉴的技术路径，构建"以研带学，学研并进"的教师学习与研究模式，建设教师成长学习群落；开展基于核心素养的学科专业化学习研究，开展以备课组为核心的专业化教师队伍建设，打造集体备课范式，践行省市区教研培训、学校校本教研和学科组集体学习研讨"三位一体"学术型学科组建设，培养了一大批学科专业人才，凝练中学学科组专业化团队建设的系列方法。

（2）广纳人才和搭建平台，打造适应新时代需求的高素质教师队伍。现代信息技术和人工智能背景下，教师广义专业能力得到全面发展，信息技术应用能力、课程能力、教学指导能力、数据分析能力得到有效提升。基于问题解决的结构化校本研修，持续推动教育集团教师培训，构建教师专业发展途径。充分发挥示范引领作用，加大对教育资源的统筹力度，进一步扩大辐射、带动区域内及全国其他地区更有效地实施新时代普通高中新课程、新教材改革。

（3）在教师专业发展阶段方面，构建和完善教师各阶段发展的指标体系，给予教师自评及系统测评的适宜标准，构建教师发展的成长档案。

（4）学校将结合教育事业发展进行"十四五"规划思考，从教师实际情况出发，以校本研修为载体，探索以"赋能"促进教师团队成长的有效途径，最大限度激活教师的创造激情，最大限度赋予教师自主的创造空间，最大限度发挥教师个人才智和潜能，成就更加优秀的教师团队。

教师培训工作是一项意义重大的学校活动，它对于提高教师整体专业水平有非常大的帮助，教师队伍整体素质和专业水平的不断提高，奠定了执信未来发展的基础，我们将继续探索教师发展的科学模式，在培训理念、培训方式和培训内容方面继续创新和改革，持续发展，以适应不断壮大的执信教育集团教育教学的可持续发展。

撰稿人：广州市执信中学　彭斌　汪欣　王媛元

指导专家：华南师范大学　教师教育专家工作室主持人童汝根副教授

参考文献

［1］陈宝生.办好中国特色社会主义教育　以优异成绩迎接党的十九大胜利召开：2017年全国教育工作会议工作报告［J］.中国高等教育，2017（Z1）：4-14.

［2］教育部等八部门.教育部等八部门关于进一步激发中小学办学活力的若干意见[EB/OL].（2020-09-15）［2022-04-02］.http://www.gov.cn/zhengce/zhengceku/2020-09/24/content_5546939.htm.

［3］斯黛菲，沃尔夫，帕施，等.教师的职业生涯周期［M］.杨秀玉，赵明玉，译.北京：人民教育出版社，2012.

［4］刘彩宾.生涯视角下高中教师专业发展的"三维"策略研究［J］.教师教育论坛，2017，30（4）：81-83.

［5］HERNEMAN H G, MILANOWSKI A T. Alignment of human resource practices and teacher performance competency［J］. Peabody journal of education，2004，79（4）：108-125.

［6］徐建平，谭小月，武琳，等.优秀中小学教师胜任特征分析［J］.教育学报，2011，7（1）：48-53.

［7］何齐宗，龙润.小学教师教学胜任力的调查与思考［J］.课

程·教材·教法，2018（7）：112–118.

[8]徐建平.教师胜任力模型与测评研究［D］.北京：北京师范大学，2004.

[9]张徐.基础教育集团化办学研究回顾、反思与展望［J］.教育导刊，2019（1）：40–46.

[10]钟朋丽.初中教师教学胜任力实证研究［D］.南昌：江西师范大学，2018.

"智能互联"时代下的教师专业发展
——建设"天一书院"，打造智慧型教师

第四次科技革命推动了人类社会进入万物互联的智能时代。智能时代里，在线教育从空间和时间上打破了教育的壁垒，它使教师从黑板前走到了屏幕前，学生的学习也不再受到时间和地点的约束，更加灵活和碎片化，教育已然从封闭走向了开放。然而，知识的共享、开放式的"互联网+教育"，不仅带给人们平等获取知识的机会，也给教育带来了前所未有的挑战，对教师提出了更高、更具时代特征的专业要求。能够搭乘网络的快车，在智能时代做智慧型的教师，这是我们天河第一小学每一位教师的奋斗愿景，更是我们教师专业发展的目标。

一、WHAT：智能互联与智慧型教师

（一）关于智能互联

随着科技的发展、时代的进步，人工智能、大数据、物联网、虚拟现实与增强现实技术、仿真和模拟技术、机器人等技术在被越来越广泛地应用到各行各业，智能互联时代迎面而来。

"智慧教育，互联未来"，这是2020年12月18日在北京举行的2020年智能互联教育国际论坛的主题，也是我们对"智能互联"的定

义。在这次论坛上发布的《中国基础教育智能互联蓝皮书（2020）》指出，智能互联教育不仅仅局限于相对狭义的智能和互联技术的应用，也囊括了更普遍意义上的新型信息技术的教育教学应用。

（二）关于智慧型教师

1. 智慧

从行为层面看，智慧是智慧行为的简称，智慧行为是指创造性地解决一个难题，并且其行为结果是利他的，而此利他结果被证明是有善良动机的；从心理素质的角度看，智慧是指个体在其智力与知识的基础上，积累经验、不断练习而获得的一种德才一体的综合心理素质；从个体或群体角度看，智慧是指具备智慧素质的个体或群体[1]。在我们的日常生活中，智慧体现为更好地解决问题的能力。

《博弈圣经》对智慧的定义：智慧就是文化进程中独创的执行力。智慧是一种方式、方法，这种方式、方法具有以下特点：

（1）善于把握事物的动作变化规律；

（2）顺应社会、时代的发展潮流；

（3）以实现圆满或比较好的结果为最终取向和自身的价值诉求。

2. 智慧型教师

教师的智慧[2]是一种实践智慧，是一种在问题解决中迸发出来

---

[1] 汪凤炎. 关于智慧教育的三个基本问题[J]. 闽江学刊，2022（1）：85-97，174.

[2] 薛法根，娄小明. 智慧型教师的成长密码：基于"教育现场"的多样化研修实践[J]. 教育视界，2020（16）：19-23.

的实践智慧。相对于知识型、能力型教师而言，智慧型教师是要将知识与能力转化为教育的实践智慧，把教育的过程升华为一种育人的艺术。智慧型教师应具备的育人素养包括以下几点：

（1）儿童立场。

成尚荣先生在《儿童立场》一书中提出了教师的"第一专业"就是"儿童研究"，同时也明确指出"儿童研究"是最难做的学问，因为儿童对于教师来说正是"熟悉的陌生者"和"陌生的熟悉者"。因此，"儿童立场"是智慧型教师的第一要素。

什么是儿童立场？儿童立场是指教育人所处的地位和所抱的态度应基于儿童，从儿童出发。认识和发现儿童就是"儿童立场"。怎样才能认识儿童、发现儿童、引领儿童呢？成向荣先生提出了四点"回到"：一是回到儿童原来的意义上去，二是回到儿童最伟大之处去，三是回到儿童完整的生活中去，四是回到儿童的生活方式和游戏方式上去。拥有了儿童立场，就拥有了智慧的认识和行为，就找到了智慧的源头。

（2）学习力。

当前，在国家大力推进新时代教师队伍建设之际，教师学习与发展受到前所未有的高度重视。中小学教师要做新时代的合格教师，成为政治素质过硬、业务能力精湛、育人水平高超的高素质教师，需要唤醒终身学习意识，提升学习力，成为有意识、有能力的主动学习者，以实现专业上的自我发展与突破[①]。

培养高素质的教师群体要求培养和提高教师与学校团队的学习

---

① 李宝敏，宫玲玲，张士兰. 中小学教师学习力测评工具开发与验证研究[J]. 上海教师，2021（4）：116-127.

力。学校和教师不具备相应的学习力，就不能满足受教育者的学习需要，就培养不出有学习力的学生，就不能承担教育的责任和使命。拥有了学习力，就拥有了成为智慧型教师的成长基础。

（三）智能互联与智慧型教师的关系

"5G+AI"开启了智能互联的未来。新时代的教与学是基于智能互联的教与学。在智能互联时代，教师该怎么做呢？

现在的小学生是"10后"，他们的生活被"线上"包围着，这决定了现在的智慧型教师需拥有互联网思维。

什么是互联网思维？互联网思维，就是在（移动）互联网+、大数据、云计算等科技不断发展的背景下，对市场、用户、产品、企业价值链，乃至对整个商业生态进行重新审视的思考方式。

丹尼尔·平克（Daniel H. Pink）在《全新思维》中提到决胜未来的六大能力：

一是设计感。万物互联时代，人人都可能成为创意大师。设计，是每个人每天都会做的活动。优秀的设计能够改变世界，而"设计师就是改变的缔造者"。

二是故事力。要讲好故事，做生活的策划者。每个人都有自己的故事，人人都是个人生活的策划者。

三是交响力。要将生活的故事进行系统的整合。不要"只见树木，不见森林"，成功的企业家都擅长系统思维。

四是共情力。故事要能引发他人的共鸣。万物互联首先是人的互联，共情是互联的渠道。

五是娱乐感。娱乐的对立面不是工作，而是沮丧。娱乐感，已成为工作、企业和个人幸福的关键。

六是意义感。理想的生活并不是在惊恐中寻找奶酪，而是走完这段路程，发现人生的真谛。我们要寻找"线上"生活与人存在意义之间的关系。

二、WHY："天一书院"建设的必要性

（一）推动学校发展建设势在必行

1. 学校概况

广州市天河第一小学（简称天一）创办于2019年9月，是在原广州市名校先烈东小学珠江新城校区（现为天河第一小学华利校区）基础上，整合珠江新城A区配套学校（天河第一小学华穗校区）而组建的"一校两区"六年制完全小学。学校身处天河CBD中心区，毗邻广州图书馆、广东省博物馆、广州大剧院，地理位置优越，学生家长群体素质较高，具有较开放的教育观念，对学校的办学要求也较高。

学校办学定位是：办成一所具有天河风骨、广州气质、中华神韵、世界胸怀的一流学校。未来五年，围绕校训——不忘本来，兼容外来，开创未来，以"顺天致性、生生不息"的"生生教育"思想为办学理念，以"文化化人、课程养人、德育树人、课堂美人"为实施途径，培养具有"德正、智高、体健、艺美、劳勤"五大特质的天一学子，使其成为"开创未来的时代新人"。

2. 师资概况

学校现有教职员工89人，其中15年以上教龄（约占45%）的教

师所占比例最大，说明近半数教师专业发展已从胜任阶段进入熟练阶段；1～5年教龄（主要是0～3年）教师集中在编外教师群体中。

教师配备不足，学校发展速度快，在编教师人数不足，区聘请的教师流动性大；部分教师由于评聘上了小学高级教师岗位，且步入中年，感觉事业到了瓶颈期，加上家庭又富足，因此安于现状、进取心不强，尤其是教改科研意识不强、争先创优的主动性和积极性还不够；个别学科还缺少较有影响力的带头人。缺乏足够数量有开拓进取精神且专业素养好的教师；急功近利思想也给教育工作带来一定冲击。

总而言之，这几年学校教育教学成绩基本稳定，但教师配置数量不足、个别学科教师短缺及部分教师教育观念滞后、教研意识淡薄、竞争意识不强。

学校作为一所有历史底蕴的新校，其办学资历获得了社会的认可，新校新气象也得到了肯定。学校以"天河第一"命名，肩负着满足人民对高品质学校需求的使命，肩负着担当教育改革的引领、榜样及勇创第一的重任。如何让学校成为名副其实的"天河第一"，这是对天一办学人、全体教师的重大挑战。

（二）创新教师自我成长

教师是学校教育教学改革的实践者，其专业发展与学校办学质量的提高有着密切关系。怎样让教师成长为智慧型教师，这是我们天一教育人在做教师培养的顶层设计时考虑的重点。鉴于我校的现状，我校教师的专业发展迫在眉睫，但师资现状也迫使我们思考在传统的教研、科研之外，还可以做些什么来调动我校教师的专业发展积极性，来更好地促进全体天一教育人共同提升。

毫无疑问，日常的校本教科研活动是教师智慧发展的主要阵地，那么什么样的日常研修方式才是适合教师的呢？为此，我们也阅读文献，和学校骨干教师进行专题研讨并邀请华南师范大学教师教育学部常务副部长王红教授、华南师范大学王英教授等教育专家给我们"会诊"、培训。

教育的很多焦虑和失误都是要求过高造成的，教师的培养同样如此。教师成长外部条件不可或缺，但内因是教师成长的最关键因素。正如美国著名作家弗格森所说："每个人都守着一扇只能从内开启的改变之门，不论动之以情或晓之以理，我们都不能替别人打开这扇门。"可见，"内驱力"是教师专业成长的关键。

怎样才能唤醒教师发展的自觉意识？我校在"常规教研专题化、科研引领课堂化"之外，尝试通过教师自组织——"天一书院"的建设，来打开教师专业发展之心门，使教师从他觉变自觉，逐渐在发展中体会到工作的快乐。

1. 自组织理论

自组织理论是20世纪60年代末期开始建立并发展起来的一种系统理论，主要是L.Von Bertalanfy的一段系统论的新发展。它的研究对象主要是复杂自组织系统（生命系统、社会系统）的形成和发展机制，即在一定条件下，系统是如何自动地由无序走向有序，由低级有序走向高级有序的。

2. 教师专业发展自组织

教师专业发展是指教师作为专业人员，在专业思想、专业知识、专业能力等方面不断发展和完善的过程。这一过程也是教师由新手到专家、人生价值不断实现的过程。教师的专业发展应摆脱由外部主导和依赖外部的现状，充分发挥自组织在专业发展中的作用。教师专业发展自组织①是推动专业向高级复杂演化的重要机制，具有专业统整、专业智慧生成和专业创新功能。作为自觉有目的的组织，教师专业发展自组织依赖开放性的专业活动过程、非平衡的专业工作状态、非线性的教学体系、自主的专业决策、教学闲暇。在专业活动中，教师的专业发展自组织依托"实践—反思""交往—对话""教研—科研"等模式发挥对教师专业的促进作用。

三、HOW：智慧型教师专业发展的自组织模式

作为一个陪伴全体天一教育人成长的书院，"天一书院"应该是一个什么样的书院？这个教师专业发展的自组织应该引导全体天一教育人以什么样的路径去寻求自己专业发展的平台？这是书院开设首要解决的问题。

我校践行"文化照亮人生、课程化育人才、德育暖化人性、课堂深入人心、管理活化人力"五大行动，这些行动正是天一教育人的五大举措。因此，书院下设4个学会（图1）：课程养人——通过"读书会"的引领，深入研究未来人才所需的核心素养，系统规划并建构学校的课程体系，提升教师的"学习力"；课堂美人——通过"学术会"的引领，提高教师课堂教学、课题研究的专业能

① 阳泽，杨润勇. 自组织：教师专业发展的重要机制[J]. 教育研究，2013（10）：95-102.

力，让他们以"儿童立场"为第一教学原则，不断地进行"互联网+"背景下的课堂教学改革，让课堂成为学生乐学、会学、善学的学习中心，让课堂成为学生乐用、会用、善用的学习摇篮；德育树人——通过"论道会"的引领，全力培养德高行正的高素质教师队伍，以最大的可能去整合各种资源，发挥多方可用的力量，把学校、家庭、社区凝聚成命运共同体，形成学校、家庭、社区的教育合力，让每个学生都能够因享受其中而德才兼修，成为新时代的好少年；文化化人——通过"生活会"的引领，帮助教师懂工作，更懂生活，使教师首先成为幸福的人，让学校中的每个人都因这样的文化而砥砺奋进，创造美好的教育生活。

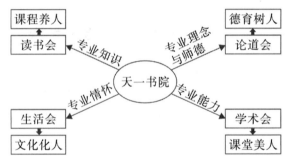

图 1   "天一书院"组织架构图

天河第一小学书院院长由王晓芳校长亲自担任，聘请华南师范大学王红教授担任名誉院长，"天一书院"的成长之路，也是全体天一人成长为智慧型教师之路。

（一）基于儿童心理立场：交互式创新教育模式的探索

学校强调教师专业发展需要的不仅仅是职业培训，还需要通过创新赋能搭建平台，创建具备调整适应能力的组织，打造教师专业发展"链式引领"项目，构建以专题研究促进教师团队成长的校本培训方式。自组织理论里组织专业活动的一个重要模式是"交往—对话"。那么，能否构建一个专题，在"交往—对话"中引发教师思考，点燃教研热情呢？

1. 理论指引，尝试构建

教师开展专题研究至少要关注三个要素：聚焦主题、提供工具以及激发创造性。书院的"学术会"在学校整体规划的指引下，以"全课程"这个项目为抓手，在新的课堂教学观指导下，在教学实践中基于儿童心理立场尝试构建适合学校学情和师情的教学模式。

2. 专题研究，辐射科组

学校科组的专题研究主题来源于课堂教学的实际问题、学生发展面临的问题或者急需教师解决的问题，以此提高教师对于研讨的期待和参与度。在"学术会"成员们的带领下，学校科组对课堂教学模式进行多番实践，在用模定模的过程中对课堂教学模式进行专题研讨。经过团队成员的共同努力，我校教师构建了适合目前信息化环境和学情的"631"课堂教学模式。其中，"6"即六要素，指的是阶段、学生、过程、教师、思维、技术；"3"即三重点，包括学生、教师、技术；"1"即一核心，指"思维"。

图2是我校"631"融合式教学模式的教学流程图。

图 2　天一"631"融合式教学模式的教学流程

我校"631"融合式教学模式按照课前、课中、课后三个阶段，围绕学生、教师、技术开展教学，指向学生的思维培养。该模式运用的关键是要发挥学生主体、教师主导、技术辅助的作用，聚焦一个核心——促进学生的思维发展，建设学习型课堂，力求提高教学效益。

立足课堂，坚持开展专题研究活动，教师们实现了四个转变：第一，转变关注点，从关注"教"到关注"学"，从关注"内容"到关注"过程"；第二，更新观念，关注每位学生的个性化成长需求；第三，重视实践知识，重视基于理论和研究的知识；第四，转变角色，成为学生学习的促进者，资源和信息的提供者，学生成长的陪伴者和支持者。

基于儿童心理立场的专题研究的力量可以实现链接、给教师赋能：首先，通过转化给教师赋能，实现政府文件、教育理论、先进经验与教师课堂的链接，这些链接是转化，帮助教师理解、学习、操作，同时也是一种激励；其次，通过引领给教师赋能，把当下与未来、单一学科与多学科、个人与团队、中国与世界链接起来，这些链接是对育人的理念、目标、方式和环境、态度的引领，这种引领使教师更能够认识到自己的责任，激发教师创新，提高教师解决问题的能力。

（二）基于学习力维度：内隐式自我专业成长轨迹的构建

备课、上课、听课、评课，教师每天都在做关于"课"的事情，但往往处于低水平的重复劳动之中，对"满堂灌"或者"满堂练"等老大难问题，缺乏有效的对策。我们借鉴了自组织理论中"实践—反思""交往—对话""教研—科研"的模式，从专业理念与师德、专业知识、专业能力三个方面来提升教师学习力，促使教师自我成长。

1. 强化职业认同：链接情怀，永葆教育初心

要改变一个教师的思想，让其稳健而快速地成长，最关键的不是向教师传递思想，而是唤醒其"内驱力"，引领教师自己去思考、去实践，让他们实现真正的自我成长，走上幸福的专业成长之路。"内驱力"是教师专业成长的关键。

书院通过教师间的"交往—对话"，在强化教师的职业认同、唤醒"内驱力"方面，采取了很多措施。

（1）榜样引领，呼唤担当。

"榜样"二字，原义是样子、模样，出自宋代张镃的《桂隐纪

咏·俯镜亭》："唤作大圆镜，波文从此生。何妨云影杂，榜样自天成。"现多指楷模。学校发展以教师为本，教师中的模范更是学习的楷模。为此，书院"论道会"一方面通过专家讲座、榜样影响，引导教师们树立正确的教育价值观，永葆教育的理想主义情怀。广州市特级教师高晓玲校长作关于教师职业规划与发展的培训讲座，天河区教育局王建辉副局长的"幸福教育之道"讲座，给予教师工作与生活以极大启发。另一方面，积极树立身边的榜样。"论道会"联合学校德育部门，结合实际，及时给予教师认可与鼓励，如在新冠肺炎疫情在线教育期间，通过微信公众号平台，报道学校"万能班主任""最美学科教师"的先进典型事例，树立学习榜样；返校复学后，评选"育人奖""优秀教师"等奖项，让教师体验工作成就感，增强职业认同感，提高发展内驱力，使其对教育的未来充满期望，不忘初心。

（2）以老带新，助力成长。

设计各具特色的项目助力不同需求的教师成长是每个学会的特点。通过学会内的导师制，各个学会形成了一个个自发的研究型微团队。微团队就是一个个自发的"传帮带"团队。这是一种习惯，一种传承，更是一种智慧。"传帮带"传授着技能与经验，传递着关怀与力量，更传承着忠诚与责任。导师制对于青年教师专业发展具有重要的意义与作用，它是应对青年教师实践性知识缺乏问题的有效途径，是学校实现青年教师群体专业发展的有效平台。

除此之外，"学术会"还配合学校教导处实施"青蓝工程"。遵循"业务过硬、素质过硬、能力过硬"三原则，学校挑选骨干教师担任年轻教师的师傅，为实现师资队伍建设的不断优化、打造

"天河一小"教师名片而努力。学校与师徒代表共同签署了"天河第一小学师徒结对协议书"，细化与量化师徒听课、备课、作业批改、研讨课等方面的工作，明确了师徒各自的职责，在学校形成相互学习、相互探讨、共同提高的融洽关系。每组师徒详细记录、上交师徒结对月度工作记录，不断总结经验、创新工作思路、挖掘潜力，师徒双方都得到提升。

书院还鼓励骨干教师成立自己的名师工作室，组建个人微团队。独行健、众行远。工作室不仅为教师发展提供学习资源、为教师经验交流创造机会、为教师教学反思搭建平台、为教师科研能力提升提供引导，更重要的是在以老带新中以新促老，在"实践—反思""教研—科研"中使骨干教师逐步成长为智慧型教师。

2. 坚持规划指引：链接实际，引领专业发展

规划，是个人或组织制定的比较全面、长远的发展计划，是对未来整体性、长期性、基本性问题的思考和考量，是未来整套行动的设计方案。为了实现全体"天一人"成为智慧型教师的宏远目标，书院在制定规划时，根据教师队伍的现状、问题和阶段特征，确定了教师发展的目标追求和价值引领，构建了以"教师基本功、教育教学理论、情怀与视野、身心健康、移动互联"为核心的教师研修课程体系，在强调以人为本、科学发展的智能互联时代，强化专业发展的预期性、系统性、自主性，为教师赋能提效。

3. 打造学会品牌：链接内心，点燃教育热情

教师的专业成长离不开适合的温度和土壤，只有给教师充分展

示自己的空间，教师的个性才能得到张扬，潜能才能得到发挥。教师的专业发展，应摆脱由外部主导和依赖外部的现状，充分发挥自组织在专业发展中的作用。我校通过教师自组织——"天一书院"的建设，打造各学会的品牌项目，链接教师专业发展之心门，为教师搭建施展才华的舞台，让教师的专业发展内化为教师个人自愿、自觉的行动，点燃教师的教育热情，由此促进教师持续、健康地成长，引导教师在专业发展中体会到工作的快乐。"天一书院"是这样做的：

（1）自主选择，有培无类。

书院下设的"读书会""学术会""论道会""生活会"这4个学会，首先由学校行政班子集体讨论确定会长人选。在征求教师同意后，任命各个学会会长。而后，由会长根据各自学会的特色，制定工作规划并确定学年活动主题。各学会的招募由会长从学会特色、发展规划等方面作具体介绍，教师们根据自身发展需要，至少选择一个学会自由入会，4年为一个周期。在精心的策划、筹备后，会长开始面向全校教师招募会员。

这样的招募方式让每个教师都能做自己力所能及的事，发挥自己最大的潜力。不用一把尺子来培育，不用一个目标来考核，做到"有培无类"，即让每个教师都有受培训的机会和权利，不设置过高的目标，避免部分教师因看到目标太高而不敢参加培训和学习，实现教师的多元发展，真正做到"想要飞翔，给你翅膀"。

（2）聚焦阅读，增长智慧。

立身以立学为先，立学以读书为本。不论是科组学习还是学会活动，阅读都是教师成长的一个关键词。阅读是教师最能自主、最能持续，也是最理想的专业发展方式。除鼓励教师自主阅读外，各学会还根据各自的特点开展专题阅读，并在全校分享。表1是2019学年各学会的阅读分享主题。

表1　2019学年各学会的阅读分享主题

学会	阅读分享主题	分享时间
读书会	结合教学实际，对苏霍姆林斯基《给教师的建议》相关章节进行专题分享	2019年3月25日下午
读书会	如何培养学生的学习兴趣和内驱力	2019年4月8日下午
学术会	减负增效下作业的设计与实施	2019年4月22日下午
论道会	结合工作实际，对《教师挑战》相关章节进行专题分享	2019年5月22日，录制视频钉钉线上阅读分享
生活会	对《学与教的心理学》相关篇章进行专题分享	2019年6月20日，录制视频钉钉线上阅读分享

腹有诗书气自华。多阅读，勤动笔，教师自然得到成长。涂月爱、许涓、陈品花、肖冬梅等教师参加2019年天河区中小学幼儿园教师"阅读点亮人生·好书引领发展"主题阅读征文活动，多人获奖。

（3）任务驱动，因材施培。

孔子说："中人以上，可以语上也；中人以下，不可以语上也。"孔子施教充满了层次感。对学生我们要因材施教，对教师我们更要因材施培。"天一书院"的学会制，让因材施培有了实现的可能。学会根据各自特点，设计各具特色的项目，通过任务驱动，实现教师的分层培训。

以"学术会"为例。"学术会"2019学年旨在通过尝试开展全课程的教学实践来树立全课程"培养全人"的教育价值观，丰富教师教学思想和知识结构，增强专业成长的自觉性，进一步提高教师的教育教研能力。

"课程整合""项目式学习"这两个比较新鲜的词语，"学术会"的教师们对此并不了解，教学行政和"学术会"的会长搜集了相关文献资料供大家学习，并组织了两次关于"全课程"的全员培训、研讨活动。在学习了一段时间后，会员们分别就自己感兴趣的研究方向组建微团队开展教学实践。

课堂永远是教学实践的主阵地。"学术会"的成员结合所学，在教学实践中抓住"绘本""项目"两大载体，开展教学实践，增加教学智慧。

绘本"绘"智，"学术会"会长蔡芝艳老师带领的微团队将绘本阅读与主教材进行有机、适切的融合，发挥自然拼读法的解码功能，创作个人DIY手绘本，提升学生的阅读水平和英语核心素养。"互联网+"背景下，会员语文科陈昕昕老师基于能力的培养，以个人之力尝试开发线上"绘本微课程"：借助画面，引导学生在倾听、观察、想象中，激发阅读兴趣，提高理解、表达能力；詹楚玲老师通过目标导向推动阅读分阶、开发资源助力云端教学，问题导航引领聚焦重点、评价修正协助分层助学，有效指导在线整本书阅读；刘春燕老师率领的四年级语文微团队在指向阅读素养提升的语文学科项目化学习实践中引导学生深化运用阅读策略，联系生活体验探究，读以致用，培养学生高阶思维。

教育智慧的本质，就是让学生生命觉醒、思想解放和个性张扬，最终使学生成为有智慧的人。未来学习的综合性要求我们能准确地把握不同学科知识之间的内在关联，从学科相联系、相交叉、相渗透之处提出并探究具体的问题，引导学生综合运用知识、技能去解决问题，从而促进学生实践创新能力的提升。例如在教学实践中，教师们运用跨界思维，开展项目化学习活动，打破学科壁垒，整合语文、科学和数学等课程内容，跨界合作，引导学生开展自主、合作、探究学习活动，观察、探索昆虫奥秘，运用细菌相关知识学习自制酸奶和泡菜；开展"数"说疫情的主题探究，有效帮助学生感受数学与真实世界的联系，以达到教学相长的目的。项目化学习通过真实、有挑战性的问题，开展实践探究活动，加强对核心知识的深度理解和高阶思维的培养，提高学生解决问题的能力。

4. "天纳"教育共建：链接山海，结对互助共赢

助力教师发展，除了要引导教师们学会学习、学会反思、学会完善自己、学会开发课程以外，还要教师们学会交流和合作。书院团队的教师互帮互助，借助与贵州毕节纳雍天河实验学校缔结共建之机，书院在"会长"的带领下配合学校共同打造校校互联、师师互助的教师发展平台。

（1）在互助中进步。

爱尔兰著名作家萧伯纳说："我是你的一个旅伴，你向我问路，我指向我俩的前方。"对书院教师而言，对纳雍天河实验学校的帮扶过程是共同学习的过程，是不断促进自身发展的过程。

譬如，在天河区教育局组织的"山川异域，与子同课、同袍、同乐"系列活动中，"学术会"成员陈昕昕老师和纳雍天河实验学校杨璇老师作为两校师徒结对当中的一对，就成为"双师课堂"学

习的第一对探索者。为了更好地实现这种新型的教学模式，两位教师一起认真备课，研究两地学生的学情，探讨如何更好地组织开展课堂教学环节。其后还多次进行设备调试，打磨课堂细节，终于在 2020 年 7 月 9 日呈现了一节成功的绘本阅读指导课"别让太阳掉下来"。初试成功，结果令人欣喜，但两位教师的互助共进不会停步。

（2）在学习中成长。

学校的发展，关键在于教师。与纳雍天河实验学校共建之初，我们从理论学习入手，通过"共读一本书"的活动落实教育教学共建工作，有效促进教师能力提升。

为此，"读书会"会长荣利老师带领旗下会员，与结对教师沟通，确定了假期阅读的书籍，以及下阶段读书分享的专题之事。教师们通过线上视频会议，商定研讨范围，例如，探讨学科有效教学策略，结合实际教学案例深入研讨，聚焦汇报专题，以便结合教学实际，读以致用。读书路上有你有我，教师们在学习中共同成长。

（3）在实践中成熟。

基于"扶贫先扶志，扶贫必扶智"的工作要求，两校组建班会示范课研讨团队，在天河区教育局及华南师范大学专家的指导下，基于纳雍天河实验学校的实际，设计、制定了适合纳雍天河实验学校各年级学生的、基于正面教育理念的"感恩""立志"思政课程体系，并由"论道会"的詹楚玲老师进行了"志智双扶"——"我的理想"立志主题班会课的示范。巧妙的设计、精彩的互动引起了热烈的反响，受到了教师与学生的一致好评。

学校内涵发展，关键在于课程建设。课程建设能力是成为智慧型教师的一个评判因素。詹楚玲老师和"论道会"团队教师在构建精品课程的实践中逐步走近"智慧"。

（三）基于互联网思维：跨界式多学科知识体系的搭构

伴随着智能时代的到来，知识体系间的交叉融合，学科知识的界限将日趋模糊。信息化环境为跨界创新教育提供了充足的资源和空间，移动互联网、教育物联网和虚拟现实等技术的应用为跨界创新提供了低门槛、高平台的媒体介质。智能时代的互联赋能既是赋予学生的，也是赋予教师的。为了让更多教师搭乘上这列网络快车，我们是这么做的：

1. 学校层面

（1）提供有力的信息化环境支持。

"工欲善其事，必先利其器"，一所学校要想提高教师的信息化素养与能力，必须营造信息化的大环境。从组建高效的信息技术服务团队开始，时刻准备解决教师信息化教学中出现的问题，春风化雨，润物无声，教师在环境的浸染下就会逐渐意识到提高信息化素养的重要性，从而主动去实践和提高。作为一所建立在老校基础上的新校，自2019年9月成立之初，我校就对较落后的信息化设备进行了更新换代。

另外，我校教导处组织在线教学设计方面的专题培训。通过师徒搭配、熟手带新手、自学与集中线上培训相结合的方式，让资深教师们快速学会使用这类基本工具。资深教师们能够做到综合分析判断学生的学情，并采取有针对性的教学教法；年轻教师学会灵活使用教学工具，在新技术手段的应用上做到游刃有余。

我校努力为教师提供信息化教学实践机会，鼓励教师进行线上课程的开发建设和新兴教学模式的尝试，并尽可能为这些工作提供设备、场地等帮助，满足开展网络教学活动的要求。

经过近一年的努力，2020年9月，我校入选广州市第二批人工智能实验校。

（2）纲要指引教师发展方向。

数字信息时代背景下，教育的内涵也发生了深刻的变化：其一，教师角色的转变，教师由课堂的组织者变为引导者，从传统课堂中的"授之以鱼"变为互联网环境下的"授之以渔"；其二，教育时空的变化，从传统的定时课堂转变为随时随地学习，学习者可自主选择学习的时间与地点，自主性增强；其三，教育限界、特性的变化，互联网使教育从学校走向社会，使全民教育成为可能，使终身教育深入人心，使个性化教育更适应学习者的需要①。

如何搭乘网络的快车，在"互联网+"的洪流中实现从工匠式教师转变为智慧型教师？学校发展纲要里提出基于"互联网+"特征的智慧型教师的四个思维。

①用户思维：以学生为中心。

用户思维，是指在价值链各个环节中，都要"以用户体验为中心"去考虑问题。在教学中，就要以学生为中心，重视学生的学习体验。

---

① 胡锦秀. "互联网+"背景下独立学院青年教师专业发展路径探讨[J]. 黑龙江教育（理论与实践），2020（7）：27-30.

②极致思维：打造品牌课程。

极致思维，就是把产品、服务和用户体验做到极致，超出用户预期。这需要教师们用心打造让学生"尖叫"的品牌课程。尖叫，意味着必须把产品做到极致；极致，就是超乎用户想象。

③平台思维：为深度学习真实发生提供条件。

深度学习课堂以真实情境为背景，以核心问题为驱动，以高阶思维培养为指向，强调学习的主动性与思维的挑战性。而互联网的平台思维就是开放、共享、共赢的思维，有助于深度学习落到实处。在线教学平台，就是让学生觉得自己是学习的主人，让教师觉得自己是教学的主人，一定是自主参与、自主选择的，最终实现师生共赢。

④跨界思维：创新教育的全过程。

跨界，指的是突破原有行业惯例和常规，通过嫁接其他行业的理念和技术，实现创新和突破的行为。在人工智能时代，没有跨界就没有创新，跨界思维是最简单、有效的创新思维，甚至是颠覆性、变革性的思维；当跨界思维遇上学习，不仅仅能收获新颖、有趣的学习形式，更能为学习行为注入巨大的能量。

2. 书院层面

在书院层面，主要做到提升教师课程开发与实施的能力。要做智慧型教师，其中最难突破的一点就是在教学实践中提升教师的跨学科素养，提升教师课程开发与实施的能力。

跨学科素养关注的"统整"学科知识的能力，是反映在每个学科领域并将不同学科间的知识以及将知识与情境关联起来的核心和关键能力。书院不同于其他培训组织的创新之处正在于由于它是一个教师专业发展的自组织，各个学会成员是根据自身兴趣选择参加的，它从建立之初就打破了科组、任教科目的壁垒。在各个学会中，在研讨某一项目时，由于教师来自不同学科、不同专业，教师不仅仅要从掌握的本学科本专业知识出发，还要从学科相联系、相交叉、相渗透之处提出具体的问题并进行探究。这样的教研有助于提高教师自身跨学科的知识素养，帮助教师形成知识的整体观。

以"论道会"为例。在三位会长的带领下，来自各个学科的教师经过反复的讨论、实践、反思、再实践，最终初步构建出适合我校学情的以"德正、智高、体健、艺美、劳勤"为发展目标的天一学子的德育"展翅课程"课程体系。在这个体系中，强调要将知识的学习与学生所处的真实情境（包括时事政治、经济发展、科技动态、乡土人情等）联系起来，在活动中将学生培养为拥有爱国热情和民族文化认同感的，具有良好品行、端庄仪态、阳光心态、健康身体、广博学识、多样才能的，有社会责任感、创新意识和实践能力的"开创未来的时代新人"。

四、结论："天一书院"的建设成效

"天一书院"成立至今，以"教师教育创新实验区之教师发展学校"项目为抓手，在实践中探求并初步构建出我校的校本教师培训模式。教师的专业发展促进了学校的发展，学校的教育教学质量稳步提升。

功夫在平时。以新冠肺炎疫情中的表现为例，"天一书院"以科组为单位，9个学科的教师或甄选网络资源，或自创自编课程，或录制教学微视频，让学生在家享受优质教育资源，引导学生聚焦学科知识积累、学科方法迁移，提升解决问题的能力。语文科组快速吹响了天一网课筹备的号角，促进"教、学、研、用"一体化，为学生提供识字、阅读、古诗词、项目化学习等精品课程；数学科组云端集备探究式学习主题，引导学生关注疫情、关注时事，发现生活中的数学，学生综合性学习开展得如火如荼；英语科组群策群力，善用网络平台资源，以"听说为主，以读促学"为总体目标，引导学生快乐学英语；体育科组分年级分项目录制指导视频，指引学生宅家锻炼；音乐、美术、科学、综合实践等科组助力德育课程，在学科知识与德育教育上寻找结合点，设有"守护生命""小小生活家""艺术陶冶人生"3个板块10个特色主题，打造深受学生和家长欢迎的德育课程。2020年2月17日至3月6日，全校28个班级累计直播1800余场；丰富的线上课程不仅受到学生、家长们的好评，更有多个微课被推选到"南方+"平台，供全市教师借鉴；5月16日，我校与广东教育学会、《广东教育》、天河区教师进修学校、《南方日报》、南方+、《南方都市报》等联合举办"后疫情时期学校教育的变与不变"的论坛活动，将总结、提炼的新冠肺炎疫情期间的教师专业发展经验在云端进行分享。

常态即赛场。"学术会"的教师们的全课程项目推出3篇教学设计和2篇教学论文参加省、市小学语文优秀教学设计和论文评比，分别是：习作指导"我做了一项小实验"、"探秘细菌世界 培育阅读素养——统编四语下册'快乐读书吧'项目化学习设计"、"多元识字品粽香，巧读长句寻文化——《端午粽》第一课时教学设计"、《基于阅读与生活的小学百字微作文教学实践探索》、《项目化学习在小学语文"快乐读书吧"的应用探究》，均顺利通过区内初评，被选送到市里参评。

2019—2020年短短的一年，我校成为广东省非遗进校园示范校、广州市教师发展学校成员校、天河区"623"示范校、天河区立志教育校际联盟成员校等。

2019—2020年短短的一年，教师共计20人次、学生共计64人次分获省、市级奖项。其中，王爱伦副校长荣获"南粤专家型校长"称号、许涓老师成为广州市基础教育系统新一轮百千万人才培养工程第四批培养对象、莫笑珍等5位教师成为天河区骨干教师；史昊宸等14名学生在广东省青少年创新思维及科技实践大赛、广东省创意机器人大赛、广州市青少年3D打印创意设计大赛中分获一、二、三等奖。

线上融合线下，远见照见未见。教师是学校发展的核心竞争力。只有教师发展了，学生才能发展，学校才能发展。我校始终把促进教师的专业成长作为重要工作之一，以"天一书院"为依托，开展高质量的教师阅读分享、教师论坛活动，深入课堂构建教学模式，努力在教学实践中促进教师成长为拥有教育情怀、打破知识壁垒、具备互联网思维的智慧型教师。我们在行动，我们正在路上。

撰稿人：广州市天河第一小学　王晓芳　王麦伦　程静
指导专家：华南师范大学　首批教师教育专家工作室主持人王海英教授

参考文献

［1］汪凤炎.关于智慧教育的三个基本问题［J］.阅江学刊，2022（1）：85-97，174.

［2］阳泽，杨润勇.自组织：教师专业发展的重要机制［J］.教育研究，2013（10）：95-102.

［3］胡锦秀."互联网+"背景下独立学院青年教师专业发展路径探讨［J］.黑龙江教育（理论与实践），2020（7）：27-30.

名师工作室：教师专业发展共同体新模式
——基于广园小学名师工作室个案研究

随着我国教育改革不断深入，教师的专业化素养被寄予更高的期望，人们也一直致力于探索如何有效提升教师的专业化水平。名师工作室的建立给教师的专业发展提供了一个良好的平台，名师工作室以具有先进的教育教学理念和扎实的教育理论知识的主持人为引领，把一批具有共同愿景和追求的教师聚集在工作室中，使他们能进行思想交融和技能交流，从而在教师之间形成密切合作、有效互动的工作架构。本文以广园小学名师工作室为例，阐述学校名师工作室的建设路径、建设价值以及学校目前取得的成效和未来的发展规划。

一、基于学习共同体的名师工作室

（一）教师学习共同体的提出

时代发展对教师能力提出更高、更明确的要求，《国家中长期教育改革和发展规划纲要（2010—2020年）》"加强教师队伍建设"部分第五十三条提道：通过研修培训、学术交流、项目资助等方式，培养教育教学骨干、"双师型"教师、学术带头人和校长，造就一批教学名师和学科领军人才。为此，省、市、区各级教育行政部门积极组建并设立名师工作室，希望通过名师带领教师提升专业发展水平，以点带面，辐射引领，从而推动区域教师队伍建设水平的提高。而名师工作室的创建则是在发挥教师学习共同体影响力的理论背景下实现的。

　　"共同体"作为一个社会学概念，滕尼斯认为它是用成员之间共同的、有约束力的思想信念作为自己的意志。①20世纪90年代初，美国教育管理学家萨乔万尼在共同体概念的基础上提出学习共同体（learning community）。学习共同体是由学习者（包括专家、教师和学生）围绕共同的主题内容，在相同的学习环境中通过参与、活动、反思、会话、协作、问题解决等形式构建的一个具有独特文化氛围和情境的动态结构。②教师学习共同体则以教师为主角，教师"通过合作、沟通、交流、倾听等方式相互学习、共同成长，进而促进共同体成员的专业发展。在教师学习共同体中，教师间以合作、共享、包容、互敬的精神相互交流和学习借鉴，以平等对话的方式实现教师个体与群体的共同成长"。③教师学习共同体的创建初衷是希望教师通过学习获得发展，但其创建的角度是围绕反思对话、共同关注学生的学习、公开教学实践、团队合作、共同

---

① 滕尼斯. 共同体与社会：纯粹社会学的基本概念[M]. 林荣远，译. 北京：商务印书馆，1999.
② 叶乔赟. 学习共同体视域下的名师工作室建设[J]. 基础教育论坛，2019（25）：47-48.
③ 蔡其勇，刘筱，胡春芳. 新时代乡村教师学习共同体建构策略[J]. 中国教育学刊，2020（2）：83-86.

的价值观和规范五个要素来进行。①这五个要素是相互交织的，反思对话是团队合作的基本方式，也是通过团队合作能够提升的能力；共同关注学生的学习是教师学习共同体的目标；公开教学实践体现了教师学习共同体基于案例学习的特性；团队合作是学习共同体存在的前提；共同的价值观和规范是教师学习共同体成员达成的共识，也是指导行为发生的准则。教师学习共同体要素图如图1所示。

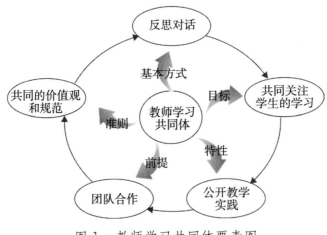

图 1　教师学习共同体要素图

（二）名师工作室的概念界定

名师工作室是指在教育行政部门的组织、管理和指导下，以名师姓名或专业特色命名的教师教育平台，是由同一专业领域或相近专业领域骨干教师组成的集教学、研究、培训等职能于一体的专业

① LOUIS K S, KRUSE S, RAYWID M A. Putting teachers at the center of reform: Learning schools and professional communities[J]. NASSP bulletin（National Association of Secondary School Principals），1996，80（580）：9-21.

学习共同体。名师工作室是教师学习共同体的具体形式之一，名师工作室的创建及运行是在教师学习共同体的理念指导下，促进教师专业成长的一种模式。其目的是发挥名师的示范带头和指导作用，组建优秀教师的群体，减少单兵作战的劣势，发挥团队作战的优势，提高全区高层次教师的整体水平和数量。[①]它具备以下特征：第一，有共同的领导者。作为名师工作室领导者的主持人，都有较高的教育理论水平和教育科研能力，有突出的教育教学成果，还有较大的社会影响力，能够指导成员进行专业规划和实践发展。第二，有共同的价值观和理念。名师工作室要求围绕主持人的教育理念和教育思想开展专业研讨，使其成为成员共同的价值观与理念，帮助成员在专业方面实现自我完善、自我突破、自我发展的愿望。第三，进行合作性学习。在名师工作室主持人的带领下，成员之间平等交流、相互启发、相互合作，共同分享教学成果，共同促进教师专业发展。

换而言之，名师工作室是在教师学习共同体的理论指导下形成的教师专业发展共同体新模式。教师专业发展共同体是指在新课程理念的指导下具有不同发展意向的教师，以及以平等的姿态参与其间的专家、学者，所组成的促进教师主动发展的研究团体，其组织形式有校内共同体、校际共同体、区域共同体。该团体的核心要素是教师内心的变革动力、开放的心态、合作的精神，以及共同的教育理念和教育追求。在这个团体中，每个成员的生命彼此感应，思想彼此碰撞，在不同的起点上实现多样的、最大可能的发展。教

---

① 全力. 名师工作室环境中的教师专业成长：一种专业共同体的视角[J]. 当代教育科学，2009（13）：31-34.

师专业发展共同体突出两个概念：一是"专业"，即教师的发展要具有针对性，要提高自己的专业知识水平、专业技能、专业素养；二是"发展"，教师的成长具有长期性、持续性、动态性，发展不是指一时的成长进步，而是指长效的自我提升。教师专业发展共同体的所有要素，名师工作室都完全具备，无论是研修目标、研修内容、研修方法还是研修效果，名师工作室都有专业的要求和专业的指导及引领，并指向教师的专业发展。名师工作室改变以个体努力为主的教师专业发展模式，通过工作室名师示范引领，带动年轻教师组团发展，既强调引领，又注重合作，既关注个体专业发展，又强调团队专业水平提升，从而有效地促进教师的专业成长。

二、名师工作室的建设路径——以广园小学为例

广园小学一直重视教师队伍专业发展，面对新时代的发展要求，充分利用已有高素质教师人才队伍，组建名师工作室，吸引青年骨干教师参与工作室的研修活动，推动教师整体专业优质发展，为教师人才储备、培养以及梯队建设做好前瞻性准备。在多年实践中摸索出一套系统的教师专业发展共同体新模式，其建设路径结构图如图2所示。

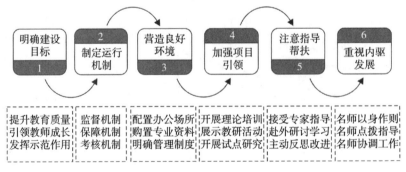

图2 广园小学名师工作室建设路径结构图

（一）明确建设目标

参照《广州市中小学教育专家、名校（园）长和名教师工作室管理办法》和《广州市白云区名师工作室实施方案和管理办法》的要求，结合学校教师专业发展的需要，广园小学明确了名师工作室的建设目标，即名校长、名教师、名班主任工作室是在各工作室主持人的主导下，围绕其教育理念和教育思想，以同一学科、同一学段的优秀中青年教师和校长为工作室成员，以师带徒为主要培养形式，成立基于线上和线下的学科研究、教改探索、教学反思、学校管理实践的实体与网络相结合的新型工作室，以促进学校和区域教师专业成长和提升教育质量为核心，发挥工作室主持人的示范辐射作用，领航中青年优秀人才成长，使工作室的每位学员在原有的基础上得到更好的发展，促使"成长自觉"成为贯穿其一生的绵绵不绝的生命动力。[①]为保证建设目标的落实，各工作室制定了三年发展规划，其中包括促进行政领导力提升的建设目标，以及促进教师课堂教学能力、教育科研能力、教育管理能力提升的建设目标。例如，陈丹琳名校长工作室的建设目标是：以名校长带出名校长，促进中小学校长队伍建设，促进义务教育均衡发展和城乡教育协调发展。黄桂娟名师工作室的建设目标是：充分发挥工作室主持人的示范引领和辐射带动作用，领航中青年教师成长，让工作室成为促进中青年教师专业成长的有效平台，使其不断更新自身的知识体系，优化专业素养结构，勇于教育实践，自觉承担起立德树人的时代责

---

① 钱勇. 以文化人：名师工作室理念文化构建及实践策略[J]. 中小学教师培训，2020（8）：21-24.

任，成长为优秀的德育教师。胡华名师工作室的建设目标是：以深化课堂教学改革和学科专题科研为主要内容，以解决小学语文课程改革的实际问题为主要任务，自主开展系列研修活动，使工作室成员在职业道德、专业知识与学术水平，教学能力与科研能力等方面的综合素质有显著提高，力求在三年内形成具有引领和辐射作用的小学语文教师团队……无论是对行政队伍的培养、德育队伍的培养，还是对学科教师的培养，工作室都有明确的建设目标。

（二）制定运行机制

广园小学名师工作室根据"教育行政部门确定、学校自建、工作室自主发展"的路径建立了有效的监督、保障和考核机制。

1. 名师工作室监督机制

广园小学名师工作室的运行，既接受学校日常监督，也接受上级教育行政部门监督，上级每年都会对名师工作室本年度的工作计划、研修活动成果（包括教学设计、教学反思、教学实录、论文等）、研修效果及经费使用等情况进行了解及把关。因此，广园小学名师工作室每年都会围绕本工作室的建设目标制订切实可行的工作室年度计划，按照"制订个人研修计划—制订工作室年度计划—学员商议确定—细化活动方案—活动具体实施—活动反馈及成果收集"的步骤来完成本年度的研修工作。

2. 名师工作室保障机制

广园小学为名师工作室的建设提供人力、物力和财力的保障。

首先是人力的保障，根据工作室的研修方向，由学校统调青年骨干教师加入各工作室，保障各工作室有充分的、适合的人员加入。其次是物力的保障，学校设有专门的名师工作室办公场所，配有相应的基础设备，为名师工作室开展日常活动提供空间和物资。再次是经费的保障，市、区名师工作室的专用经费由上级划拨，学校经费专款专用，对工作室进行研修活动、购买书籍、参加培训及出版成果等给予大力支持。工作室主持人每年要做好当年的经费预算，及时对经费使用情况及凭证进行搜集、整理和上传，上级教育行政部门也会对工作室的经费使用情况进行相应的监管。

3. 名师工作室考核机制

（1）对名师工作室主持人的考核。

上级部门每年都会对名师工作室进行考核，通过查阅资料、检验成果等方式来考核名师工作室建设发展情况，按照一定的标准进行量化考核，评出"优秀""良好"和"合格"三个等级，并对运行良好的工作室的建设成果进行介绍和推广。

（2）对名师工作室成员的考核。

工作室成员的考核由名师工作室主持人负责进行，主要从学员参与研修活动的情况、学员对于自身规划的执行情况、教育教学水平提升情况等方面来考察。每年评选一次工作室"优秀学员"，评价注重强化、激励，不仅要重视学员的研修质量，还要关注对学员研修过程的评价。通过学员自评、成员互评、名师评价等多种评价手段，对工作室成员进行全面考核。通过严格执行考核制度，使工作室的研修任务落到实处，提高研修实效。

（三）营造良好环境

良好的环境氛围能够愉悦教师的心情，激发教师的工作热情，更利于教师教学以及科研工作的开展，为此学校名师工作室配置专门的办公场所，并购置大量和教师专业发展相关的资料，方便教师随时查看。除此以外，工作室还设置了文化墙，墙面上写着名师工作室教师成员最喜欢的格言，张贴着工作室的成立初衷、发展理念、管理制度和日常计划，让工作室成员明确发展愿景，注意落实日常研修任务。工作室还配置了舒适的桌椅和沙发，点缀着绿色的植物，摆放着工作室开展研讨活动的照片，整个环境氛围非常温馨，使工作室成员产生归属感，同时成员之间形成凝聚力。

（四）加强项目引领

广园小学近年主要以自主学习和探究性学习为抓手开展特色项目研讨。在研讨的初始阶段，广园小学都是由名师工作室主持人牵头，组织工作室成员对自主学习和探究性学习理论进行学习和实践，再由工作室把学习成果以讲座和课例的形式向全体教师进行汇报。当中有面向全体教师的理论培训，还有展示与自主学习和探究性学习相关的"四个一"校本教研活动，包括上一节主题研讨课、策划一次主题活动、设计一个系列的主题作业纸、做一次主题研讨成果的宣传展示等。除此以外，作为广州市第一批智慧校园的试点学校，广园小学一直致力于智慧阅读书香校园的建设，在建设智慧阅读书香校园的过程中，学校采用的是名师工作室"整体策划、先行先试、组团发展"的方式。①名师工作室主持人和成员先对智慧阅读书香班级的构建进行策划，包括班级文化氛围的营造、班级阅读书单的拟定、班级阅读活动的策划和推进、班级阅读成果的展示等，以名师工作室成员所任教的班级为实验班，借助广州市智慧阅读平台先行开展智慧阅读教学试点研究，通过组织学生参加智慧阅读平台活动和班级自主开展的阅读活动，全面提升学生的阅读素养，形成书香班级。各名师工作室带领成员各自建设自己的书香班级，在大家的共同努力下，形成经验的做法，再推广到全校实施。通过类似的项目推进，名师工作室每学年都要按学校给出的任务先行先试，改革创新教育教学工作，大胆摸索经验做法，有效完成学校的任务，还使工作室成员在参与过程中迅速提升专业水平。除了以上项目，广园小学目前还有粤港姊妹学校交流、品牌学校建设等项目，对每个项目的建设，学校都重视发挥名师工作室的作用，以项目驱动名师工作室的发展。

（五）注意指导帮扶

名师工作室通过"请进来"和"走出去"的方式，使工作室成员聆听专家讲座，接受专家的指导，不断提升理论水平和实践能力。"请进来"的方式包括邀请知名作家为工作室作"如何阅读一本书"的专题讲座，从确定阅读书单到阅读方法的选择和阅读心得的提炼，全方位指导教师们如何读好一本书；邀请法学专家为工作室作"小学生宪法教育"的专题讲座，全面介绍学习宪法、遵守宪

---

① 周毓璇. 基于智慧阅读平台提升小学生阅读能力实践探索[J]. 新课程研究，2019（22）：5-6.

法和维护宪法在新时代的意义，增强教师的法治意识，让教师充分认识小学品德课程改为"道德与法治"的根本要义，明确小学就要做好学生宪法启蒙教育的重大意义；邀请课程专家为工作室作"特色学校建设的路径与策略——兼论校本课程开发"的讲座，从课程建设案例中汲取营养，尝试推进校本课程的开发。"走出去"主动学习，则包括在广州参加由高校和教育行政部门组织的研讨学习，还包括到北京、上海、杭州、南京、深圳、佛山等地，以工作室团队为单位，整体接受专家高水平的指引和帮扶。在学习的过程中，在主持人的引领下，成员要吸收、要反思、要研讨、要迁移，在这个过程中，工作室成员受益匪浅。

（六）重视内驱发展

名师都是具有较强实力与较高声望的教师，有普通教师所不具备的引领作用、助推作用跟黏合剂作用。名师以身作则，能够激发名师工作室的其他成员奋发向上；名师点拨指导，能够一针见血地指出教师的问题和改进的方向，让他们豁然开朗；名师协调工作，能够化解教师之间的分歧跟争议，缓解教师之间由于意见不同和观点不一产生的摩擦，发挥黏合剂作用，提高工作室的凝聚力跟向心力。广园小学重视名师工作室的内驱发展，发挥名师示范引领作用，积极组织教师进行教学研究，进行专业知识和案例的讲解，且在开展这些工作的过程中严格规范自身的行为举止，为教师树立榜样。广园小学各名师工作室主持人均是广州市和白云区的名师，有较高的教育科研能力，工作室主持人经常会带领成员开展学术研讨，如定期听课、评课，在课例研讨中与各位成员分享其教学前沿思想及理念，让成员在活动中逐渐了解自身的教学特点，形成独有的教学风格和教学特色。另外，工作室也注重激发成员互助精神，促进共同进步。每一个成员不再是一个单独的个体，而是因为有共同的愿景、价值观念和发展需求而走到一起的发展共同体，所以工作室的各位成员会为创设一种和谐、融洽的共生环境而努力。成员通过平等对话、互助交流，促进自我反思和共同成长，从而获得前进的巨大内在动力。

三、名师工作室的价值追问——促进教师专业发展

（一）名师工作室为教师专业发展创造全新的平台

教师专业能力，需要教师个人持续学习、终身学习，更需要教师间、师生间互相学习，共同进步。[①]名师工作室是实现"名师引领、团队合作、全员提高、资源共享、均衡互补"的教师专业发展共同体新模式，为一群志同道合的教师提供全新的发展平台。在这个平台中，工作室主持人都是专家，每个成员都有个性化的知识结构和思维方式，有自己的成长经历和教学经验，这种示范性、主动性、多样性和差异性，给予工作室教师团队全新的学习体验。另外，名师工作室主持人和成员之间彼此信任、互相尊重、紧密合作，有共同追求的发展愿景。这种为了相同的目标而凝聚在一起的奋斗过程，让工作室中的教师情感得到维系，也助推了团队的发展。广园小学不论是建设校级名师工作室，还是建设市、区级名师

---

① 孙国平. 专业发展视域下教师学习共同体建设的路径研究[J]. 辽宁教育，2020（14）：49-51.

工作室，都能给教师带来不一样的学习体验。

（二）名师工作室为教师专业发展指明前进的方向

教师专业发展是寻求个体独立与专业归属两个方向张力的产物。名师工作室成员的同质性与异质性特征决定了工作室构建的是一种典型的文化实践共同体，即鲜明的个体性与相互介入性的有机结合，这种结合使工作室中的每位教师都能够明确未来专业发展的前进方向。工作室的发展愿景和规划要根据主持人及成员的文化专业基础、教育观念、教育教学能力、实践技能、科研水平等情况制定，再确定未来总体发展目标和阶段性目标。另外，名师工作室是一种基于教师专业发展的学习型组织，其任务就是"学习—实践—研究—发展"。加入其中，就代表教师要学习、要实践、要研究、要发展，走专业成长的道路。目前广园小学的名师工作室，有指向行政发展的、指向班主任指导的、指向思政教师培养的，也有指向各学科专业成长的，全方位涵盖学校教师专业发展，为学校未来的人才培养奠定全面而坚实的基础。

（三）名师工作室为教师专业发展提供专业的引领

名师工作室的专业引领主要体现在三个层面。第一，理念层面上的引领。一方面是名师本身对成员有潜移默化的影响，广园小学的名师在长期的教学实践中已经具备丰富的教学经验、先进的教学理念、鲜明的教学风格，这些都会默默影响成员；另一方面，名师在带领成员研修的过程中，也会主动要求成员学习先进的教育理念，例如明确学生在学习过程中的主体地位，注意学生的学习行为以及在学习过程中的具体困境，为学生提供个性化的帮助，引导学生自主探索学习路径，从而提高教学质量。第二，专业方法层面上的引领。工作室会有针对性地带领教师团队进行阅读、课题研究、示范带学以及评价跟进等。例如课题研究，学校名师工作室主持人要引导成员关注教育改革的前沿问题，结合教育教学的实际困难确定课题研究的题目，指导成员查阅文献，做好文献综述，确定课题研究的内容、目标及方法。第三，专业要求层面上的引领。名师工作室对主持人和成员的要求比普通教师要高，在日常教育教学中，名师工作室的教师要更注意规范，更重视细节，更学以致用。此外，还有具体的专业发展量化要求，例如，每年集中研修要达到5～7天，撰写不少于1篇教育教学反思或案例分析，通过网络研修平台发布生成性教学资源（课件、教学案例、教学改革探讨等）数量不少于50条等。在严格的专业要求之下，名师工作室的主持人要一步一个脚印扎实探索，才能完成相关任务，并获得专业成长。

四、名师工作室的实践策略

近年来，基于学习共同体的名师工作室取得了丰硕的成果，在促进教师专业发展方面发挥了明显的作用，有效提升了教师专业发展水平。但在实际运行过程中也出现了不少问题，回溯学习共同体的理念初衷，名师工作室的发展方向包括以下几个方面。

（一）打造合作式研讨平台，提升凝聚力

团队合作作为构建学习共同体的重要前提，在学习共同体的运行中发挥着巨大的作用。名师工作室作为教师学习共同体的一种新

模式，也应着力为教师打造合作式研讨平台。在工作室主持人的带领下，工作室成员应成为研讨学习的主体，成员之间积极互动，主动分享经验，以平等对话的方式促进教师的专业成长。成员们不仅可以在合作式研讨平台上汲取养分，同时也能培养自我的身份认同感和心理归属感，提升团队意识，增强名师工作室的凝聚力。

（二）增强成员"成长自觉"意识，激发内驱力

在学习共同体中，每一个成员都是自愿加入的，这源于个体成长的需要。依据马斯洛的需要层次理论，教师的"成长自觉"属于自我实现阶段，是促进教师内在发展的内驱力。名师工作室在运行过程中需要激发成员的学习主动性，在创建高层次学习交流平台的基础上，让教师学会自主研修，丰富教师的教学经验和管理经验，提高教师的教学反思能力、逻辑思维能力、语言表达能力等，使教师充满教育智慧，提升自信力，进一步激发其专业成长的动力。

（三）依靠项目驱动，提升学习力

教师学习共同体围绕共同的主题内容集结想要在此领域有所发展的成员。在共同的主题内容下，名师工作室会以项目为驱动，以"问题即课题"为宗旨，以项目成果为导向，开展自主学习、探究性学习等常态性的专题研讨，并立项相关课题进行科学研究。名师工作室从主持人到成员的能力是呈"金字塔"形分布的，即主持人在理念文化、科研能力、教学技能上具备一定的优势，所以主持人在研修项目中，除了要注意成员共性的培养，也要根据不同成员的特色、风格进行"订单式培养"，为成员提供有针对性的方法指导

和学习指引。在帮助学员补足短板的同时，重视发挥其优势，提高研修质量。

（四）注重反思总结，提高学习力

教师学习共同体不是简单地将教师们凝聚在一起，而是组织教师参与到有目的的合作学习中来。这种方式使教师在学校中的工作角色发生转变，从参与者变成研究者。教师作为行动研究的发起者和参与者，应该及时对自己的行动和思想进行元分析，学习共同体在很大程度上能为成员提供元分析的契机。例如在教师培训中，学习共同体在分享理念、传授经验的同时，应注意引导成员进行总结反思，避免陷入"经验主义"；不断更新自己的知识结构，站在知识前沿及教学改革的领先位置；形成终身学习的意识和能力。

（五）形成品牌效应，扩大影响力

名师工作室不仅承担着通过优质教育资源辐射来引领本校教师群体发展的任务，而且应做到"走出去"，分享自身成功经验，带动周边地区教育发展，形成品牌效应，扩大影响力。名师工作室在建设的过程中，可利用教师专业发展共同体的力量，群策群力，承担区域帮扶任务，给这些学校的教师带去优质的示范课和讲座，指导他们开展教学研究，促进区域教育均衡发展。同时，示范的过程也是不断总结和反思的过程，有利于加强改进，促进自身的发展。

教师专业发展共同体是当前教师专业化成长的新途径，教师学习共同体又是教师专业发展的一种有效形式。[①]在基础教育中不断发展壮大的名师工作室教师因共同需求凝聚在一起，共享信念与价值、学习经验、教学资源等，以实现共同的目标。名师工作室的实践经验及成果充分证实了教师学习共同体的创建价值，教师学习共同体反之也为名师工作室的长期规划指引方向，二者相辅相成，相互促进。

撰稿人：广州市白云区广园小学　黄桂娟　钟艳

华南师范大学　教育科学学院硕士研究生崔抗　陈思兰

指导专家：华南师范大学　首批教师教育专家工作室主持人齐梅教授

参考文献

［1］蒋天林. 以名师工作室为引领，构建教师发展共同体［J］. 中学物理教学参考，2020（3）：27-29.

［2］黄珍. 基于学习共同体的名师工作室建设［J］. 小学教学研究，2019（8）：15-19.

［3］杜静，常海洋. 教师专业学习共同体之价值回归［J］. 教育研究，2020（5）：126-134.

［4］单昕，黄道鸣，黄玉婷，等. 名师工作室的运行机制与功能拓展［J］. 中小学教师培训，2019（12）：15-20.

［5］王天晓. 教师学习共同体：教师专业发展的新途径［J］. 中

---

① 王天晓. 教师学习共同体：教师专业发展的新途径[J]. 中小学教师培训，2009（4）：11.

小学教师培训，2009（4）：11.

　　［6］孙国平.专业发展视域下教师学习共同体建设的路径研究［J］.辽宁教育，2020（14）：49-51.

　　［7］周毓璇.基于智慧阅读平台提升小学生阅读能力实践探索［J］.新课程研究，2019（22）：5-6.

路径二　文化理念涵养教师发展

　　学校文化是影响教师发展的重要因素，同时教师在学校组织文化的改变与重构中也发挥着重要作用。以学校办学理念、学校愿景、学校价值观等为核心的学校精神文化是促进教师发展的核心。学校办学理念、愿景目标、价值观等对教师发展起着熏陶、规范和调节作用，同时教师则以理解、认同、参与等方式接受学校文化的熏陶与规范。学校的文化理念影响着教师的教育理念，进而影响着教师的教育行为，决定着教师专业发展的方向和效果。协作、共享的学校文化能够唤醒教师的专业自觉，激发教师的潜能，使教师履行组织承诺并全身心投入工作，促使教师为实现组织目标而努力。

　　在广州市的教师发展学校建设中，不乏以学校文化影响教师文化和教师发展的案例。比如，真光中学以真光文化——"爱"的文化、"行"的文化、"创"的文化、"群"的文化为教师自主发展的依托，开展了基于真光文化的教师自主发展实践研究。以"爱"的文化推动教师基于信仰的成长；以"行"的文化驱动教师基于目标的成长；以"创"的文化拉动教师基于课堂的成长；以"群"的文化带动教学团队的成长，形成了旨在促进青年教师发展、名师发展和校区均衡发展的三类教师团队。华南师范大学附属小学秉承

"美好教育"办学理念和"美好学校"发展定位，提出"美好教师"的培养理念。学校深入挖掘、开发、整合教师培养资源，研制教师培养的实践模型，旨在打造一支以真教真、以善导善、以美促美的有温度、有深度的"美好教师"队伍。沙面小学在协同教育理念的引领下，开展了教师自我发展的探索与实践。该校以教师自我发展学校的建立为突破口，建立了"自定向、自运作、自调节、自激励"的"四自"教师发展机制，重在培养教师的自我发展意识与能力，推动学校教师的自我成长……

基于真光文化的教师自主发展实践研究

　　广州市真光中学是一所有着150年办学历史的名校。几易校名，几度迁址，筚路蓝缕，弦歌不绝。真光历史上名师辈出，有被孙中山先生致信感谢其为中国教育做出杰出贡献的那夏理女士，有毅然带领真光辗转办学、百折不挠的岭南大学教授兼真光校长何荫棠先生。21世纪初，广州市真光中学从全国招聘一批优秀教师，教师队伍素质得到显著提升，全体真光人不忘初心，砥砺前行，推动真光教育实现跨越式的发展，使广州市真光中学成为荔湾区教育发展的龙头学校、广州市名校。

　　习近平总书记指出："人类社会发展的历史表明，对一个民族、一个国家来说，最持久、最深层的力量是全社会共同认可的核心价值观。"①同样，对一所学校来说，教育核心价值观是这所学校最持久、最深层的力量，而学校核心价值观集中反映在学校的文化上。迈克·富兰（Michael Fullan）在其关于学校改革的研究中发现学校文化是学校教学成功的关键因素。②钟启泉认为，真正的教育改革必须是教育观念与教育体制的同步变革，两者相辅相成，

---

① 习近平在全国高校思想政治工作会议上强调：把思想政治工作贯穿教育教学全过程　开创我国高等教育事业发展新局面[N]. 人民日报，2016-12-09（1）.

② 富兰. 变革的力量：透视教育改革[M]. 中央教育科学研究所，加拿大多伦多国际学院，译. 北京：教育科学出版社，2004.

缺一不可。①因此，本文将以学校文化为视角，分析影响教师专业发展的因素，理解学校文化在教师专业发展中的重要作用进而创建适恰的学校文化，为教师专业发展营造良好的氛围。

一、真光文化的溯源与凝练

学校是文化的产物，同时又担负着传播文化的使命，是以文化育人的场所。学校文化的核心是学校的思想和精神价值。学校文化具有累积发展的特征，学校文化是一个逐渐积累的过程。②广州市真光中学的前身是真光书院。真，是追求真理；光，是追求光明。其含义是培养"为世之光"的现代人，为国争光。

（一）真光教学样态的回溯

广州市真光中学经历了清末和民国，冒着抗日战争、解放战争的硝烟，追随中华人民共和国七十多年的发展变迁，经历数次教育教学改革。而一以贯之，始终不变的则是"尔乃世之光"的教育追求。

真光有着"敢为人先"的勇气。1872年那夏理创办真光书院，为中国南方女子学校之鼻祖。校训为"尔乃世之光"。真光书院不教四书六艺，而是开设了通识、算术、音乐、体育等课程，颠覆国人当时的观念。因此，当时人们都把真光书院看作广州"新教育之冠"。

真光有着"全人教育"的思想。1917年健全现代体育设施，培养出多位省运会、全运会冠军，代表国家参加远东运动会。

---

① 钟启泉. 知识社会与学校文化的重塑[J]. 教育发展研究，2002（1）：5-9.
② 顾明远. 论学校文化建设[J]. 西南大学学报（人文社会科学版），2006（5）：67-70.

1934年，真光引入美国的"4H教育"理念，强调手（hand）、脑（head）、身（health）、心（heart）四者的和谐发展，开广东教育之先河。

真光有着"以天下为己任"的担当。从1937年开始，真光师生辗转香港、连县（今连州市）、曲江县（今韶关市曲江区）等地，多次遇险，但始终坚持办学，积极开展抗日救亡支前宣传和训练活动。抗日战争胜利后，真光中学滞留连县的师生返回广州复课。

真光有着"力求完善"的精神。2002年真光开启课程改革，2012年10月《中国教育报》连续整版系列报道《"宽荧幕"破解名校课改迷局——广州市真光中学教育模式探秘》。2017年11月《中国教育报》以《迭代再造，未来已来——广州市真光中学优质教育升级样本调查》为题，再次整版报道了"真光课程2.0版"。2020年真光教育质量创出新辉煌，毕业班工作成绩突出，被市领导誉为"广州均衡教育的缩影"。

（二）真光校园文化的凝练

习近平总书记指出："要注重文化浸润、感染、熏陶，既要重视显性教育，也要重视潜移默化的隐形教育，实现入芝兰之室久而自芳的效果。"[①]广州市真光中学大力挖掘150年积淀所形成的深厚文化资源，传承真光的优秀文化，并以真光的优秀文化作为教师自主发展的土壤。真光的校园文化可概括为："爱"的文化、"行"的文化、"创"的文化、"群"的文化四大方面。

---

① 习近平在全国高校思想政治工作会议上强调：把思想政治工作贯穿教育教学全过程 开创我国高等教育事业发展新局面[N]. 人民日报, 2016-12-09（1）.

四大文化塑造了真光人的性格，也是真光人普遍认同的素养。"爱"的文化是真光教育的灵魂，"行"的文化是真光教育的核心，"创"的文化是真光人发展的基石，"群"的文化传承着真光人处事为人的精神。真光人要以真理和光明为毕生的追求，在学习和生活中发光发热。

结合学校文化及"尔乃世之光"的校训，学校凝练出"真光教师六种精神"和"真光儿女十标准"传承至今（表1）。朴素的文字，折射出的正是由学校文化塑造的真光人独特的气质。

表1　真光文化与真光人的特质

真光文化	文化渊源	真光教师		真光学子	
		核心素养	六种精神	核心素养	十标准
爱	首任华人校长罗刘心慈提出：真光就是爱，爱就是真光	博爱为怀	园丁精神 奉献精神	博爱之心	善良感恩 谦恭信守
行	真光创始人那夏理校祖训示：行胜于言，言而不行，不若不言	勤勉为荣	敬业精神 拼搏精神	践行之力	体强志诚 责任担当 敏行慎言
创	时任岭南大学教授兼真光校长何荫棠博士引入"4H"的创造教育	智慧为本	创新精神	创造之才	博学善思 创新突破 多才多艺
群	首任真光女子中学校长祁·约翰博士倡导：敬业乐群	合作为乐	协作精神	群处之德	合作沟通 乐观包容

二、基于文化的教师发展路径

（一）以"爱"的文化推动教师基于信仰的成长

1. 真光"爱"的文化

信仰（信奉敬仰）是一种意识，一种强烈的信念。最终决定教师职业生活图景的，往往不是技术、不是职业能力的高低，而是教师的职业心态与情怀。因此，"学校文化建设的核心是价值观建设"①。

第一位华人校长罗刘心慈女士，七岁入读真光书院，十三岁成为真光书院的助教，毕生为真光服务。她有一句名言："真光就是爱，爱就是真光"。"真光"让爱根植于教师的内心。真光文化是追求真理的文化，是追求光明的文化，"尔曹乃世之光，尔光当照人前"作为真光精神象征，是学校历史和文化的结晶，是学校办学理念的集中体现，也是对学校特有的文化内涵的一种直接表达，也是"真光"的出处，浓缩就是校训"尔乃世之光"，再浓缩就是"真光"。广州市真光中学现任校长赵小成强调，教师对学生要宽严有度，"严管厚爱"丰富了真光"爱"的文化的内涵。时代在发展，真光的内涵也在不断演变，但始终不变的是"随真理、爱光明"的执着，哪怕是在最黑暗的年代里，真光始终坚定地告诉每一位学生："为世之光"——忠诚祖国，并为之发光发热！这便是真光人不变的教育信仰！

2. "爱国"是真光教师的第一信仰

教师是人类灵魂的工程师，是人类文明的传承者，承载着传播知识、传播思想、传播真理，塑造灵魂、塑造生命、塑造新人的时代重任。真光百年辗转办学、弦歌不辍的历程正是中华民族百年抵御外侮、伟大复兴的缩影，"爱国"是真光教师的第一信仰。

---

① 石中英. 学校文化的核心：价值观建设[J]. 教育科学研究，2005（8）：18-21.

学校通过形式多样的学习、活动与实践，加强理想信念教育，使教师深入学习领会习近平新时代中国特色社会主义思想，树立正确的历史观、民族观、国家观、文化观，提高政治素质。坚定中国特色社会主义道路自信、理论自信、制度自信、文化自信。践行社会主义核心价值观教育。牢固树立"四个服务"意识：教育要为人民服务、为中国共产党治国理政服务、为巩固和发展中国特色社会主义制度服务、为改革开放和社会主义现代化建设服务的意识。自觉做中国特色社会主义的坚定信仰者和忠实实践者，忠诚于党和人民的教育事业。

真光教师用好课堂讲坛，用好校园阵地，用自己的行动倡导社会主义核心价值观，用自己的学识、阅历、经验点燃学生对真善美的向往。努力成为先进思想文化的传播者、党执政的坚定支持者、学生健康成长的指导者，更好担负起学生健康成长指导者和引路人的责任。坚持教书和育人相统一，坚持言传和身教相统一，坚持潜心问道和关注社会相统一，坚持学术自由和学术规范相统一，做到以德立身、以德立学、以德施教、以德育德。做学生锤炼品格、学习知识、创新思维、奉献祖国的引路人。

3. "爱岗"是真光教师的职业坚守

教师职业是"人类幸福和自我完善"相结合的职业。教师从事的是一种培养人、教育人的事业，这对社会文明进步发展起着不可替代的推动作用，因此，教师职业关系着千千万万的自我价值和人生幸福，关系着学生自由而全面发展的程度。真光书院从创校之初就面临着各种挑战，它的创立、发展、传承，依靠的就是历代真光人"爱岗"的职业坚守。150年来，真光的教师，一方面，立足本职岗位，认真完成教育教学任务，为祖国培养优秀人才；另一方面，在平凡的岗位，撒播爱心，享受充满活力的幸福人生。

（1）表彰先进，为教师树立学习的榜样。

榜样可使道德准则及行为规范具体化、形象化、人格化，因而具有极大的感染力、吸引力、鼓动力；榜样是无声的语言，而这种无声的语言往往比有声的语言更有力量。在学校树立师德高尚、业绩突出的教师典型，鼓励教师们去寻找自己的"理想榜样"，拥有自己的精神偶像或精神同伴，进而激励自己不断向榜样学习，成长为自己想要的模样。在真光微信企业号上设置"我的教育偶像"栏目，要求教师填写自己的教育偶像姓名，介绍教育偶像生平事迹，分享教育偶像的教育智慧；列出自己打算向教育榜样学习的几个优点，撰写自己向榜样学习的教育故事并定期分享。

（2）同伴互勉，为教师搭建交流的平台。

在全体教职工大会、教师论坛、科组活动等场合，由不同年龄层次的教师分享"我的真光教育故事"，通过生动活泼的育人细节、富有趣味的教学场景，感悟教育人生，提升对教育的认同感、责任感，总结教育智慧、教学智慧。真光教师研讨教学，互帮互学，蔚然成风。

（二）以"行"的文化驱动教师基于目标的成长

1. 真光"行"的文化

校祖那夏理有一句训示：行胜于言，言而不行，不若不言。这句训示激励着一代又一代的真光人，追寻真理与光明，在现实生活中践行积极的人生态度。真光的教师团队朴实无华，埋头耕耘，渐渐地形成了真光"行"的文化。新时期，真光将"用汗水浇灌收获，以实干笃定前行"作为真光"行"的文化的新坐标。弘扬真光"行"的文化，倡导"勤勉为荣"的新时期工匠精神，工作中力戒浮躁，崇尚精益求精、严谨细致、耐心专注的态度和境界；用实干落实工作，用实干创造业绩，用实干促进发展；倡导讲师德比态度，讲过程比结果，讲实干比辛苦，讲业绩比贡献。用实干证明敬业，用业绩证明能力。

以"目标"为导向，以"真光教育集团"企业号平台的"学年目标"模块为抓手，采取评选"教师专业发展目标年度完成优秀奖"等措施，激励教师们使用这一平台制订目标，并为完成目标而不懈努力。

2. 建立真光教师发展的目标体系

（1）教师生涯发展目标。

真光教师的生涯阶段性发展目标见表2。

表2 真光教师生涯阶段性发展目标

发展愿景	参考年限*	重点发展的品格和能力	学术阶段
探索型教师	1～5年	爱：凭热情迎接挑战	教师技能奠基阶段
反思型教师	6～10年	行：用勤奋完成任务	教学水平提升阶段
研究型教师	11～20年	群：带团队解决问题	教学风格形成阶段
智慧型教师	20年以上	创：靠理念指明方向	教学理念与教学风格已形成

*参考年限是指一般情况下，在此年限内可能达到相应的层次，只是一个笼统的时间。

（2）教师分层分类目标。

每一个发展类型的目标达成，均需要在常规教学、课例展示、校本研修、科研论文、课题立项和学术影响等方面完成一些指标或任务。真光教师分层分类标准见表3。

表3　真光教师分层分类标准

培养方向	常规教学	课例展示	校本研修	科研论文	课题立项	学术影响
探索型教师	掌握规范练习技能	亮相课	岗前培训	积累素材：学习体会、教学反思	参与课题研究	积极参与教研活动
	独立工作灵活行动	观摩课	师徒结对	尝试撰写：留心观察，形成问题意识	主持校级课题	区级以上教师新秀
反思型教师	突出重点稳定成熟	展示课	成果转化	掌握方法：撰写、发表经验性的论文	主持区级课题，参与市、省级课题	市级骨干教师、理事、中心组成员等
研究型教师	问题意识研究状态	研究课	特色项目工作室	独特见解：在高水平期刊发表论文	主持市级以上课题	市级以上名教师、百千万人才培养工程培养对象、学会正副会长等
智慧型教师	批判思维自我实现	示范课	智慧沙龙	著书立说：出版教育教学思想专著	主持省级以上课题，参与国家级课题	特级教师、市级以上教育名家、正高级职称

3. 检查、督促教师的学期发展目标

（1）进行过程性评价与结果性评价。

以"真光教育集团"企业号平台为载体，建立起了过程性评价

和结果性评价两条信息链。掌握教师的教研发展动态，通过平台定期提示教师该集中精力发展哪些方面。

①过程性评价。以采集学期目标、听课记录等信息为输入端，以呈现发展基金、继续教育学时等激励为输出端，过程性评价信息链见图1。

②结果性评价。以采集教研业绩、教学成绩等信息为输入端，以呈现岗位得分、教研绩效等数据为输出端，结果性评价信息链见图2。

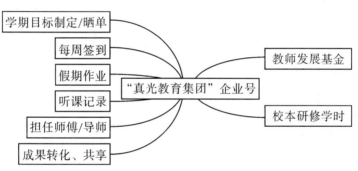

图 1 真光教师过程性评价信息链

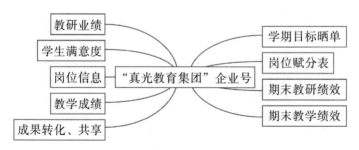

图 2 真光教师结果性评价信息链

（2）加强目标意识与目标管理。

关注教师的全面、可持续发展。建立"发展目标"模块，旨在增强教师个人发展的目标意识。其中，"专业发展目标"的完成情况，由系统根据教师在平台提交的业绩材料进行评价；"身体素质目标"和"爱好专长目标"为自评，完成情况由教师自己判断。

（三）以"创"的文化拉动教师基于课堂的成长

1. 真光"创"的文化

"创造建设文化"的核心就是发展。20世纪30年代，在美国哥伦比亚大学获得教育学博士学位的何荫棠先生，担任真光女子中学校长。他把当时国际上颇具影响力的先进教学理念"4H教育"引进了真光女子中学，并提出了"创造建设"的真光精神。"创"的文化推崇"从做中学"的理念，这是学校提高学生素质的一个重要的教育理念和实践。鼓励学生从大自然和日常生活中撷取知识和掌握技能，进而提高学生的创造力，培养学生积极的人生观。

多年来，真光教师创造性开展教育教学实践，同时，努力唤醒学生的创造潜能。弘扬真光"创"的文化，创造性地进行教学实践，站稳课堂，研究课堂，上好课，上学生喜欢且高效的课，是教师一辈子的使命！

2. 教学观念的更新完善

（1）坚持以教学为中心。

要坚持以教学为中心促进学校发展，其与学校发展的关系如图3所示。

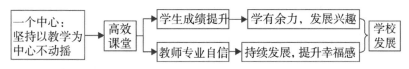

图 3　坚持以教学为中心与学校发展的关系

（2）推进高效课堂教学。

认真研究把握高效课堂的特点，高效课堂体现在"三高""三量""三力""三动"上。"三高"就是高效率、高效益、高效果。"三量"就是思维量、信息量、训练量。"三力"即基础学力、思维能力、心理动力：基础学力→任务驱动→培养梳理能力；思维能力→师生互动→培养学科思维能力；心理动力→激发自动→培养学生积极自觉的学习动力。"三动"就是课前任务驱动（预习）、课堂师生互动（研究）、课后落实行动（复习）。①坚持"学为主体、教为主导、练为主线、思维为主攻、当堂达标"的教学原则。②坚持"四要"。要讲解题思路，要讲解题方法，要总结提炼规律，要增加学生思维密度。③做到"四减少"。课堂上减少废话，减少无效活动，减少无意义讨论，减少无效课件。④课堂教学要讲究高效和优化组合，要做到在备课上"深"、上课上"实"、作业上"精"、教学上"活"、考核上"严"、辅导上"细"、负担上"轻"、质量上"高"上下功夫。务求课堂重实效，学法重指导，知识重迁移，整体重提高。

（3）校本研修课程资源的建设。

围绕"高效课堂"有计划地对教师进行教学理论和实践的培训。校本培训采取多种形式，对全体教师进行多层次、多维度的专业培训以促进教师专业成长。结合学校申报的"荔湾区中小学校教师继续教育校本培训课程"，整理、建设校本研修课程资源，通过教师自主研习，相互交流，以完成寒假和暑假作业等方式进行研修学习。

①邀请相关专家来校就新课程方案实施、论文撰写、课题申报等方面开展主题讲座，给教师们提供专业成长的指导，并提升教师的教育教学理论水平。

②组织各科组利用科组活动、备课组活动等平台开展主题学习和研讨；开展全校教工"共读一本书"活动，学校使用教师发展基金统一购买书籍作为校本教研的教辅资料，做到"人手一册"。利用全体教职工大会、科组活动、备课组活动等各种活动交流分享学习心得。

③充分挖掘校本资源，编辑出版《真光教坛撷真》作为校本教研交流读本。

3. 教学实践的创新、突破

教学是创造性的劳动，仅凭经验的教学无法做到与时俱进。因此，要带领教师走出舒适区，避免出现懒惰、松懈、倦怠和保守的现象，避免不思进取、故步自封。学校组织具有挑战性的教学研讨、交流活动，让教师"走出舒适区，走进学习区"，在教学实践中不断创新、突破。

（1）改进教学方式。

注重因材施教，采用启发式、探究式、讨论式、参与式等多种教学方式，让教师真正成为学生学习的组织者、指导者和促进者。教师要转变拼时间、高消耗的教学现状，强化质量和效率意识。实现课堂教学的"三个转变"：注入教学转变为启发式教学，学生被动听课转变为学生主动参与，单纯知识传递转变为思维能力培养。任何学习，知识是基础，方法是中介，思想是本原。

（2）变革教学组织形式。

要根据教学内容特点，灵活采用集中授课、小组讨论、个别辅导、实践体验等多种形式，真正助力教学效能提升。要着力引导学生积极参与，运用问题导向式、小组合作式、主题探究式等多种方法学习，不断提升学生学习的兴趣和成效。

（3）创新教学手段。

通过推动现代信息技术与教育教学融合创新，实现教学规模化和个性化相统一。加快学校教育现代化进程，尤其是采取鼓励措施，组织教师积极参加多媒体课件制作比赛、"一师一优课、一课一名师"等晒课活动以及微课制作比赛等。

（4）改进学生评价方式。

围绕学生品德修养、学习进步、全面发展、健康成长，丰富和完善评价方式，突出能力导向，加强过程评价，注重综合评价，全面、真实评价每一个学生的发展，真正发挥评价的导向和激励功能。

（四）以"群"的文化带动教学团队的成长

1. 真光"群"的文化

首任真光女子中学校长祁·约翰博士倡导真光师生要敬业乐群。真光创校时设立级社制度，"级社"把同学团结、联系起来，校内的活动多以级社为单位，互相砥砺、相亲相爱，爱群而有个性。赵小成校长将"群"的精神从学生层面扩展到教师层面，主张建立新型的同事关系，拒绝小团体、避免庸俗化。弘扬真光"群"的文化，构建多种学习共同体，带动教师发展。教师成长是内因与外因共同作用的结果。内因是教师的自我认知与认同，外因则是外部成长的学习共同体。

2. 形成促进青年教师发展的教学团队

（1）完善"双导师制"。

加强对青年教师的管理，关心青年教师的工作和生活，创设良好的学习环境，让青年教师在有经验的教师指导下开展岗位实践，总结经验、不断提高。研讨落实对师徒进行捆绑式评价，促进青年教师快速成长。

要求教龄5年以内的教师在教学和德育两方面各选择一位优秀的教师作为"导师"，助力自己成为中级职称教师；采取措施，鼓励教龄10年以内的教师继续向优秀教师学习，在教学和德育两方面各选择一位优秀的教师作为"导师"，助力自己成为高级职称教师。每学期至少举行3次主题研讨、教学沙龙、专题讲座等形式多样的活动，推动师徒结对落到实处。

（2）青年教师成长分享制度化。

青年教师是学校发展的生力军，青年教师的成长和进步是学校持续发展的动力。以"打造高效课堂，促师资队伍建设"为宗旨，努力创设学习型、研究型的教学氛围，为真光教师提供一个相互交流的平台，促进青年教师专业成长。

在每学期结束前一周，开展35岁以下青年教师述职及分享的活动。组织青年教师对上学期的工作进行总结，面向质量监控中心、学生发展中心、教务处等校级行政及导师进行述职。述职后组织青年教师进行分组座谈。

3. 形成促进名师发展的教学团队

（1）依托市、区工作室带动骨干教师发展。

广州市真光中学现有区级以上挂牌的工作室7个，其中名校长工作室1个，名班主任工作室1个，名教师工作室5个。合理安排工作室活动场室，支持工作室开展工作，充分发挥名师、名校长室的辐射影响作用。依托学校的开放日、校本研修、公开课等活动，凸显工作室的示范引领作用，扩大工作室的区域影响力。

（2）遴选校级特色项目工作室。

基于项目，遴选并建立校级特色项目工作室，通过特色项目工作室的建设，创新教育发展平台与机制，培养优秀特色教育师资团队，加强教育资源的开发与整合，促进学校教育深入内涵发展。重点任务是建设教育师资团队、培育特色教育骨干教师。工作室实行主持人负责制，设主持人1人，成员5～8人，工作室以"主持人姓名+项目名称"命名。特色项目工作室的建设周期为3年，其间需要完成项目的研究、转化和推广等工作。

（3）定期举办"灯塔"教师沙龙。

通过前期摸查，集中近年有实力评正高级、特级的教师，为这批准"灯塔"教师聘请大学教授为理论导师，正高级教师为实践导师，定期举行专家讲座、导师带学、送教研学、主题论坛等活动，促使"灯塔"教师脱颖而出，成为教师发展的领航力量。

4. 形成促进校区均衡发展的团队

为促进真光教育集团的教学共同发展，做到集团教育教学的资源、管理经验共享，优势叠加、互补，发挥集团教学的最大效益，建立督导工作机制——"导师团"机制。

（1）"导师团"制度。

由中心组织牵头、深入思考真光教育集团"导师团"的组织目的与督导功能，更好地服务真光教育集团的教学工作，制订出"导师团"的工作职责。

"导师团"是促进教师快速成长的一个创新举措，也是教师们相互学习的一个平台，学校制定了"导师团遴选标准"，科学地推选出工作态度端正、热情积极、学科教学能力强、学科教学业绩好的真光名师作为真光教育集团导师团成员，并经校长办公会讨论通过。激活导师的积极性和创造力，制定"导师团考核和奖励机制"等一系列制度，用制度管人。听课调研参照荔湾区教研院关于课堂视导和指引的标准，从课堂教学的课堂目标、教学内容、教学过程、课堂管理等方面来指导教师的课堂教学。

（2）教学成果的转化分享。

充分发挥骨干教师的带动作用，为学校教师发展提供支持。发挥骨干教师的示范引领作用，压担子、给任务，使其承担青年教师的指导工作，促进有潜力的青年教师快速成长。

每位骨干教师每学期提供一个自己满意的课例或者进行一次专题发言，有视频、有教学设计（发言稿）、有课件，由质量监控中心协助发布到指定的网络平台上展示。这些资源将由质量监控中心整合成为不同主题的校本研修课程资源。教师可通过学习相关内容、留言并撰写学习体会获得相应的校本研修学分。每一份资源可视同为"内部刊物发表"计算期末教研绩效奖金。提供资源的教师优先考虑推荐为百千万人才培养工程名师培养对象、南粤优秀教师等。

对已经评审出的获"真光教育创新成果奖"的项目，需要将项目转化为真光教师"共享课程"，作为新教师培训、教师校本研修的资源，成功转化后才能使用资助的经费。

三、基于真光文化的教师自主发展成效

（一）高水平师资队伍初步形成

近年来，广州市真光中学培养了一大批优秀的教师，包括正高级教师1人，全国优秀教师1人，特级教师3人，在职教师获得博士学位2人，南粤优秀教师8人，市级优秀教师、骨干教师近百人。

同时，学校还为所在区域输送大量的校级领导干部，被称为荔湾校长的"黄埔军校"，另外还向区教研院输送多位教师担任教研员，有力地支持区域的教育均衡化发展。真光教师学术影响力不断提升，近年来有多个工作室在学校正式挂牌，包括省名校长工作室1个、市名校长工作室2个、特级教师工作室1个、市名教师工作室3个、市名班主任工作室1个、区名教师工作室2个、区中小学教师培训实践基地1个。

青年教师快速成长，呈现出良好的发展势头，多位青年教师被名师工作室吸纳为成员，参加省、市级青年教师教学技能大赛获省级二等奖2人，获市级一等奖3人，获市、区级其他等次的奖项一大批。

（二）教学教研业绩显著

近年来，学校大力宣传、推动教师专业发展，不少教师开始关注自己的教研科研短板，努力地钻研，取得喜人的成绩。仅以学校教师以往比较薄弱的课题为例：近几年，立项的省级规划课题4项，全国信息技术课题3项，市级规划课题十余项，区级课题超过50项。

表4列出的是从"真光教育集团"微信企业号接收到的教师们上传的教研业绩信息，2019—2021年真光教师积极探索，勇于尝试，业绩丰硕，真光教师的成长未来可期！

表 4　2019—2021 年教师的教研业绩

类型	课题研究/项	论文、专著/（篇、部）	个人参赛获奖/项	公开课/节	承担教研活动/次	学术带头人/人	个人荣誉/项	指导学生获奖/项
数量	111	155	266	630	270	89	267	967

四、结语

在真光独特文化的浸润下，不仅教师得以发展，学生也同样打下真光的烙印。在一代一代真光教师的悉心培育下，真光在历史上曾经培养出许多杰出的学生。著名校友有华人女政治家陈香梅、中科院院士郑儒永、岭南著名书画家苏华及原广东省委常委、广州市委书记张广宁等，他们都先后多次归宁母校，为真光学子讲授真光的辉煌历史和人生感悟。

近年来，真光以促进教师发展为抓手，实现了学校教学质量的稳步提升。以"低进高出，高进优出，优进尖出"的真光教师团队的"加工"能力得到学生家长和社会的广泛认可。在真光，遇见更好的自己，因为真光就是爱，爱就是真光。真光人秉承"行胜于言"的精神，以"尔乃世之光"的校训，求真创新，开展公平而有质量的教育；用"爱、行、创、群"四大文化促进教师的发展，同时也让每一位选择真光的学子，都得到最合适的发展，成为更好的自己。

为落实新时期立德树人的根本任务，广州市真光中学作为广州市一流、广东省著名的教育品牌，勇于担当，发挥更大的辐射作用，根植于真光独特的文化，培养出一大批教学名师，为真光教育行稳致远和学校发展提供持续不断的原动力。

撰稿人：广州市真光中学　赵小成

"美好教师"培养理念及培养模型
——以华南师范大学附属小学为例

华南师范大学附属小学（以下简称附小）一贯坚持"美好教育，教育美好"模式的办学之路，努力让每一个孩子的人生因教育而美好。秉承"美好教育"的办学理念和"美好学校"的发展定位，附小提出"美好教师"培养理念，整理教师培养资源，研制教师培养的实践模型，旨在打造一支以真教真、以善导善、以美促美的有温度、有深度的"美好教师"队伍，构建开放吸纳、合力共进、博学于文、约之以礼的附小"美好学校"。

一、"美好教师"概述

华南师范大学附属小学校长张锦庭提出："施行'美好教育'，方能成就'教育美好'，"美好教育"既是时代呼唤，也体现教育改革发展的趋势，既要达成个体身心和谐发展，又要促进民族兴盛"。[①]附小以"美好教育"为办学理念，在教师教育培养方面则立足于"美好教师"培养理念，旨在培养教师，打造具备专业性、创新性和综合性的优质师资队伍，真正做到"让学生享受一流的基础教育，为学生奠定终身发展的基础"。

---

① 张锦庭，唐凤妮. "美好教育"成就师生美好发展[J]. 人民教育，2020（9）：71-72.

（1）扎实专业素养，提升教研能力。教师的发展离不开扎实的学科知识、科学的教育理论和丰富的教育实践，为此，附小在打造高素质专业化师资队伍过程中采取了许多有效措施，其中包括名校长工作室和名师工作室为教师提供成长平台，特色科研活动培养教师研究思维，师范技能比赛锻炼教师能力，各类学科教研、区域教研、课题研究为教师专业性发展加油助力。此外，附小充分发挥师范学校附属学校的优势，积极利用高校资源，与高校在学生和教师发展方面展开深度合作，以提升学校教师教学、管理、教研、科研的能力。

（2）培养独特教学个性与创新意识。苏霍姆林斯基曾说："在教育中，一切都应当以教育者的个性为基础。知识的教育力量就在于教师的个性。"附小极力培养教师形成特色的教学理念和教学特色，打造品牌课程，通过开展教师培训如"青蓝工程""一师一优课，一课一名师"等活动，促使教师在实践与反思中发挥自身优势，展现教师个人魅力，更好地赋予教学以灵魂。每一个学生的特点都不同，同一个学生也时刻处于变化之中。作为教育的实施者，教师要适应学生的变化，对此，张锦庭校长提出了创新性的教育理念"美好教育"，鼓励教师培养创新思维和能力，敢于挑战常规课堂，打破千篇一律的教学方式，增加教学的趣味性，调动学生学习的积极性。在该理念影响下，附小的师资队伍拥有众多锐意创新的教师：语文科组教师以精彩纷呈的教学活动打造语文学科的精品；数学科组教师强调要玩数学、做数学、学数学；英语科组教师不断开阔学生的国际视野……这些勇敢的尝试不仅开阔了学生眼界、锻炼了学生思维，也帮助教师渡过职业倦怠危机，为教师长远发展注入活力。

在科技日新月异的今天，附小坚持不断思考与实践，既引进教育技术成果为教学增光添彩，又启动有爱、有温度的双线融合的优秀教师培训模式，给予学生人工智能不能代替的人文关怀。

（3）提升综合实力，沉淀文化底蕴。教育部颁布《教育部关于实施卓越教师培养计划2.0的意见》，提出未来在小学教师培养领域将"面向培养素质全面、专长发展的卓越小学教师，重点探索借鉴国际小学全科教师培养经验、继承我国养成教育传统的培养模式"。附小注重培养综合实力强的教师队伍——不但要有过硬的专业知识，还应具备学科融合的教学理念和执教能力。附小致力于培养德、智、体、美、劳全面发展的学生，开发了多门校本选修课程，提供丰富多彩的社团活动，包含科技、艺术、运动等多方面。在培养学生的过程中，教师亦要与时俱进，需要了解中国教育基本情况，具备相应的自然科学、人文科学知识，全面发展的综合型教师才能适应时代的需求。

在各式课外活动中，附小注重弘扬传统文化，被教育部评为全国中小学中华优秀文化艺术传承学校。学校以"一班一非遗"的形式开设非遗校本课程，课程包括象棋、古琴、纸雕、京剧、扎染等，其中还有独具岭南特色的龙舟、凉茶、潮剧等。沉淀文化底蕴、弘扬民族精神、增强文化自信是附小的发展理念，作为学生活动的引领者和指导者，教师也要具有相应的文化素养和文化担当意识，能引导学生积极参与文化活动、培养学生对文化的兴趣、鼓励学生创新和丰富文化内涵，让非遗文化后继有人，让文化基因和民族基因不被年轻一代遗忘。

以人才为本的战略，是华附联盟的核心竞争力。唯有真心实意培养好教师，方能全力以赴助力好教学，让"美好"不只是教育的遐想，亦成为教育者的梦想，更是未来发展目标的理想。

二、"美好教师"的特质

"美好教师"应该心怀"美好教师"理念，做仁爱之师，促学生向善，在教学中渗透美育，培养学生积极、乐观向上的人生态度。

（1）心怀"美好教师"理念。理念是行动的先导，指引着行动的方向。"美好教师"必须心怀"美好教师"理念，用理念去指导自己的行为。心怀"美好教师"理念，才会向往美好，追求美好。在教育学生的过程中，时刻以"美好教师"理念来衡量自身的行为，以美好为行为导向，始终向着美好前进。心怀美好，必遇美好。只有教师将"美好教师"理念落到实处，"美好教育"才能落到实处，才能培育出"美好学生"。

（2）做仁爱之师。做"美好教师"，要有仁爱之心。子曰：仁者爱人。教育就是一项"爱人"的事业，爱是教育的灵魂，没有爱就没有教育。"美好教师"应该是仁师，没有爱心的人不可能成为美好教师。高尔基说："谁爱孩子，孩子就爱谁。只有爱孩子的人，他才可以教育孩子。"教育风格可以各显身手，教育技术有高有低，但爱是永恒的主题。爱心能够滋润、浇灌学生美丽的心灵之花。教师对学生的教育和引导应该是充满爱心和信任的，在严爱相济的前提下晓之以理、动之以情，让学生"亲其师""信其道"。用爱培育爱、激发爱、传播爱，通过真情、真心、真诚拉近与学生的距离，滋润学生的心田，使自己成为学生的好朋友和贴心人。好教师应该把自己的温暖和情感倾注到每一个学生身上，用欣赏增强学生的自信心，用信任培养学生的自尊心，让每一个学生都健康成长，让每一个学生都享受成功的喜悦。

（3）促学生向善。教师不仅是知识的化身，还是道德的典范、人格的楷模，是学子们人生可靠的引路人。因此教师应时刻以"德高为师，身正为范"这八个字警醒自己。以德立教、以身示教，用高尚的人格为每颗纯洁心灵的塑造而竭尽全力。"无德无以为师"。真正优秀的教师，一定是以身作则、率先垂范的人。他时刻用高标准来要求自己，以身作则，给学生潜移默化、影响深远的教育。做一名"美好教师"，必须肩负起培养、教育下一代，为祖国的未来夯实基础的重任，必须用健康的价值观和高尚的道德情操在学生们的心中种下善良的种子。

（4）在教学中渗透美育。美育是审美教育，对人们情趣以及感受美、鉴赏美和创造美的能力的培养有着积极的促进作用，同时还对人们的思想感情以及精神面貌有着不可忽视的影响。美育在课堂教学中起着举足轻重的作用，教学离不开美育，在教学中渗透美育，发挥美育对教学的推进作用，实现美育和教学的相互协调和共同发展。"美好教师"要充分挖掘教材的审美因素，采用灵活多变的艺术形式，将教材中的美呈现给学生，通过向学生展示真、善、美，使学生形成对真、善、美的正确认识，并获得真、善、美的感受，进而在教学中实现以美辅德、以美益智、以美健学的目标。

（5）培养学生积极、乐观向上的人生态度。开朗、乐观、向上是一种积极的心理品质，它是学生提高成绩的关键。林肯曾经说："拥有一种积极进取的心态，胜过拥有一座金矿。"作为教师，我们随时随地都在给学生做榜样，我们的一言一行都成了学生模仿的范本。我们为学生提供什么样的土壤，就会有什么样的禾苗生长。"美好教师"应该赏识学生，用放大镜去寻找学生的闪光点，让学生自信、乐观。事实告诉我们，学生需要鼓励、需要肯定、需要赏识。心理学家说："人最大的需要就是被了解与被欣赏。"学生在体验到被鼓励的幸福感的同时，也形成了乐观向上的态度。

三、"美好教师"培养资源的基本内容

教师教育培养是一项复杂而意义重大的教育工程，其最终目的与根本指向不仅包含教师的自我成长与发展，也包含更优质有效地促进学生的学习与成长。而培养资源是教师教育培养活动中重要的学习载体和学习支撑。在"美好教育"的办学理念、"美好教师"的培养理念之下，附小深入挖掘、开发、整理"美好教师"的培养资源。从培养资源的来源、呈现形式等不同方面，可将"美好教师"的培养资源分为校内资源与校外资源、有形资源与无形资源，见图1。

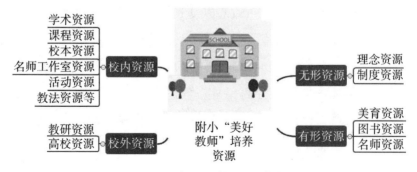

图1 附小"美好教师"培养资源分类

校内资源包括学术资源、课程资源、校本资源、名师工作室资源、活动资源、教法资源、教研资源、名师资源等众多资源。校内资源为教师教育培养提供成长平台，充分发挥专业教师的示范辐射作用，分享应用教师教育教学资源及学术成果，提供教师学习交流平台，探究教师教育培养的新模式、新方向，有助于教师有方向、有质量地成长。

校外资源包括优质的教研资源、高校资源，为教师教育培养提供路径指引。附小作为师范学校附属学校，拥有丰富且优质的高校资源，高校教育专家能够为学校教师提供理论及实践多方面的指导，有效扩充学校教师教育培养内容、提升学校教师教育培养的质量、引领教师教育培养的方向。

有形资源包括美育资源、图书资源、名师资源，为教师教育培养提供良好的物质文化基础。浓厚的文化特色、宝贵的文化积淀，为教师教育培养提供文化基础，营造文化氛围，有助于培养拥有高文化素养和文化担当意识的教师队伍。

无形资源包括理念资源和制度资源，为教师教育培养提供科学化的制度基础。"美好教育"的办学理念、"美好教师"的培养理念指导以及《华南师大附小师德建设五年规划》的制度实践为教师教育培养提供了制度保障。

教师教育培养需要以丰富的资源为学习载体。附小美好教师培养资源的具体内容可以分为13种：理念资源、制度资源、美育资源、高校资源、图书资源、教法资源、校本资源、学术资源、课程资源、工作室资源、名师资源、活动资源和教研资源，见图2。

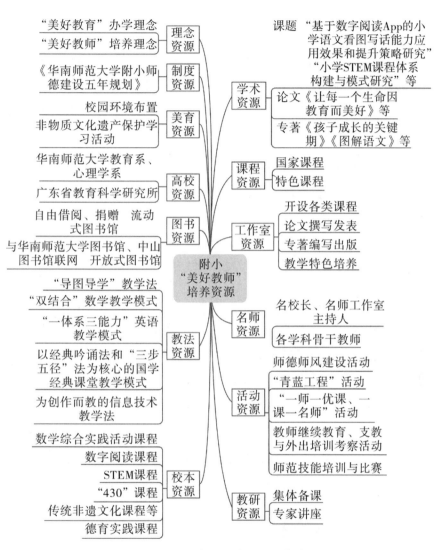

图 2　附小"美好教师"培养资源

（一）理念资源

1. "美好教育"办学理念

学校的办学理念是支撑学校运作和发展的核心文化精神，是学校文化的深层价值观。在新的教育形势下，附小校长张锦庭提出："施行'美好教育'，方能成就'教育美好'"。为此，附小以"美好教育"为办学理念，以"德育为首、教育为主、科研为先、育人为本"的思路来开展学校的各项工作，努力实现"育名生、出名师、创名牌"的办学目标。

2. "美好教师"培养理念

附小在教师教育培养方面立足于"美好教师"的培养理念，旨在培养教师，打造具备专业性、创新性和综合性的优质师资队伍，真正做到让学生享受一流的基础教育，奠定学生终身发展的基础。

（二）制度资源

附小积极倡导"美好教育"，并围绕"美好教育"构建了相应的制度体系。附小制定了《华南师大附小师德建设五年规划》，并依据此规划制定了相关的考核实施方案，如《华南师大附小教职员工等级评定考核实施方案》和《华南师大附小班主任等级评定考核实施方案》，构建了科学、规范、精细化的管理制度，对教师们进行人性化的等级评定考核，给予教师宽松的成长环境和多方面的实际激励。

（三）美育资源

1. 校园环境布置

学校可通过文化的塑造引导成员的行为心理，使学校群体产生强烈的内聚动力。走进附小，典雅的书香气息扑面而来，每个角落都有"非遗"文化元素的点缀，学校环境被布置得像非遗博物馆。作为学生活动的引领者和指导者，美好教师在这种具有广东特色的"非遗博物馆"校园文化资源的浸润下成长，培养"美好教育"情怀。

2. 非物质文化遗产保护学习活动

作为一所坚守"博学于文，约之以礼"校训的名校，附小在传统文化教育领域具有深厚的底蕴。在丰富的文脉基础之上，开展非物质文化遗产保护学习活动，更有利于培育出面向新时代发展方向的"美好教育"之果。在全校师生的共同努力下，附小在探索"非遗进校园"的广东模式过程中取得了优异的成绩。2019年3月，附小的"传承非遗，推进优秀传统文化教育"项目在广东省第二届中小学特色学校建设成果评选中荣获一等奖；同年5月，附小被广东省文化和旅游厅评为"广东省非物质文化遗产进校园示范学校"，并被列为广东省非遗文化融入小学课程学习的重要实践基地。

（四）高校资源

附小从创建至今一直是华南师范大学教育系、心理学系和广东省教育科学研究所的教学教改的实验和科研基地。当前，附小作为首批华南师范大学-广州市教育局创建国家教师教育创新实验区教师发展学校之一，积极利用师范学校附属学校的优势，聘请高校教育专家莅临指导工作，与高校形成合力共进态势。

（五）图书资源

1. 流动式图书馆

书是知识的源泉，附小设立流动图书馆，通过自由借阅书籍、自愿捐赠书籍等活动，形成全校师生读书学习的良好氛围。流动式图书馆具有节约、灵活、快捷、方便、主动等特点，对建成书香浓郁的学习型校园大有裨益。

2. 开放式图书馆

附小开放式图书馆的功能多元化，与华南师范大学图书馆、中山图书馆联网，通过建立电子数据库共享图书资源，便于师生检索和阅读。在整合现有数字图书资源的基础上，附小建设电子图书资源共享库，努力推动学校图书资源均衡化的顺利实现。

（六）教法资源

建设美好课堂，学校要在传统教学方法上创新思路，使教育教学由平凡走向卓越，满足学生的成长需求。

1. "导图导学"教学法

"导图导学"教学法是由附小副校长江伟英老师结合学校的具体教学情况开创的教学方法。"导图导学"教学法，针对不同年段学生的心理特征选择合适的可视化思维工具来激发学生的学习潜能，小学语文课堂可以基于思维导图、韦恩图、蝴蝶图等可视化思维工具实施教学，帮助学生提升思维品质。其中"利用思维导图提高小学生读写能力的研究与实践"的课题获得了广东省普通教育教学成果一等奖、国家基础教育教学成果二等奖。

2. "双结合"数学教学模式

基于提高实践创新能力的具体目标，数学科组在小学数学综合实践活动课中开发并应用了"双结合"教学模式。"双结合"主要是指在教学模式的开发与选择中，既要结合具体的教学内容属性，又要结合不同年级阶段学生的认知发展特点。教学科组开发了五种"双结合"教学模式，即"双结合"生活数学教学模式、"双结合"数学游戏教学模式、"双结合"数学文化教学模式、"双结合"高阶思维教学模式、"双结合"科技创新教学模式。

3. "一体系三能力"英语教学模式

在2008年英语教学改革的基础上，附小对原有的英语课堂教学方式和方法进行再次改革和创新，建立融通中外的"一体系三能力"英语教学课程体系，即一个阶梯式基础英语知识体系和三大能力——文化感知力、创新思维力、沟通领导力。在学生进行英语学习的基础上，使学生掌握语言背后的文化、思辨、逻辑能力，培养学生解决实际问题、团队合作、演讲和领导的能力。

在阶梯式基础英语知识体系中，以广州版小学英语教材为主，进行由浅入深、以旧带新、逐层进阶的英语基础知识的学习。同时，通过开设的外教课及外教特色课程，如英语戏剧、英文阅读、英语朗诵、英语演讲、电影配音、英语小主持、自然拼读、篮球英语、足球英语等，以及丰富多彩的英语活动，如"风采达人"英语能力展示活动、学生"英语大使"选拔、校园英语广播员和电视台主持人选拔等活动，打造浸泡式的英语学习氛围，学生通过图片、动作等与语言的联系，获得"英文—英文"的英语思维习惯和创新思维能力。在听、说、读、演、唱的活动过程中，提升学生的沟通能力、团队合作能力以及领导能力。

4. 以经典吟诵法和"三步五径"法为核心的国学经典课堂教学模式

以姚霞晖老师为首的国学经典研究团队所创建的以经典吟诵法和"三步五径"法为核心的国学经典课堂教学模式，是附小教学创新的又一个生动写照。

其中，"三步五径"法是通过引导学生循序渐进地进行课前自学、课堂研讨、课后巩固等活动，完成"知诗人，解诗题""读诗文，正诗音""释诗意，明诗境""想诗画，诵诗情""拓诗篇，悟诗魂"五个环节的诗歌学习任务，从而达到学生吃透诗歌内涵、提升国学素养的教学目标。

5. 为创作而教的信息技术教学法

本着"为创作而教"的理念，科学组和信息技术科组着力培养学生适应未来社会生活所需的能力。学生通过参与丰富多彩的课堂项目式学习、430科技系列课程，既动脑又动手，培养创新精神。如科学组在四年级开展的STEAM课"LED创意设计"，要求每个学生都发挥想象力，利用发光二极管（LED）、光敏电阻、导电胶布等材料进行自由创作，运用所学的电路知识创作一件艺术作品，实现艺术与科学的"联姻"。"为创作而教：小学信息技术课程与教学的新探索"获首届国家教学成果二等奖。

（七）校本资源

1. 数学综合实践活动课程

数学科组以提升学生实践创新能力为导向，历经19年的探索，创建了"小学数学综合实践活动课程新体系"，提出螺旋上升型课程内容、"双结合"教学模式及多元立体作业评价方式，深受学生的喜爱。著有《探究身边的数学》《小学数学综合实践活动课程：多元设计与校本实践》等书。"探究身边的数学问题"获广东省中小学教育创新成果二等奖。

2. 数字阅读课程

新课标提出，必须改革传统教学模式，教师要创造性地开展智慧教学。学生是数字文化的生产者和创造者，他们有能力用技术表达思想和生活。在合适的课程环境里，学生也有能力使用简单的技术实现数字文化作品的创作。为此，附小开发了数字阅读课程，视学生为数字文化生产和创新的主体，旨在使学生掌握数字文化的新型信息技术。附小契合信息时代的发展，与时俱进，求实创新，通过数字阅读课程培养学生的信息素养，更好地满足学生在数字文化上的需求。

3. STEM 课程

STEM课程就是让学生面对真实情境中的问题，通过团队合作将科学（science）、技术（technology）、工程（engineering）和数学（mathematics）有机统一，运用跨学科的知识与方法来解决复杂问题，培养学生的自主性、主动性和创造力。STEM课程基于项目的学习，将学生置于真实情境下，同时具有明确目标，要求学生解决若干问题，通过完整的制作过程促进学生知识的吸收与应用。

4. "430" 课程

附小通过实施"430"课程，开设了上百项科目，并提供个性化课后服务。"430"课程有别于学校的常规课程教育和社会培训班,致力于建立美好课堂,重在普及知识、激发兴趣、陶冶性情,包括课业辅导、手工制作、自主阅读、体育运动、艺术熏陶、科普活动等,丰富学生的课余生活,挖掘学生的自身潜能。

5. 传统非遗文化课程

附小系统化、特色化的校本教研资源让美好教师的成长更有深度和活力。附小继续深化中华优秀传统民间艺术活动,创造性地提出"一班一特色、一班一非遗"的传统非遗文化课程方案,开设了33项非遗校本课程。附小以自然班为单位,每个年级一个系列,各班的课程各具特色。附小非遗课程见表1。

表1 附小非遗校本课程

年级	课程
一年级	古琴艺术、纸雕艺术、京剧文化、皮影戏、民族扎染、民间口技
二年级	龙舟说唱、吟诵书法、剪纸艺术、岭南建筑、周易文化、景泰蓝
三年级	昆曲文化、传统刺绣、木版年画、汉服文化、二十四节气、太极拳
四年级	经典潮剧、中国象棋、传统漆画、中国灯彩、鲁班传说
五年级	中国珠算、中国围棋、广东凉茶、龙舞文化、青花艺术
六年级	南国风筝、川剧变脸、传统节庆、南国粤剧、广州榄雕

6. 德育实践课程

提出了"十二个学会"促成长德育实践策略。根据小学生养成教育的特点,研究确定了"十二个学会"德育教育实践,探索构建"十二个学会"养成教育的评价体系,将养成教育的目标具体化,帮助学生在学校学习期间养成学会自护、学会环保、学会感恩、学会礼仪、学会阅读、学会运动、学会劳动、学会爱国等12个好习惯。

　　"六个走进"拓展学校德育仪式活动研究视野。结合学校的传统与优势，开展德育仪式实践活动，得到了广大师生、家长和社会的充分认可和肯定，打造了附小育人特色，形成了具有推广性的实践经验：每年的六年级学生，都会走进农村，亲历稼穑；每年的五年级学生，都会走进军营，体验军旅生活；每年的四年级学生，都会参加户外心理拓展活动；每年的三年级学生，都会参加走进自然学科学的活动；每年的二年级学生，都会走进社区参加"礼信孝悌学感恩"的教育活动，学习、背诵《弟子规》《三字经》等古经典美文，附小利用经典的教育功能，对学生进行礼信孝悌学感恩教育；每年一年级新生的教育则是走进学校学规范，进行"书包节"和"换牙节"活动，附小通过"我上学了""我是小学生了""我的孩子上学了""我要换牙了""相约队旗下　两代人的队礼——少先队入队仪式"等活动，对刚刚入学的新生进行学习习惯的教育。

（八）学术资源

　　教育科研是推动教育改革与发展的需要，也是一所学校永葆活力的力量源泉。附小近十年来积累了大量的学术资源，可为"美好教师"的教育、科研、培养提供支持。

1. 课题

　　附小从教育教学实际出发，在全校大力开展课题研究，以教学促研究，以研究促教学，使课题研究真正促进教师成长，提升教学能力和办学质量。至今为止，附小已有国家级、省级、市级、区级等研究成果40余篇，国家级教育教学成果奖3项，成果有课题"基于数字阅读App的小学语文看图写话能力应用效果和提升策略研究""小学STEM课程体系构建与模式研究"等。

2. 论文

附小拥有良好的教师学术氛围，教师互帮互助，附小丰富的课题研究资源孵化出众多优质的论文成果。截至2020年8月25日，附小的各学科的教师们发表论文100余篇。

3. 专著

近十年来，附小在教学中发现问题、解决问题，在教研中不断创新，总结经验，各学科教师共出版十几部专著，为"美好教师"培养的学术资源添砖加瓦。

（九）课程资源

1. 国家课程

附小严格遵守国家基础课程教育规范，认真上好国家课程（图3），各科教学成绩稳居全省小学前列，让"美好教育"在丰富、优质的基础教育中开花结果。

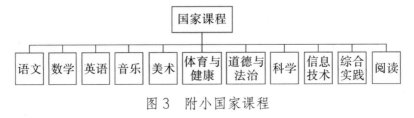

图3　附小国家课程

2. 特色课程

"美好教育"是注重促进学生德、智、体、美、劳全面发展的教育。在开齐、开足、开好国家课程的基础上,围绕"美好教育",附小开发多门特色课程(图4)。这些特色课程注重开发学生潜能,把激励和引导学生道德养成、知识内化、潜能开发的过程结合起来,将"美好教育"真正落到促进学生发展的实处。

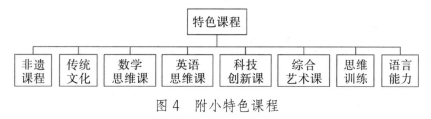

图 4 附小特色课程

(十)工作室资源

名校长工作室、名教师工作室是培训的机构和教研的机构。在"美好教育"培养理念下,附小的名校长工作室、名师工作室本着最大限度地发挥机构与人文主体的价值追求的原则,激发工作室的发展激情与生命力,做到可持续、健康发展。

1. 开设各类课程

名校长工作室、名教师工作室作为培训的机构和教研的机构,立足工作室资源,为校内外教师开设各具特色的优质课程(表2)。

表 2　附小名校长工作室、名教师工作室开设课程

工作室名称	开设课程
张锦庭名校长工作室	教师培养课程：0~12岁，儿童成长的关键期
江伟英名教师工作室	（1）活动（选修）课程：导图导学课； （2）选修课程：语文双基能力提升课程； （3）网络课程：凭借导图促学习能力提升的教学应用（五门）； （4）网络课程：天生会表达在线试课程 （5）变革思维，重构"新"教学
孔珍名教师工作室	（1）活动（选修）课程：数学思维； （2）选修课程：小学数学综合实践活动课程、科技创新
肖靓名教师工作室	选修课程：英语绘本课、自然拼读课
姚霞晖名教师工作室	（1）经典吟诵方法与技巧（已经入选广州市中小学继续教育网络课程）； （2）"三步五径"经典赏读教学模式的操作与应用

2. 论文撰写发表

附小将课题研究的管理、培训、服务、展开等系列工作放权至工作室。作为课题研究的基地，工作室为校内外教师提供论文撰写的培训。一方面提高教师学员的论文写作技能，另一方面可丰富工作室的研究成果，为工作室的持续发展提供文化支撑。

3. 专著编写出版

附小名校长工作室、名教师工作室在教研上深度开发，努力开发相关的教育教学模式，厘清教育教学理念，形成了一大批优秀的教育教学成果。比如，江伟英老师出版教育著作《天生会表达》（1~13册）和《思维导图画出好作文》，编写多套帮助学生高效学习的书籍。孔珍老师以提升学生实践创新能力为导向，创建了"小

学数学综合实践活动课程新体系"，著有《探究身边的数学》《小学数学综合实践实践课程：多元设计与校本实践》等书。

4. 教学特色培养

学校不同学科的工作室各具专业特色，工作室根据学员的实际情况，有计划地安排了多种形式的培训活动，包括设计学习菜单，给学员理论、技术上的指导等。每一位教师在名师榜样的影响下，和同伴相互学习并不断借鉴与反思，在提升自己教学实践能力的同时，形成属于自己的教学特色，真正做到互学互助。

（十一）名师资源

一个学校的名师资源是构建教师专业成长"学习共同体"的核心。附小作为名校，具有丰富、优质的名师资源，包括名校长工作室主持人1名、名教师工作室主持人5名，各学科骨干教师30多名。

附小充分发挥名师的示范、辐射和引领作用，带领青年教师沉下心来，认真读书、深入研究、积极实践、勤奋写作，为"美好教育"培养一批师德高尚、造诣深厚、业务精湛的教师，实现"一个人带动一群人"的效应。

（十二）活动资源

附小为打造具备专业性、创新性和综合性的优质师资队伍而设立的各种教师培养资源，不仅符合学校倡导的"美好教育"理念，更充分彰显了"美好教育"的本质。

1. 师德师风建设活动

师德师风是评价教师队伍素质的第一标准，附小根据教育部印发的《新时代中小学教师职业行为十项准则》，明确新时代教师职业规范，深化师德师风建设，开展多次学习活动。如2018年4月2日附小邀请扈中平教授为全体教职工作了一场题为"对师德的另一种思考"的讲座；2019年4月2日学校组织全体教职员工学习贯彻教育部印发的《新时代中小学教师职业行为十项准则》等。

2. "青蓝工程"活动

附小"青蓝工程"活动以促进青年教师健康成长、加强学校骨干教师队伍建设为宗旨，以提升师资队伍整体素质为目的，为教师们创建了一个沟通、交流、互助、研讨的平台。每学期，语文、数学、英语专科各科组的教师们共同学习、相互帮助，青年教师用心磨课，虚心听取前辈们的意见，共同展示优秀课例。"青蓝工程"活动有效地帮助青年教师适应当前的教育教学工作、掌握先进的教育思想和教学方法，促进青年教师向"美好教师"发展。

3. "一师一优课、一课一名师"活动

附小积极组织举办"一师一优课、一课一名师"活动，教师们积极进行课堂教学，并在国家教育资源公共服务平台上上传教学设计、教学课件、课堂实录及评测练习等，进行"晒课"活动，这样可促使教师在实践与反思中发挥自身优势，展现教师个人魅力，向"美好教师"不断靠近。

4. 教师继续教育、支教与外出培训考察活动

附小教师积极报名参加广州市中小学教师继续教育的网络培训，认真学习相关专业知识。同时，学校教导处分批次组织教师们赴上海、昆明、青岛、厦门、北京等城市学习。

附小积极为教师提供外出学习锻炼的机会，既鼓励、支持教师们"走出去"学习充电，同时，也注重"引进来"的消化吸收。资源共享、分享智慧成为附小教学相长、飞跃发展的有效方式。

5. 师范技能培训与比赛

附小对学校青年教师职业技能的提高有着殷切的期望。为了优化教师培训模式、促进教师专业化发展，附小近年来举办了形式多样的师范技能培训活动，鼓励青年教师积极参加各类师范技能比赛。

（十三）教研资源

1. 集体备课

附小重视集体备课。比如在2017学年第一学期五年级语文备课组某次会议上，教师们围绕"课堂教学和作业的有效性"这一专题进行集体备课，对课堂教学和课后作业的针对性、时效性进行了重点探究。集体备课能充分发挥集体智慧，达到以老带新、以新促老、集思广益、博采众长的效果，不仅能促进"美好课堂"的生成，还能助力"美好教师"的成长。

2. 专家讲座

为进一步加强学校教学能力，有效提高教师教学科研水平，让

"美好教育"落到实处并深入推进，附小不仅利用优秀的学习资源平台，让学校教师线上听取专家报告，还积极邀请各学科专家多次开展讲座，让附小的教师能在观摩学习中不断更新理念，提高教育教学能力。

四、"美好教师"培养资源整理的意义

整理附小"美好教师"培养资源，有利于建设专业优质的教师培养资源库。附小"美好教师"培养资源种类多、质量高、储量大，对其进行基本的分类、整合，能充分挖掘潜在的"美好教师"培养资源，同时使现有资源得到最大化的推广应用及深度开发，有利于建设有序健全、专业优质的"美好教师"培养资源库。同时，建立"美好教师"培养资源库有利于资源的持续更新，提高教师培养资源的服务支撑能力。

整理附小"美好教师"培养资源，有利于附小培养卓越的小学教师队伍。整理相关资源、建立资源共享机制，能够为培养小学教师队伍提供强大资源基础；教师在成长的过程中，能够获得专业丰富的学习资源，并对学习资源进行再创造，这样有利于在资源建设中培养教师队伍，在资源使用中锻炼教师队伍。

整理附小"美好教师"培养资源，有利于附小的信息化建设和专业教育教学改革。利用信息技术及时整合、推广优质教学成果，整理"美好教师"培养资源，推动信息技术与教师培养全方位融合，能够提高"美好教师"培养的效率及质量。整理"美好教师"培养资源，提升教师培养信息化水平，可带动教育理念、教学方法和学习方式变革，提高附小的竞争力和现代化水平。

简而言之，整理附小"美好教师"培养资源，打造优质、健全的"美好教师"培养资源库是附小教师发展成长的重要支撑，是建设卓越小学教师队伍的重要基础，是提高附小核心竞争力的重要路径。

五、华南师范大学附属小学"美好教师"培养模型——以语文科为例

"美好教育"不仅是附小每一位教育工作者的心之所向，更是每一位教育工作者所身体力行的。附小在校内外青年语文教师教育培养方面，以理念文化为方向指导，以多方资源为实践支持，以教研互动为培养机制，以名师专家为激励引领，以特色课程为提倡凝聚，五个层面相互依存、相互促进，最终指向"美好教师"专业发展与队伍建设这一根本目标，开创了"五位一体"的培养模式（图5）。

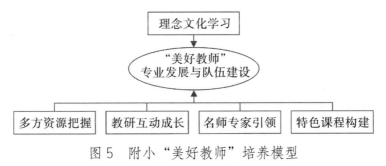

图5　附小"美好教师"培养模型

（一）理念文化学习

校内外青年语文教师的首要任务是理解并认同附小的理念文化。附小充分发挥理念文化的方向指导作用，以"美好学校""美好教育"和"美好教师"等一系列的教育教学理念，指明青年语文教师的奋斗方向，坚定任职语文教师的努力、决心，促进教师个人

专业素质和教研团队整体素质的共同提升。在先进科学的教育教学理念潜移默化的影响下，青年语文教师在日常的语文教学、教研活动和德育管理等工作中，自觉地以之为标尺，自我约束、自我鞭策、自我提升，努力迈向"美好教师"队伍行列，教师团队合力携手，共践"美好教育"，共建"美好学校"。

（二）多方资源把握

在学习理解附小"美好教育""美好学校""美好教师"的基础上，青年语文教师将得到系统了解附小所积淀的"美好教师"培养资源库的机会。青年语文教师要认识到，附小充分发挥多方资源的实践支持作用，积累多年语文教学的经验，敢于创新语文教学模式，创建了涵盖校内资源、校外资源、有形资源和无形资源的优质丰富的教师培养资源库。通过该资源库，青年语文教师把握今后教师成长路上所能接触的各类资源，思考并寻找自身的发展路径。

（三）教研互动成长

"青蓝工程"充分发挥经验丰富的骨干教师的"传帮带"作用，帮助青年教师快速成长。形式多样的教研活动为青年教师深入沟通、相互交流与学习、取长补短提供渠道，教师在常态化的教研活动中不断成长与突破。附小鼓励教师用理论知识指导、丰富教学，将教学实践整理、转化为理论成果，在教学中研究，在研究中教学，实现两者共同发展。赛课、师范技能比赛等各类比赛，激发教师潜能，提升教师自身技能，提高教师团队整体能力，实现互动成长。

青年语文教师将以"青蓝工程"为摇篮，以教研活动为日常养料，以科研课题为助推器，以各类比赛为催化剂，多途径促进自身成长。

（四）名师专家引领

在"美好教师"的成长路上，除了教师互动成长，专业的引路人同样至关重要。

附小已成立的名校长工作室、名教师工作室不在少数，各工作室主持人能为青年语文教师提供更深层次的培训与指导。比如，江伟英名教师工作室出版《思维导图画出好作文　小学作文轻松入门》等专著，发表《导图导学，实现"教是为了不教"》等论文；何向梅名教师工作室开设"一线小学教师写论文这事"等课程。名教师工作室发表的论文、出版的专著、开设的课程，都为青年语文教师走进极具附小语文科特色的教学方式——导图导学，提供了最为鲜活的资料和最为丰富的平台。

同时，附小发挥师范学校附属学校的优势，积极利用高校资源，聘请高校教育专家莅临指导工作，为校内外青年语文教师不断丰富理论知识、创新教学实践提供方向指导和信心支持。

（五）特色课程构建

从理念学习、资源把握，到"青蓝工程"、常规教研、科研比赛的教研实践，辅以名师专家引领，青年语文教师不断地观摩、学习、思考、实践，用自己的力量为附小"美好教育课程"这一体系添砖加瓦。比如，非遗校本课程是附小"美好教育课程"的招牌，青年语文教师除了尽快熟悉该校本课程外，更应思考如何运用自己的学科专业能力推动该校本课程发展，开发其他有意义、有价值、可实施的校本课程，以丰富"美好教育课程"体系。

为使附小教师培养规范化、系统化，学校打造了美好教师培养模型。首先，青年语文教师接受附小"美好教育""美好学校""美好教师"理念文化培训，感受学校宝贵的文化氛围和理念精神，明确奋斗方向。其次，了解附小所拥有的多方资源，把握自身成长路径，认识多方资源合力互补，掌握与时俱进、开放活力的"美好教师"培养资源库，为自身探索语文教学提供丰富实用的实践支持，进而通过"青蓝工程"从骨干教师处取经解惑、适应教学；通过听课、听报告、科组备课、个人授课说课评课、区域教研等常规教研活动丰富实践；通过科研比赛实现自身能力的不断突破；寻求名教师工作室主持人、高校专家的专业指点，以期更为深入地把握"用思维导图教学"这一附小语文科教学名片；在积极把握现有校本课程的同时，主动探索"美好教育课程"体系的构建，朝着成为美好教师的目标披荆斩棘，稳步前进。

十年树木，十载风，十载雨，十万栋梁。师者，孩子行为之榜样，灵魂之培育者也。附小以"美好教师"培养理念为内核，以"美好教师"培养资源为支撑，以"美好教师"培养模型为指引，力求建设一支温暖有爱、认真负责、求进求精的附小"美好教师"队伍，教师团队合力携手，共践"美好教育"，共建"美好学校"。

撰稿人：华南师范大学附属小学　张锦庭　江伟英　孔珍　唐凤妮　黄潘文

指导专家：华南师范大学　首批教师教育专家工作室主持人周小蓬副教授

参考文献

［1］江伟英.图解语文［M］.广州：新世纪出版社，2010.

［2］江伟英.导图导学：我的教育叙事［M］.北京：北京理工大学出版社，2016.

［3］张锦庭.直抵心灵的教育［M］.北京：北京师范大学出版社，2017.

［4］张锦庭.孩子成长的关键期［M］.广州：华南理工大学出版社，2017.

［5］孔珍，刘喆，常春丽，等.小学数学综合实践活动课程：多元设计与校本实践［M］.北京：北京理工大学出版社，2020.

［6］江伟英.在现实教育中吸收古典教育传统：实施综合实践活动课程的策略［J］.现代教育论丛，2010（2）：94-96.

［7］伍凯.如何在少儿美术教育中弘扬民族文化［J］.中国校外教育，2010（19）：103.

［8］江伟英.体验思维导图导写作的快乐：以图导写，博观约取，厚积薄发［J］.小学生作文辅导（教师适用），2011（4）：30-32.

［9］江伟英.图解语文，改变空对空的课堂对话［J］.小学生作文辅导（教师适用），2011（5）：16-18.

［10］孔珍.让学生感受生活中的数学美［J］.中小学德育，2012（5）：93.

［11］江伟英.语文图解教学策略探究［J］.课程教学研究，2012（11）：35-40.

［12］江伟英.培养高阶思维能力的小学语文课堂教学初探［J］.

课程教学研究，2014（4）：29-33.

［13］张锦庭，王福华.施行"美好教育"成就教育美好［J］.中小学德育，2018（5）：19-21.

［14］张硕司.STEM教育理念下的小学科学教学：以《设计制作小赛车》为例［J］.广东教育（综合版），2018（11）：58.

［15］张锦庭.活在校园里的非遗种子：华南师大附小传承非遗，推进优秀传统文化教育［J］.文化月刊，2019（8）：56-57.

［16］张锦庭.让每一个生命因教育而美好［J］.人民教育，2019（12）：58-59.

［17］沈晓燕.数字环境下基于自然拼读法的英语绘本阅读教学实践［J］.教育信息技术，2019（6）：30-33，15.

［18］江伟英.新时期小学非物质文化遗产传承教育的思考：以华南师范大学附属小学为例［J］.文化月刊，2019（8）：60-61.

［19］张硕司.基于小学科学教材的STEM项目开发与实践：以"设计制作保温箱"为例［J］.广东教育（综合版），2020（1）：57-58.

［20］黄健聪.创新型校园文化景观建设与隐性课程探索［J］.广东教育（综合版），2020（6）：59-60.

协同教育理念下的教师自我发展的探索与实践
——以沙面小学为例

一次相遇，让生命与生命相识；

一场行路，让团队与团队结盟；

一段历练，让教师与教师涅槃。

成长，

在教育的实践中，

走向自我发展。

沙面小学协同教育架构如图1所示。

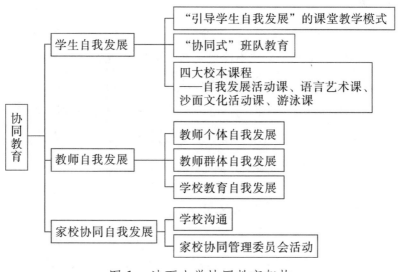

图1　沙面小学协同教育架构

一、教师自我发展的需要

在新课程改革的推进过程中，教师的发展成为新课程改革顺利进行，取得实效的关键。让教师从接受性学习转向自发、自主、自动学习，让教师的自我发展意识成为职业和专业意识的核心部分，是沙面小学成立教师自我发展学校的初心。

教师是否愿意主动发展与教师是否具备自我发展的能力，必将影响和制约着一所学校的发展。而一所学校的社会认同度，也来自学校持续不断的发展。学校要实现可持续发展，需要学校与教师同时具备自我发展的意识与能力。沙面小学通过协同教育理念引领教师，以教师自我发展学校的建立为突破口，力图建立一所独特的、属于教师的学校。

近二十几年来，沙面小学协同教育已成为学校品牌的核心内涵。从办学的内在发展逻辑来看，学校的自我发展和教师的自我发展，就是学校凸显其品牌核心——学生自我发展之后的必然延伸。建立教师自我发展学校，不仅可使教师的发展得到学校及各方（包括教师自身）的重视，还可使教师从自我发展的角度来认识教师发展，帮助教师在澄清认识的基础上，利用学校内外的教师发展组织机构，进行学习和交流，积极、主动、自觉地学习与提高，实现教师专业发展和职业水平提升的创新与实践。

二、教师自我发展的实施

教师自我发展是引导教师自觉、主动地提高和发展自己，教师的需求与动机是自身发展的必要条件，促进教师素质提高要从教师自我发展能力的提高入手。

（一）认知判断，自定向

教师的自我成长，关键在于教师成长的目标定位，以及自我认知和自我判断。

教师的自我发展也离不开作为"普通人"的生命的整体状态的其他部分的影响，受个人的背景如父母和家庭的背景、价值观、成长环境等影响，也受个人受教育的程度、经验、心理特质、生理特质、技能技巧等的影响，受原有的个人职业活动经验、专业发展水平、家庭生活状态等内在多元影响因素的制约。对自我全面的剖析和认知极为重要。

根据新时期教师形象的设计和学校的办学理念、品牌塑造的要求，沙面小学对教师提出了要求：作为专业化的教师，能对自身教学行为、开展教育教学工作自身的优势与劣势有充分认识，能自定自我发展的目标，有自己明确的理想与追求的目标，能在教学及教育工作中敢于尝试、不断反思、创新实践，不断建构自己的个人理论和教育教学的风格，有一定的教育、教学、科研能力。教师作为社会职业和社会人，要自觉、主动地对照教师职业形象和要求，在认同的基础上不断设计自我、改造自我、塑造自我。

沙面小学要求教师在认识自我和剖析自我的过程中，明确自我发展阶段式的目标和要求，产生自我成长的动力。

（二）学习实践，自运作

1. 建立学校机制

作为教师归属的组织——学校，就要创造教师自我发展所需要的学校文化的熏陶、同伴群体的积极影响、工作机制的有效刺激，更要设置专业化的引领和人性化的管理激励，成就教师自我发展的沃土。学校应提高教师自我发展意识、培养教师自我发展能力、促进教师乐于主动发展，使教师的管理、培训、研究、学习、发展融为一体，成为多功能的教师发展基地。

沙面小学教师自我发展学校架构如图2所示。

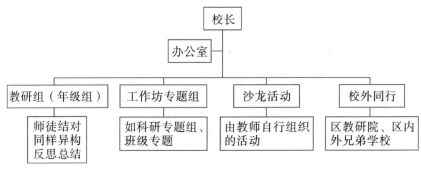

图 2　教师自我发展学校架构

促进教师自我发展的运行机制包括：①学校"教师自我发展沙龙"的活动机制；②教师自主学习的引导机制；③同事结对子的互助学习机制；④以学校公众号、校报《自我发展之声》、教研活动、课题活动、展示活动等平台为基础的交流机制；⑤以教师自我发展手册为载体的教师追求自我发展与完善的运作机制。

教师自我发展学校从多方面强化适合教师发展的环境，创建互动交流、研究学习的平台，使教师既能在这样的舞台上各展所长，又能在这样的平台中找到发展所需。学校从教师的认知、情感、技能三个侧面强化和丰富教师之间的互相联系，使教师之间的自组织性不断增强，促进教师协同共进。教师的自我发展是在教师自我意识主导下的一系列自觉行为的组合。我们认为，自我诊断、自定目标、理论学习、行动尝试、理性反思、创新实践六个基本的环节构成的发展流程，是教师自我发展的运行机制（图3）要素。

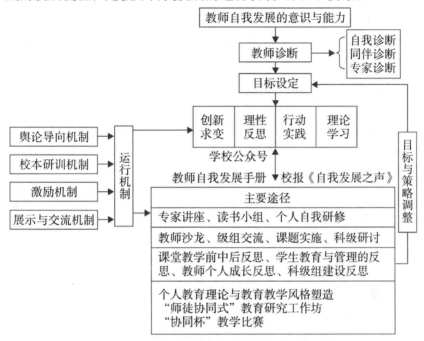

图 3　教师自我发展的运行机制

2. 实施多层学习

教师自觉的自我发展是一定环境下的产物。包含被动和自动、自发和自觉、封闭和开放多种范畴与形态及其转换的教师自我发展，取决于经济刺激、榜样导引、制度约束、培训拉动、舆论影响、文化渗透等多种外在的影响源的作用及其影响程度。

（1）自主学习。

根据教师自身发展的规律，考虑新时期教师成长与发展的新问题和新任务，整合校本教研、校本培训、校本学习等相关工作进行。在自我的学习及反思中进一步更新教育理念和改进教育方法，以教师主讲、交流、研讨等多种形式的学习，提高教育、教学、管理、研究能力，进而提高整体素质；加强理论学习和反思性教育实践，理论联系实际，不断总结经验，大胆探索，逐步完善并形成自己独特的一套教学、教育、管理工作风格，塑造个人教育品牌，提升和实现自我价值。

（2）互助学习。

教师的专业化水平的提高有赖于学校建立起的、促进教师实现自我发展的学习型组织。

我校教师通过自主选择发展方向进行学习，自主选择互助专家，自由组合教师团体。在实践中，我们开展读书活动，给教师定期推荐书目；举办沙龙活动，让教师人人担任主讲；鼓励教师参加互助型的"协同杯"教学竞赛活动；引导教师参与"协同杯"教学技艺交流活动等。这些活动都对推动教师的自主学习与研修，推动教师专业发展的学习型组织建立，有相当重要的作用。

（3）反思学习。

让教师在较宽松的环境中进行教育教学交流，学校的任何一位教师都可能成为沙龙的主持人，探讨各类教育教学问题，在沙龙里没有"校长"、没有"主任"、没有"专家"，有的是对教育教学工作的完善与优化报以热情。这里平等、自由，可能某一议题没有答案，某一议题没有对错，有的只是学术上的分歧与交流、学习。教师自我发展沙龙开辟教师的留言板，教师可以自由表达对教育教学工作的困惑，在互动中反思自己的教学构想。

我校开展不同专题的教师沙龙活动，让每位教师自主参与，成为沙龙的主讲者，并与其他教师互动交流。教师沙龙活动开展得有声有色，教师们在活动中得到了很大的锻炼与提高。为了准备好成为教师沙龙的主讲者，有的教师跑了四五次书店。教师们分别以"阅读兴趣的培养""学生作业的设计"等专题开展了沙龙活动。沙龙活动的气氛活跃，有时沙龙交流活动时间已到，有的教师还不停地争取交流的时间与机会。在教师沙龙中提高教师自主学习的能力，建立起各类学习型组织，营造了浓郁的自主学习、自主提高氛围。

（三）协同互助，自调节

教师自我发展强调多重因素的协同：人本弹性管理，多方面强化适合教师发展的环境，创建互动的交流、研究学习的平台，使教师既能在这样的平台上各展所长，又能在这样的平台中找到发展所需。学校从教师的认知、情感、技能三个侧面强化和丰富教师之间的互相联系，使教师之间的自组织性不断增强，促进教师协同共进。教师的自我发展是在教师自我意识主导下的一系列自觉行为的组合。我们认为，自我诊断、自定目标、理论学习、行动尝试、理性反思、创新实践六个基本的环节构成的发展流程，是教师自我发展的运行机制要素。

1. 建立"师徒协同式"工作坊

师傅可以传授教学经验，徒弟虽然年轻，但信息技术水平明显高出师傅一截。不同发展水平的教师联系在一起，有不同的火花，对教师的发展提高更有利。

我校每学期通过自主报名、自报专题，确定本学期的工作坊研究专题。教师在教育教学工作中获得需要共同研究与探讨的话题，并将其在学校的课题研究与教师工作坊交流活动中进行分享，由于共同开展课题研究与课堂教学研究，在学期内不同年龄、学科的教师们有了共同的追求——成为教师自我发展学校教育优秀科研组。师徒协同，为评优努力，为发展自己的才能，提高自身的教育教学、教育科研水平努力。虽然在备课组内大家的研究专题不同，教师的发展方向不同，但在集体的备课中，同一年级的教师结成对子在一起，互相交流共同提高教学效率。如某学期五年级备课组的教师们在日常的备课组活动中互相促进，如"互联网+背景下少先队阵地建设"主题的探讨中有美术科的何老师，又有信息技术科的陈老师，还有语文科的王老师。在教师们开学申报工作坊专题后，学校会公布有关工作坊活动的时间、地点、主讲人等，让所有的教师自由参与，并通过参与活动的记录进行管理，有效促进了教师的提高，教师对工作坊的活动有浓厚的兴趣，这又是另一种自主参与式的"师徒协同式"。教师各自的发展方向不一致，教师在"师徒协同式"的机制中实现了互助与交流，也使合作成为年级备课组、各课题组、工作坊活动追求成功的重要一环。"师徒协同式"工作坊，促进教师追求更高的发展目标。

2. "三四六式成长模式"

我校倡导教师推动自我发展，提供了"三、四、六"工程规划。

"三"是指确立三年目标导向与"三、二、一"（三个保持的方面、两个改进的方面、一个创新的方面）学期发展目标机制。

首先让教师明确自我发展的方向：确立教师的三年规划与教师每一学期的"三、二、一"目标（每学期的三个目标方向）相结合，明确教师发展的目标，做好教师每一学期的自我发展计划，实现有目标的教师自我发展。

教师自我发展三年规划：教师之所以为教师，在于其区别于其他职业的生命体的"自我"特质。"教师自我"或称教师的自我，包含价值观、专业能力、职业精神、自我意识等四个方面。其中，价值观包括基本的人生观、教师职业价值观、教师专业价值观等，专业能力包括教育对象研究能力、课程实施能力、教育资源获取与运用能力、教育评估能力，职业精神包括教育服务意识、教师道德操守遵从、教育法规执行、岗位服务水平，自我意识包括对自我的前三个方面的了解和判断、自我发展目标的设定、自我成长策略和路径选择、平衡职业与生活、自我评估。教师认识自我，在学校发展的目标基础上，确立自身的发展目标规划，使教师的发展与学校的发展一致，并有较长远的追求。

教师自我发展三年规划具体内涵如下。

教师自我发展三年总目标是指教师在教育科研、德育、教学能力提高及教师素质发展方面的计划。

①教育科研发展目标是指在教育科研方面教师订立的科研课题；研究课题的步骤、方法；研究课题的成果设计计划。

②德育教育能力发展是指针对所任教学生的特点订立的学生的培养方向，班级的培养目标，学生综合素质评价的优秀率，后进生的转化率，心理辅导的计划。

③教学能力的发展是指关于教学质量评测情况目标，参与教研活动，主持、主讲级组、科组、校级各项活动的计划。

④教师自我素质提高是指教师针对自身教育教学工作中的薄弱环节，制订的提高自身水平的计划。

教师每学期的"三、二、一"短期目标制定机制：教师对自身各方面的认识与计划，能推动教师更有计划地发展自我。然而一个个小目标的实现是教师成长持久的动力，在小目标方向的指引下，目标实现的激励下，直接推动教师的反思、创新与行动，能实现教师的自我观察、自我体验、自我反省、自我评价、自我监控。基于这一认识，在专家的指导下，学校建立了每学期教师自我发展的"三、二、一"目标制定机制。这一机制的"三"是让教师思考在新学期觉得自己必须保持的三项教育工作优势，"二"是指自身需要改进的两个教育工作问题，"一"是指在本学期要完成的一项创新的工作任务。这一机制让教师在每学期发展的过程中能对照目标和努力方向不断进步，完善自我。教师通过对这一目标的规划，提高了自我认识，也明确了本学期发展的方向。

如某位老师的三个保持：①给学生一点善心，包容每个缺点、谆谆善导。②给学生一颗爱心，爱惜每一个学生，有教无类。③给学生一颗真心，认真上好每一节课，对学生的每一天负责。两个改进：①增加与个别学生交流沟通的时间。②增加个人阅读量，吸收更多的业内、业外资讯。一点创新：英语阅读与写作课堂模式的探讨。

"四"是指让教师据"四自"（自定向、自运作、自调节、自激励）进行自身的发展与完善。

　　"六"是指让教师成长发展的六个阶梯（表1）。教师发展的积极性来自教师自身的动机、需要与兴趣，没有教师自身的主动性，学校管理的成效可想而知。外因要通过内因起作用，我们尝试将教师的内在需求作为突破口，改变以往对教师自上而下的管理方式，创新地采用教师自我诊断、自我定向、提供发展阶梯的策略，提高管理的成效。

表1　教师成长发展的六个阶梯

教师发展阶梯	素质水平	成长目标
专家型教师	精通教育教学工作，有独特的教育教学理论与教育教学能力，能创建自己的教育教学理论，形成独立人格、独立思想与见解，有创新精神	全国"百千万人才培养工程"著名教师
学者型教师	能独立承担科研课题，开展教学教育的科研试验，有自己的教育教学风格，能不断学习研究，有自己值得推广的研究成果并能实现一定范围的运用推广	省、市优秀教师
科研型教师	掌握教育科研方法，能自觉运用科研方法改革课堂教学与教育实践。有自己的教学特色或教育特色，能独立承担课题研究	市、区教学尖子
职业型教师	掌握对学生的教育、教学方法；掌握教育教学的艺术，热爱教育事业，能顺利完成教学教育任务，并能接受新信息，改善教育教学工作	区、校教学骨干
合格型教师	掌握教育教学方法，能完成教育教学任务，有一定教育教学经验	学校教学骨干
初学型教师	初入职，能在学习中掌握教育教学方法，但缺乏教育教学经验，在工作中能不断交流学习，基本完成教师工作	学校合格教师

（四）阶梯指引，自激励

实施"内发式"的教师成长策略，设立"教师自我发展学校"，促进教师教育理想的形成、个人教学风格的确定。实施"三、四、六"发展规划，制定自我发展的三年计划，建立"四自"理念指导下的自我发展成长档案，确立"六个自我发展阶梯"中的自我定位。帮助教师明确所属位置，并逐步迈上阶梯，有所发展并取得成功。

三、收获与反思

（一）教师自我发展的探索与实践给学校的"协同教育"文化以新的元素

沙面小学在探索和实践"协同教育"的教育思想的过程之中，奠定了"自我发展"的教育文化基础。"自我发展"的思想进入教师主体是一种顺势而为。教师自我发展这一研究的发生恰恰在新课程改革推进如火如荼的时期。引入了新课程对教师发展的要求，以新的教师发展观、新的策略及新的管理运行手段，调动全体教师参与，使教师在前期学习的自我发展理论，得以有效地迁移到自己身上：认识自我、诊断自我，在研究自我发展需求、提高自身发展能力的过程中，也找到适合自身成长与发展的最佳途径，不断完善自我。

实践收获的不仅是教师职业态度、专业素养的提高，而且这种提高是基于教育、教学过程的优化与质量提高，崭新教育理念形成同步完成的，最重要的是，这是一种自觉、自愿的行为，是教师主体意识发挥作用的表现。此外，这种亲身经历的自我发展文化过程，给教师的观念、意识、行为、心理等打上了深深的烙印，成为学校协同教育文化传承和创新的新生力量。

（二）教师和学校的发展水平明显提高

多年来，教师们在省、市、区各级研讨会上交流论文达三百多人次。在国家、省、市级刊物上发表论文五十多篇，获国家、省、市各级奖项的课例、教学设计、多媒体计算机课件共一百多例。更有一大批教师在科研实践中经过锻炼脱颖而出，有的成为国家级培训的名教师，有的成为学校科研课题的管理者，有的肩负子课题组织管理，有的成为学科教研骨干等。

教师自我发展的探索与实践也有力促进学校的发展。学校自编《协同教育理论与实践》丛书五本，编著出版了《协同小班化教学研究》一书；同时也开发了自我发展活动、语言艺术校本教材、游泳校本课程等。我校在教师自我发展的研究过程中同时获得了更大的发展，办学成绩斐然。教师自我发展的实践，推动学校各个时期都有新的发展（图5）。

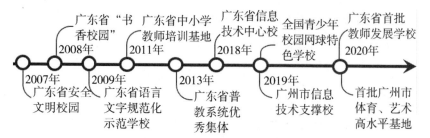

图 5　沙面小学教师自我发展学校创设以来办学发展情况

　　我校的办学质量得到主流媒体充分肯定。2017年至今，"学习强国"先后7次报道我校的教改成果；广东电视台、广州电视台、《羊城晚报》和《信息时报》等重要媒体先后20多次报道我校别具特色的校园动态；几任校长多次受省、市主流媒体平台邀请，介绍我校办学新成果。

（三）教师自我发展还"在路上"

　　开展教师自我发展的研究与实践要以案例研究与行动研究为主要的方法，加强有关理论学习，并在专家指导下，借助学校"协同杯"的教学竞赛、教师工作坊、沙龙、跨学科课题交流活动等有机地进行，最重要的是要真正拉动教师的内在驱动力。实践之中，由于不同教师的价值观、心态的影响，教师自我发展的策略在部分老教师或不稳定者身上的效果差一些。另外，不少教师是被动参与，主动意识往往被工作压力自动化解。最后，对于教师专业发展学校，其管理体制和策略皆为软性的多，存在先天不足，效益也就存在问题。

　　教师的自我发展是一个无止境的不断完善、提高的过程。教师自我发展的研究也在不断地完善、发展。在下一阶段的研究中，我们将针对教师自我发展的操作模式及评价标准与方式继续开展研究，开展教师自我发展心理的研究，期望得到有普遍意义的研究成果和更为有效的实践成果。

　　撰稿人：广州市荔湾区沙面小学　姚丹　李晖飞
　　指导专家：华南师范大学　首批教师教育专家工作室主持人胡中锋教授

参考文献

［1］陈峰. 以师为本的教师自我发展的理念与机制：教师自我意识引领的发展［J］. 湖南师范大学教育科学学报，2006（3）：89-92.

［2］杨莲君. 提升学校管理智慧　激活教师发展动力［J］. 上海教育，2020（27）：82-83.

［3］宁虹. 教师教育：教师专业意识品质的养成：教师发展学校的理论建设［J］. 教育研究，2009，30（7）：74-80.

［4］谢凡，陈锁明. 聚焦教师核心素养　勾勒"未来教师"新形象：中国教育学会小学教育专业委员会2016学术年会暨第三届小学教育国际研讨会综述［J］. 中小学管理，2016（11）：35-38.

［5］张年雄. "创新·素养"目标导向下青年教师发展的学校实践［J］. 福建基础教育研究，2018（10）：19-21.

试论项目驱动助力研究的合作型教师文化建构
——以广州协和学校语文教师专业发展的探索与实践为例

一、导言

教师文化作为教师专业发展赖以生存的文化生态环境，渗透于教师的日常教育教学工作之中，潜移默化地影响着教师的信念、价值观和对教学工作的态度，是教师专业发展的内在主观动力。建构一种优越的文化环境对于促进教师专业发展意义深远。

随着社会的变革与经济的发展，新一轮基础教育课程改革正在全面铺开，对教师的专业能力提出了更高的要求，无论是在教学理念方面，还是在教学方法方面，乃至评价方式方面，对习惯于进行传统教学的教师而言都要进行颠覆性转变。

面对新的课程标准，要成功驾驭新理念下的新课堂，单纯依靠教师个人的能力难以实现，需要教师之间就课程实施等教学活动展开专业对话、沟通、协调和合作，共同分享经验，通过互动彼此支持，完成新课标指导下的各种教学活动。这时候，每一位教师都要像哈格里夫斯所说的"流动的马赛克"[1]那样流动起来，组成若干

---

① HARGREAVES A. Changing teachers, changing times: teachers' work and culture in the postmodern age [M]. London: Cassell, 1994.

个教师小组，每个教师小组的活动范围和成员并不是固定的，而是交叉重叠的。这样各个教师小组之间的界限也是模糊的，随时可能更新成员和转换职能。从性质上看，它们都是开放的，相互合作和支持的。这些凝聚在一起的小组必然会达到一种总体力量大于各部分力量之和的效果，并且使学校整体表现出很强的灵活性、流动性和适应性。①

让教师从个体研究走向同伴互动合作，建构一种合作型教师文化，对教师的专业发展意义重大。这样可以有效减少教师由于个体能力的欠缺而导致的低效教学行为，为个体发展和教学水平的提高创造有利条件，从而促进教师的专业成长。因此，如何建构这样一种优秀的文化环境，引导教师由个性、独立、封闭走向自主合作，积极主动地向研究型教师转变，进而推进教师的专业发展，是我们在探讨教师专业发展的进程中必须思考乃至要认真面对的问题。

二、将项目式学习引入合作型教师文化建构的思考

项目式学习作为21世纪培养学生核心素养的重要途径，在世界各国十分流行，是在新课程实施过程中被广泛推崇的一种教学方法，已成为传统课堂教学的重要补充。美国项目式学习研究顶尖机构巴克教育研究所将项目式学习定义为"一套系统的教学方法，它是复杂、真实问题的探究过程，也是精心设计、规划和实施项目作

---

① 邓涛，鲍传友. 教师文化的重新理解与建构：哈格里夫斯的教师文化观述评[J]. 外国教育研究，2005（8）：6-10.

品的过程，在这个过程中，学生能够掌握所学的知识和技能"。[①]项目式学习以学生为中心，提供一些关键素材建构学习环境，学生组建团队，通过在此环境里解决一个开放式问题的经历来达成学习能力提升的目的。这种教学方法关注学生的自主合作学习，学生的学习是通过项目引领，在团队的协作中共同完成的。

项目式学习对于改变学生的学习方式有很大的促进作用，它被广泛地运用于新课标指引下的各个学科教学之中。从研究现状来看，项目式学习目前更多地应用于指引学生的学习，将它引入教师专业发展领域还是一种探索。但我们认为这种学习方式对于建构合作型教师文化，推动教师向研究型教师转变，促进教师的专业发展，具有非常重要的借鉴价值。

（一）项目式学习可以让语文教师个体价值得到彰显

美国学者劳蒂（Lortie）曾经对教师个人主义文化做了大量的研究。他指出，教师文化的重要特征之一就是个人主义。个人主义是指教师羞于与同事合作和不愿意接受同事的批评，教师之间并没有合作共事的要求与习惯。[②]教师个人主义文化经常被认为是一种缺陷和失败，需要消除。但对于教师来说，独处有利于培养后现代教学所需的核心能力——独立判断能力、自主抉择能力和创新能力。

---

① 巴克教育研究所. 项目式学习教师指南：21世纪的中学教学法[M]. 任伟，译.2版.北京：教育科学出版社，2008.
② LORTIE D C. School teacher: a sociological study[M]. Chicago: The University of Chicago Press, 1975.

在教师队伍中开展项目式学习，个人主义文化的优势可以得到彰显，能够让那些对教学有着独立思考和个性认知的教师的才能得到充分展示。项目式学习强调"学生对于项目要有发言权和选择权"，而语文教师作为一个有个性的群体，有自己的学术思想和主张，所以对于项目的选取以及实施过程中存在的问题，更有发言权。在项目实施的过程中，他们的独立判断能力、自主抉择能力和创新能力有了充分的施展空间并得到有效发展。而个人主义文化中缺少的合作能力，也会在项目活动开展的过程中，随着与其他教师的合作与交流得到有效提升。

（二）项目式学习可以助力建构合作型教师文化

当前我们正在推行基础教育新课程改革，教育界对加强教师合作文化建设的呼声越来越高。加强教师合作型文化建设，对语文教师乃至整个教师群体的发展都具有重要的意义。虽说哈格里夫斯极力推崇教师自然合作文化，他认为教师自然合作文化是教师在日常生活中自然而然地生成的一种相互开放、信赖、支援性的同事关系，这种文化充分尊重教师的自我判断和自主抉择，但我们不赞成哈格里夫斯把"自发性"作为教师合作的基本特征，毕竟合作关系不容易自发形成，如果把自发性作为教师合作的基本特征，实际上就否定了我们对培育教师合作文化所做出的种种努力。

将项目式学习引入教师发展之中，结合语文教师的教学工作实际，选取那些直指教学问题、与语文教师专业能力培养相关的内容作为项目活动的内容。这些内容对教师而言是切实存在于教学实践中的真实问题，同时又是教师在教学实践中必须解决的问题。借助一个个与教学工作密切相关的项目活动的开展，引导语文教师与同事共同面对任务，在相互合作中取长补短，共同为项目研究的开展出谋划策。这样不仅能够很好地解决教学中的问题，提升教师的专业能力，还能在与同事的合作中推动语文教师群体的发展，有利于整合教育力量来改善整个学校的教学质量。

三、通过项目驱动，建构合作型教师文化来推动语文教师专业发展的路径探索

在我国，素质教育和基础教育新课程改革的诸多经验和教训使人们认识到，教育变革及其教师专业发展的范式必须从关注教师有形的、外在的因素转向关注隐形的、深藏于教师内心的文化因素；新时代的教育革新和教师发展的可能空间和限制因素在很大程度上蕴含于教师文化之中，没有教师文化的深层次支撑，任何教师发展和教育变革都将是肤浅的和临时的。

我们在教师文化的建构过程中引入项目式学习，就是要建构这一深层次的文化支撑，从而推动教师持续的专业发展。我们一方面充分考虑教师是一个有别于学生的学习群体，另一方面充分关注项目式学习的八大"黄金原则"，结合教师的实际，以项目活动为引领，推动教师间的深入合作，进而在教师群体内部形成自主合作的文化氛围，营造良好的教师文化，以推动教师专业有效发展。

图1所示为广州协和学校"项目驱动 文化促教"实施路径框架。以此框架为参照路径，我们在语文科组开展了大胆的尝试，并进行了积极的探索。下面以语文科组在2020年新冠肺炎疫情期间参与广州市教育局组织的录制课程视频为例加以说明。

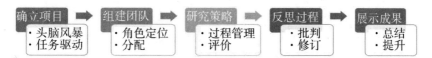

图 1 "项目驱动 文化促教"实施路径框架

（一）确立项目

录制课程视频是上级教育主管部门布置的一项重要任务，既是疫情之下的一项政治任务，也是语文教学在线上进行的一种新尝试，必须高度重视并高质量完成。围绕"如何上好电视课"，我们成立专门的项目攻关小组，以科组长晏丽萍老师为项目组长。这个项目颇具挑战性，同时也切合当时疫情下的教学工作，所以极大地激发了科组教师参与的积极性。

电视课堂，不同于一般的线下课堂，每一节课只有20分钟。要想在这20分钟里完成既定的教学任务，需要教师对授课内容精准把握，去粗取精。此外，在电视课堂上，教师面对的是屏幕，无法与学生进行实时对话，怎样才能吸引屏幕面前学生的注意，对录制电视课的教师来说也是一个挑战。为了更好地完成电视课的录制任务，我们利用腾讯会议App，语文科组教师一起进行头脑风暴，共同协作，充分思考录制电视课这种特殊形式的课程需要关注的每一个细节，力争准备充分。

（二）组建团队

此次录制视频课，教学对象是高一和高二的学生，教学内容包括古诗文、传记、小说还有戏剧，教学内容多，时间跨度大，谁来上必须仔细谋划。关于团队的组建，一方面，我们科组协调，整体调控；另一方面，充分尊重每位教师的意愿，让他们自主申报。经过多方协调，我们终于组建了由8位优秀青年教师组成的上课团队，并以备课组为单位分成两个小组，以每个年级的备课组长为小组长，小组长带领本备课组的教师围绕教学任务开展集体备课。

（三）研究策略

由于疫情的影响，我们没有办法面对面开展研讨，于是腾讯课堂和QQ就成了我们开展教学研究的主要工具，互联网为我们的研究提供了时时在线的便利，随时可以针对问题进行深入、细致的研讨。比如杨承彩老师负责"山水田园诗"一课，初稿成形之后，我们利用腾讯会议线上说课，小组教师纷纷给出建设性意见，于是一节20分钟的课，从教学内容的选取，到教学重难点的确定，到教学方法的选用，再到幻灯片制作的张数、字体要求，甚至细到标点符号的使用都被细致研讨，多方审核，前前后后九次更改才最终定稿。

（四）反思过程

每一次电视课堂录制结束之后，我们都会组织教师一起反思，取长补短，力争在下一次的课堂录制时有更优秀的表现。例如，如何合理安排教学的容量，如何克服镜头前的恐慌，如何站位可以更好地与屏幕前的学生交流，一系列相关问题都是上课教师在授课之后反映的，并且这些问题在小组成员间的交流、互动中得到了有效解决。

（五）展示成果

此次录课，语文科组的8位青年教师为广大学生提供了46节优质课。课程内容从古到今，从诗歌到戏剧，从小说到传记，时间跨度大，内容覆盖面广，这是对8位青年教师课堂驾驭能力的考验，更是对他们教育教学能力的一次全面提升。张征老师事后回忆说，为了使授课内容更精准，他找出与《逍遥游》相关的书籍，验证每一个细节的准确性。这些书有陈鼓应的《庄子今注今译》、刘凤苞的《南华雪心编》、杨照的《经典里的中国》、熊毅的《逍遥游》和王夫之的《老子衍·庄子通·庄子解》等。在备课中，他感受到学无止境的压力与魅力，每一次查阅，都让他对庄子有了更多的认识，也对《逍遥游》有了更深入的理解。

四、基于语文学科核心素养的项目活动设计的探索与实践

合作型教师文化的建构，有赖于教师在项目的引领下由被动引导到主动开展自主合作的交流与研讨，项目内容的选取对于这个目标的顺利达成具有直接的影响。围绕项目确立，我们把目光投向语文课程目标，紧密围绕语文学科的核心素养，开发出语文教学实践类、课程设计类和实践活动类三种活动方向，调动教师参与项目活动的积极性，激发教师个人潜能，进而促进教师的专业发展。

（一）围绕课程标准，开发语文教学实践类项目

新课程标准的实施，新教材的使用，给每一位语文教师带来了前所未有的挑战。新课程标准，从语文的特点和高中生学习语文的规律出发，以语文学科核心素养为纲，以学生的语文实践为主线，设计了18个"语文学习任务群"。学习任务所涉及的语言学习素材

与运用范例、语文实践的话题与情境、语体与文体等，覆盖语文课程历来所包含的古今"实用类""文学类""论述类"等基本语篇类型。但是新的课程标准所呈现的只是理论上的设定，至于如何立足学生的实际，创造性地整合使用教材资源，在教学过程中具体采用怎样的教学策略，如何在具体的教学实践中很好地提升学生的语文素养，如何在任务群的教学实施过程中对学生进行有效评价，这一系列的问题，都与教师的日常工作密切相关，也都有待教师通过自主的教学实践去验证、调整、推广和应用。

　　针对这些迫切需要解决的问题，我们组织一批骨干教师以此为项目开展了相关的研究。这项活动以《普通高中语文课程标准（2017年版）》之"高中语文学习任务群"为依据，以粤教版教材为依托，以"项目学习"为中心，围绕"语文核心素养"这一总目标，从项目学习的设计、项目学习的实施、项目学习的效果评价三方面展开研究，通过设计不同的项目主题学习活动，建构不同的活动交流平台，以此激发学生参与语文学习活动的热情，培养学生自主合作读书、实践、写作、交流和反馈的能力。李焱珊老师带领这批青年骨干教师围绕这些问题展开深入的研讨，他们申报的课题"基于学习任务群的高中语文项目学习教学策略的研究"已被立项为广东省教育科学规划课题，2021年结题。

（二）紧扣核心素养，开发语文课程设计类项目

　　广州协和学校作为一所国家级示范性高中，一直致力于提升学生的语文素养和语文能力，我们先后组织教师开发了一系列的课程设计类项目，并将之命名为"协语和文"系列。"中国传统节日习

俗源流及其诗词鉴赏"课程就是紧紧围绕"文化传承与理解"这一素养而开设的。

　　中国传统节日文化烙有华夏民族独特的文化印记，是中华民族的宝贵财富，是维系中华民族文化的根。我们从承载传统节日文化习俗的古诗词入手，开发了课程设计类项目——"中国传统节日习俗源流及其诗词鉴赏"。这个项目的开发，目的是让学生了解中国传统节日的由来、形成与发展过程，了解节日的风俗习惯及其象征意义，知道传统节日是中华民族历史文化长期的积淀凝聚，深切感受中华民族文化的魅力。而诵读鉴赏相关节日的经典诗词，可以让学生在认识民族习俗特征的同时，感悟古代文人在民族节日中的喜怒哀乐。对学生进行传统节日文化的教育，不仅将传统文化与语文审美教育有机融合起来，还让学生受到潜移默化的思想教育，提高学生的民族荣誉感和自豪感，提升文化自信。围绕这一项目的开展，教师们撰写了一系列相关文章，将项目研究中的收获和思考及时加以总结，蒋燕玲老师的《古诗文教学中实施传统文化教育策略探析》、张征老师的《粤教版语文教材中传统文化要素的分析》相继在刊物上发表，蒋燕玲等七位教师联合研究的"在高中古诗文教学中实施传统文化教育的研究"课题成功申报广东省教育规划"十二五"规划课题并已顺利结题。

　　在科组的引领下，教师们紧扣语文学科的核心素养，结合个人的专业特长，积极投入校本课程的开发中来，由被动引领逐渐走向自动自觉。我们的整本书阅读系列、文言文复习系列和辩论演讲系列等课程设计类项目也都在紧张的完善过程中。教师们以课程项目为引领，组成了多个项目小组，合理分工，在反复实践中修正、完善。课程设计类项目的开发和校本教材的编写,凝聚了科组教师的心血和智慧,为他们提供了很好的专业提升机会,也让教师们在课程和教材的开发过程中收获了专业提升带来的成就感。

(三)联系校园生活,开发语文实践活动类项目

语文科组作为学校的大科组,不仅承受着沉重的教学压力,同时也担负着校园文化建设的重任。校园的文化氛围、阅读气氛的营造都离不开语文教师的辛勤耕耘。通过实践活动类项目的开展,语文教师间的合作被进一步强化,个人的特长得到施展,教师的组织、协调与引导能力也随着项目的顺利开展得到了不同程度的提升。

在2019年语文学科周活动中,语文科组举办了学校首届课本剧展演活动。高中部的教师将课本剧展演与学科教学紧密结合,开发了"粉墨登场乐一回——文学阅读与写作任务群:戏剧单元项目式学习方案"。此项目从有意向到形成成熟的方案,是在备课组教师一步步打磨,不断地交流研讨之后成形,并在实施的过程中完善,逐步走向成熟的。目前这个方案正在高二年级重复使用,我们力图通过不断地实践让这个方案逐步走向优化。2020年11月,此学习案例在广东省教育研究院组织的广东省中小学项目式学习评选活动中被评为"优秀案例"。

初中部教师在指导学生参与课本剧展演的过程中,从为了完成展演任务被动组织学生参加,到主动思考课本剧教学与培养和发展初中学生语文核心素养之间的关系,对课本剧教学有了全新的认知。由林小梅老师牵头,初中部全体语文教师参与,确定了"以核

心素养为导向的初中语文课本剧教学策略研究"这一研究方向并展开了论证。这项课题研究最终通过2020年广州市教育科学规划课题的评审，并已成功立项。

此外，学校的文学社、国学社、话剧社、朗诵社，还有古琴社，都由语文科组分管。我们将每个社团分解为不同的语文实践活动类项目，在科组内招募有兴趣的教师组成辅导小组，共同进行指导，为这些教师的专业发展提供丰富多样的平台，让合作型教师文化的建构在语文科组内部不断深化。

五、结语

经过近年来的努力，广州协和学校语文科教师队伍的专业发展取得了一定的成绩。戴宏辉老师被确定为广州市基础教育系统"百千万人才培养工程"第三批中学名教师培养对象并已顺利结业，此外，他还被聘为广州市督导责任区市级督学；李炎珊老师成为广州市教育专家培养对象；晏丽萍老师被录取为华南师范大学基础教育访问学者，成为华南师范大学教师教育专家工作室入室成员，此外她还当选为第十六届广州中学语文教学研究会常务理事；栗嘉老师成为广州市"百千万人才培养工程"第四批中学名教师培养对象；晏丽萍、林小梅、栗嘉和王殿宇被评为广州市骨干教师；雷素郁、栗嘉和龚健三位青年教师成功晋升，取得副高职称。

教学相长，优秀的教师培育出优秀的人。语文科组教师在这些项目活动的推动下，在提升自身专业能力的同时，在对学生的培育方面也取得了可喜的成绩。从近年来中考和高考成绩来看，语文学科无论是均分还是高优率、贡献率均排在学校中考、高考各考试科目的前列。除此之外，在学科竞赛方面也有不俗的表现。无论是广州市教研院组织的名著阅读竞赛、古诗文阅读与积累竞赛，还是全国性的"中华圣陶杯中学生作文大赛""全国中学生创作作文大赛"，我们的学生都取得了优异的成绩，展示了协和学子的语文素养。

广州协和学校语文科组利用组织教师开展三种类型的项目活动来营造合作型的教师文化，以此来推动教师的专业发展，取得了一定的效果，促成了一批教师的成长。这些成绩的获取，让我们更加清晰地看到这些隐形的、深藏于语文教师内心的文化因素对教师专业发展所起到的深层次支撑作用。必须在合作中寻求发展，这是后现代教师不可回避的现实。让教师们都动起来，用发展的眼光去关注教学的变革，用创新的思维去应对新课程带来的挑战，通过合作来完成新课程带给语文教师的许多貌似不可能完成的任务，在教学实践中实现自身的专业发展，是我们在此次探索和实践中的最大收获。

教师文化是一种群体文化，它体现着教师这一特定群体的价值观念和思想规范。处于良好教师文化氛围中的教师，他们对于教育的观念和态度不仅很大程度上影响着教师的教育教学行为，而且对教师自身的成长乃至专业发展都发挥着不可估量的作用。教师文化为培育教师自我专业发展的需要和意识奠定了基础，是教师自我专业发展的内在主观动力，对于促进教师群体内每一位教师不断自觉地自我专业成长至关重要。

而合作型的教师文化则能更好地助力语文教师的专业发展。教师的专业发展需要一定的内在动力来推进，但并不是说人有了需要就会去发展，教师的专业发展受到自身发展的需要和周围环境的影响。在每一个项目活动的实施进程中，教师会发现自身在理论、技能、课堂管理等方面存在的问题，从而促使他们主动反思。而在与同事的合作交流中，教师能够轻易地发现自己的不足，这就会给他们造成一种压力，由于存在着这些压力和竞争，教师就会自觉地去学习，提高自己的专业水平，从而促进自己的专业成长。

但是我们也应认识到，一种新的教师文化的形成不是短时间内可以实现的，需要长时间的孕育和培植。特别是语文教师这个群体，更多地存在于这个群体内部的依然是个人主义文化，要想打破个人主义文化的壁垒，单纯依靠外力的作用是不够的，还需要教师个体的主动调整。此外，目前所建构的合作文化更多地属于人为合作文化，怎样通过有效的引导，实现向自然合作文化转化，这还有待我们继续去探索和完善。

在强调教师的自主性、独创性的同时，给予教师更广泛的合作空间，建设合作型的教师文化，这不仅对教师文化的建设有重要意义，对丰富教师的专业知识，提升教师的专业技能，增进教师崇高的专业情意，最终达到促进教师专业发展的目标也同样具有价值。项目驱动助合作，文化孕育促发展，只是我们在教师专业发展方面做出的初步尝试，希望我们的思考可以抛砖引玉，让项目式学习在教师专业发展方面发挥更大的作用！

撰稿人：广州协和学校　晏丽萍

指导专家：华南师范大学　首批教师教育专家工作室主持人陈少华教授

参考文献

［1］张冰.论教师文化对教师专业发展的影响［J］.现代教育科学，2017（1）：54–57.

［2］韦敏.教师马赛克文化：概念、原因及其超越［J］.教育理论与实践，2004（5）：40–44.

［3］教育部师范教育司.教师专业化的理论与实践［M］.北京：人民教育出版社，2001.

［4］中华人民共和国教育部.普通高中语文课程标准（2017年版）［M］.北京：人民教育出版社，2018.

［5］夏雪梅.学科项目化学习设计：融通学科素养和跨学科素养［J］.教育研究与评论（中学教育教学版），2018（9）：96.

［6］王淑娟.美国中小学项目式学习：问题、改进与借鉴［J］.基础教育课程，2019（11）：70–78.

［7］滕珺，杜晓燕，刘华蓉.对项目式学习的再认识："学习"本质与"项目"特质［J］.中小学管理，2018（2）：15–18.

［8］宁虹.教师成为研究者［M］.北京：首都师范大学出版社，2002.

［9］张志坚.何为有效的教师专业发展活动［J］.教书育人，2012（25）：36–38.

［10］周坤亮.何为有效的教师专业发展：基于十四份"有效的教师专业发展的特征列表"的分析［J］.教师教育研究，2014，26（1）：39–46.

［11］蒋吉优.美国专业发展学校（PDS）模式及启示［J］.当代教育科学，2009（5）：46–48，58.

［12］任智霞.浅论教师专业发展学校促进教师专业发展的途径及启示［J］.传承，2007（5）：127–128.

教育信念引领下的教师校本发展策略
——基于花都区骏威小学的个案研究

随着对教学工作复杂性认识的增加和教学研究范式的转向，教育信念已经成为教师专业发展研究领域受关注的主题之一。纵观历史，大凡有影响的教育家都有着坚定的教育信念，对教育工作有着执着的追求。教育信念是教师专业结构中教师情感、态度、价值观的具体体现，是教师精神世界的支柱，为教师专业发展提供坚实的理论依据和坚定的追求目标，对教师改变起着引领和定位的作用。当教师对教育事业的价值、意义、使命等问题有了清晰的认识之后，教师专业发展才可能成为教师发自内心的需求。当教师意识到教师不仅仅是一种职业，还是一种事业时，教师的专业发展才能具有生命的内涵和意义。如何在建构人本化的学校文化中引导教师逐步形成正向、科学的教育信念，从而为有效的教育教学实践行为奠定内在的基础，促进教师专业有效发展，本文以花都区骏威小学为例进行了思考与探索。

一、文化涵养，厚植教育信念

学校文化是一群人的价值、目标、愿景以及基于此的行为、关系的系统。赫克曼认为：学校文化是教师、学生和校长所持有的共同信念，这些信念支配着他们的行为方式。学校文化是教师信念的来源，有什么样的学校文化就意味着学校成员们共享着什么样的信念系统，从而让学校成为信念共享式生长的土壤。

（一）办学理念，为厚植信念提供思想源泉

教师作为教学的长期学习者、反思者和适应者，他们的信念并不是与生俱来的，而是教师与所处的现实世界相互改变和适应的产物。在学校里，办学理念常常扮演着一种"领导者"的角色，它是学校师生关于学校整体发展的理性认识和价值追求，体现了对学校的目标定位，为学校师生提供明确、具体的发展方向、精神动力和理性支持。如果没有理解情感在促进信念变革当中的关键作用，那么促进教师信念变革的工作很可能是无效的。因此，学校要加大力度传播、宣讲理念，让教师充分认同，凝聚发展共识。

花都区骏威小学在发展过程中，秉持"志在千里"的进取精神，坚持"童梦教育""红梦教育"的理想追求，"以梦扬志，乐学广才"的办学理念，"有梦、有趣、有为，悦读、悦学、悦纳"的校训，致力打造以"悦读校园、悦学班级、悦纳课堂、悦合家校"为核心的"童梦教育体系"和"继承革命传统，弘扬红军精神"的"红梦教育"相融合的现代化学校。

学校通过分步骤、细节化、系统化多种途径引导师生去理解办学理念，强化师生对理念的认同感，如设计校徽等文化标识用品、传唱校歌、开展文化论坛、举办仪式典礼等。通过开展集体研讨、故事讲述、文章撰写、案例分享等活动，潜移默化地对教与学产生影响，促进办学理念的落地实施。此外，学校还将理念分解到课程中，融入课堂中，落实到管理和日常行为规范中，使理念落地有支

架，有附着点，有支撑点。办学理念落地，形成一个有机的整体，规范、调节和影响着教师的教育信念，成为教师信念存在和变革的基础之一。

（二）红色文化，为厚植信念树立正确方向

教育信念在一定程度上决定了教师投身教育事业的方向性和坚定性。学校文化重在传承和影响，其主流文化会影响教育信念的形成。2013年10月13日，花都区骏威小学正式被授牌授旗命名为广州起义红军小学，在这一背景下，学校被赋予了独特的红色文化内涵。用红色文化成就"四有"好老师，成为学校推进教师理想信念教育的重要路径之一。学校把党支部、共青团、少先队和工会进行"四方联动"，专门设置意识形态教育课程，强化政治担当，发挥政治引领作用，引导教师把立德树人贯穿教育全过程。以"让红色力量托举七彩童梦"为切入点，开展一系列的主题教育，如"新时代·我们的使命与担当"教师演讲、"国家发展，我们成长"征文比赛、大山深处的老师妈妈——张桂梅事迹学习、最美线上"红星"教师评选等活动，深入挖掘身边的红色基因对教师教育信念的引领。积极宣扬身边甘于奉献、充满热忱的优秀教师，树立榜样，及时表彰，增进教师认知、认同，增强教师队伍凝聚力和战斗力，从不同的角度诠释"红色与传承"的含义。在学校大环境下形成的文化氛围中，让教师明白作为一名新时代教师应该具有的红色坚守与责任担当，为传承红色文化和弘扬革命精神赋予新的内涵与价值。当学校中的每一个人都知道自己要往哪里去，当个人成长需求与学校发展方向一致时，才能真正激发教师们由内向上的自觉，才

能使教师真正享受共同创造价值的过程，这种教育理想和教育责任感是形成个人教育信念最好的催化剂。

（三）平等对话，为厚植信念营造良好氛围

教师的专业成长不可能单靠个人的力量，学校集体才是个人改变、成长、发展的沃土，当教师进入学校，与之发生联系时，也就不可避免地受到学校文化氛围的熏陶和影响。只有创造良好的对话环境和制度支持，才能对教师教育信念的正向建构起到引领和促进的作用。为此，学校进行了管理变革，让学校呈现出积极而和谐、灵动而有活力的校园生态，有力地促进了教育信念的环境建设。

其一，建立项目团队管理模式。学校改变传统的行政班子自上而下的管理模式，以项目管理的方式运转，即建立若干项目团队，由团队负责人具体落实各个事件，汇集教师的个体智慧，实现管理的抱团发展，实实在在地培养和激发大家的价值感与归属感。

其二，成立学术委员会。以激发教师的活力为出发点，通过倾听、分享、自组织三大行动，让教师的身影出现在学校文化的讨论中、评价体系的设计中、专业发展的决策中，全面打通与教师对话的渠道，把发展权还给教师，最大限度释放教师潜能，实现学校教师管理权的真正平等。

其三，构建"多维互促式"评价策略。从教师专业实践和学生学业质量两个维度出发，分别从教师的职业道德、知识技能、专业理念、反思发展等领域，从学生的行为规范、学业质量、活动素养、项目表现等维度，构建"学校全面评价、团队项目评价、教师自我评价"三位一体的评价策略。多维互促的评价策略强化了团队

与个人的协同关系，使得常态管理、研修机制和教师专业成长形成良性循环，并转化成教师自我成长的内在驱动力，为教师的专业成长保驾护航。

二、研修转型，强化教育信念

教育信念是教师对教育事业的价值定位与追求，是教师改变的原动力。信念指引着教师的教学行为，是教师能否实现自主、自为、自觉改变的关键所在。教师教育信念的形成不是教学知识的积累，也不是观念的单向灌输，而是在个体反思的基础上，通过多方位、多向度的交互活动建构起来的。教师校本研修是一种有效的教育信念培养模式。学校要注重教师专业发展的外部环境创设，优化研修机制，开创培训渠道，形成积极向上、和谐融洽的专业发展氛围，才能更好地帮助教师体会教育信念的价值、反思教学行为背后的支撑信念，让教师能够更好地思考和决策，让教师的教育信念得到重构与完善，促进教师专业发展。

（一）构建"1+5"项目化研修策略，健全成长机制

帕尔默认为，世界上没有优质教学的公式，而且专家的指导也只能是杯水车薪。教师如果想要在实践中成长，就只有两个去处：一个是达成优质教学的内心世界；另一个是由教师同行所组成的共同体，从同事那里更多地了解自己和自己的教学。

学校通过系统梳理教师在专业成长中的诸多困惑和问题，形成"1+5"项目化校本研修策略，建立学习型的教师共同体。即以教研组为实施单位，组建一支以学科分管领导、教研组长、骨干教

师为主的核心研究团队，在问题驱动下，形成一个研修主题，围绕主题实施以案例为支撑的情景学习、以问题为驱动的行动学习、以交流互动为基础的合作学习、以经验提升为目的的反思学习、以发现规律为追求的研究学习等五种项目化学习形式为载体的校本研修培训路径。学校还根据师资队伍阵容的分析诊断、教师自测的专业能力层级、学校关于学科建设的具体意见，制定教师"3+3"发展规划，即结合不同成长阶段制定新教师、骨干教师、名师种子教师三个层次的成长体系，围绕职业情感、班级管理、课堂教学三大范畴制定研修任务。项目开发、主题讨论、课题研究、案例反思、课堂观察等一系列的培训，不仅让教师掌握知识，更重要的是让教师学会反思教学现象背后隐藏的深层观念和思想，思考为什么要那样做，那样做意味着什么，反映了什么样的价值观和信念。让真正的反省和互动，对教师的深层信念产生实质性的影响，而这种常态化、制度化的研修机制让学校得以触摸到教师成长过程中信念发展和变化的过程。

（二）构建"三室联动、多校协同"培训模式，拓展成长空间

巴赫金强调："思想只有同他人发生重要的对话关系之后，才能开始自己的生活，亦即才能形成、发展、寻找和更新自己的语言表现形式，衍生新的思想。"教师教育信念的转化和完善，是教师与自我对话、与他人对话、与世界对话的结果。学校利用现有的广州市名校长、名教师、名班主任工作室资源，构建"三室联动、多校协同"培训模式，为教师打造持久不断与他人对话的成长空间。

三个工作室涵盖了学校办学的三个核心要素，"三室联动、多校协同"是在校长办学实践、名师教学研究、班主任班级管理三个对学校发展至关重要的方面加强相互间的合作性交流学习，开展丰富多彩、形式多样、优质高效的教科研活动。通过"名师引领、组建团队、凝练主题、研修学习、专业发展"五位一体的培养方式，以教师培养示范辐射为目标，以学科课题研究为重点，以师带徒结对为方式，以开展线上和线下混合式研修为手段，促使工作室成员从个体劳动走向寻求专业支持的教育教学群体，从而带动三个工作室成员的专业发展。由来自不同学校的校长、学科教师、班主任组成的学术型组织，在主题推进、系列规划的三室联动中，特别是在不同学校的异质交流中，使工作室成员改变原来一个工作室相互封闭、各自为营的状态。在与外界对话中相互借鉴，换个视角思考问题，使其对问题研究有更多维的理解，促进教师教育信念在借鉴、反思中得以建构与发展。

（三）建立U-S协作关系，提供学术支持

中小学与高校建立的U-S协作关系（大学与学校之间的伙伴关系），可以使中小学教师获得来自研究领域最先进的学术支持和受到研究者潜移默化的影响。教师教育信念，作为教育教学活动中对于教师人生意义、生命价值的体现，也需要在大学与中小学的合作中得以延续和深化，使教育信念对教学价值和行为的影响更为深入和持久。学校充分利用各种资源，与高校建立长期合作性的协作关系，共同支持和引导教师教育信念的发展与完善。

华南师范大学与广州市教育局协同创建国家教师教育创新实验

区，花都区骏威小学成为首批教师发展学校。同时，花都区骏威小学也是广东第二师范学院实践教学基地、广州市义务教育学校校长教师专业能力提升工程实践基地、广州市第三期卓越小学校长培养对象培训班挂职（实践）基地、广州市卓越小学校长促进工程（第三、四期）培养对象实践基地，承担广东第二师范学院政法系思想政治教育专业、美术教育专业本科班及中小学教师培训项目。在与高校的协作研究中，我们一线教师有了许多近距离接触高校研究者的机会，如学术报告、专题讲座、教学指导等。高校研究者与一线教师的合作行动研究，以解决学校具体实践中的问题为出发点，设计相应的行动计划，并按此计划行事，经由研训、反思、总结、升华，以建构丰富、生动的实践性理论。高校研究者通过对一线教师的直接观察，对教师现状和需求进行引领与指导，为教师信念的价值取向与理念架构提供理论支持，而一线教师为教师教育信念的行为实施提供实践支持，使教师教育信念在U-S的协作关系中不断发展，走向完善。

（四）构建"自选式"素养进阶课程，满足成长需求

联合国国际教育发展委员会前负责人库姆斯曾这样说："使教师成为优秀教师的，不是他们的知识或方法，而是教师在执行教学任务时所持有的信念。"从某种意义上说，教师信念是推动教师学习和工作的动力，是教师顺利成长和教学生活的重要保证。教育信念是个体建构和文化信息相互作用的结果，学校需要建立培训机制，用先进的理论基石支持教师信念的正向发展，通过科学合理的观念架构引领教师信念的正向发展。

为改变传统的"自上而下"的教师培训机制，更好地满足教师

个体成长的需要，学校"自选式"素养进阶课程体系应运而生。基于培训调查结果分析，学校把教师专业发展的内需与外力有效结合，以"骏威学堂"为载体，以"关注自我、关注教学、关注学生"为核心理念，重点聚焦师德信念、专业知识、专业能力等模块，开设人文课程、专业课程、项目课程、生活课程，全方位地提升教师的专业素养。教师从"自我实现"出发，根据需求，有针对性地选择课程，在线下与线上互动融合、自修与现场相结合的学习平台中收获和成长。学校拓展多形式培训渠道，组建由校外专家与校内优秀教师、学校领导组成的培训工作指导组。对内建设培训资源库，调动教师内在的动力和已有的资源，成立校内"微讲堂"，活用校本资源，开展专题性"微培训"，让教师们都能在特定的时刻拥有引领的机会，用优秀培养优秀；对外建立培训资源联盟，购买第三方服务，引入外部优质培训资源，优化教师发展的体制机制，更好地完善教师专业发展梯队培养体系。

教师素养进阶课程以"真实问题"为中心，把理论与实践相结合作为切入口，通过系统的学习，为教师的课堂教学与管理提供切实有效的帮助。新思想的领悟与新技术的学习，让教师不断地深化对教育教学改革的规律性认识，对教师职业进行全面的理解和把握，使教师角色中的社会要求转化为个体需要，对自己原有的理想、信念和观念等不断地进行检核、梳理和反思，建立起自身科学合理的信念架构。

三、课程育人，夯实教育信念

基础教育课程改革实现了在传统教育基础上的新的跨越，在课程功能、结构、内容、实施、评价等方面都较原来的课程有了重大的创新和突破。新的教育形势和新的课程任务要求中小学教师在教学行为、内容和方法上实现转变，在对教师提出了挑战的同时又给教师专业发展提供了机遇。教师唯有不断更新教育理念，并在科学的教育信念的指导下更新教学行为，才能真正获得专业发展。

（一）教育信念是推动课程开发的本源

课程文化建设的核心是形成一种有利于课程实践和课程发展的基本信念。有了这种信念，课程的实践才可能是理性的、持续的和有效的。学校引导教师投身于各级各类课程建设，在"以梦扬志，乐学广才"的理念引领下，对课程体系进行了系统的梳理和重构。以开启心智、挖掘潜能、激扬志趣、张扬个性、放飞梦想为特色课程建设的切入点，建构"悦纳课堂"课程、"童梦飞扬"课程、"3Q童梦"课程、"悦读素养"课程、"我追我梦自选式"课程、"筑我童梦体验式"课程，生成基于不同学习方式与主题的课程群，形成了多元立体的学校课程架构。在校本课程的不断开发过程中，课程文化影响教师的观察与思考，为教师提供了具有挑战性的专业成长环境，教师从课程执行者向课程设计者转变。在各种研磨、碰撞与学习中，教师们能积极汲取新知识，不断调整教育教学行为，重新认识教师角色定位并逐步积累新的教育经验，掌握新的教育技能，由经验型向研究型转变。这种教育信念支持下的专业学习成为教师发自内心的需求，可助力教师真正实现自我价值的提升。

（二）教育信念是推进课程实施的基础

教师是课程的实施者，是课程的解释者，只有通过教师的实施和解释，课程才能更好地为学生所接受和理解。教师作为教学活动的引领者和管理者，拥有什么样的教育信念将对他们采取何种方式进行教学和管理有着巨大影响。传统的教师课堂观的形成是基于这样的信念：所有的学生都能够而且都将在同样的时间、用同样的方法学习相同的内容。在这种信念的支配下，教育教学活动抹杀了学生的个体差异，忽略了学生学习方式及个体成长需求。为此，学校在校本课程的开发和建设过程中，融入学生发展核心素养，通过推行"基础课程课表化、社团课程系列化、阅读课程主题化、校本课程项目化"四位一体的实施路径，为学生提供更多选择，满足学生个性发展需求，培养学生学会学习的能力和适应终身发展的能力，让他们真正实现多元发展。

教育是一项"以智慧启迪智慧，以精神涵养精神，以信念强化信念"的事业。在课程开发实施中，教师自身会不断审视与反思，不仅关注为什么学、学什么和怎样学，学到什么程度，同时也关注在课程中教师、学生甚至社会的不同关系。教育信念通过较为完善的教学活动，体现出教师自身独特的教学个性特点和审美风貌，推动教师不断对自己的教育行为进行思考、丰富和改善，从而促使教师在教育实践中形成个人的教育智慧，成就教师的职业幸福。

（三）教育信念是改革课程评价的动力

目前我国主要还是以考试成绩来衡量教学水平和选拔人才，以至于很多教师很难改变传统的应试倾向。在这种大背景下，教师对学生的教育信念便很难从传授知识转变为培养能力。新课程改革倡导评价标准多维化、评价方法多样化和评价主体多元化的教育评价，学校在评价上也进行了探索与实践。构建线上测评数据库，从学科成绩、试卷试题、知识点和能力点四个维度进行深度分析，形成学校和学科的诊断报告，全面评估阶段性的教学成果和存在的问题。每学年开展"骏威好园丁""骏威好学子"评选活动，通过设计相对应的评价量化表，从多角度、多维度见证教师和学生的成长。每学期末进行"最美教师""最爱课程"评选，由学生和家长填写对教师的评价意见，包括学生最喜爱的校本课程是什么，最喜欢任教校本课程的教师是谁以及为校本课程的建设提出建议。新冠肺炎疫情期间每周三评，评选线上"学习小红星""红星家长"和"红星教学能手"，让线上"红星素养"课程落地与实施。通过打破以学生成绩论教师业绩的传统做法，把过程性评价、智能性评价、终结性评价有机融合在一起，建立教师、学生、家长和管理者共同参与的，提供多渠道信息反馈的发展性评价制度。评价不是为了证明，而是为了改进，为了更好地触动教师进行自我审视与反思，对教师角色进行再认识和再重构，从而产生献身教育、追求卓越的自觉意识。信念构架着教师个体的教育教学的目的和理想，在"我要成为一名优秀教师"教育信念的推动下，树立正确的学生评价观，即教师的评价不能仅仅定位于学生成绩的高低，教师的责任在于发掘每个学生的潜能，并正确引导学生的发展。

教师专业发展是一个连续、多维的互动过程，也是一个文化性格和教育信念、文化体验与教学行为等因素互动的过程。信念具有强烈的个体意义和情感性，信念即行为。对教师教育信念的正向建构、发展和完善，使教师专业发展成为内在价值追求和外在行为追求的有机统一，使教学活动成为教师自主、自为、自觉的活动，从而真正促进教师的专业发展。

　　撰稿人：广州市花都区骏威小学　　毕婉敏

　　指导专家：华南师范大学　　首批教师教育专家工作室主持人雷丽珍副教授

参考文献

　　[1]刘莉，杨艳芳.教师教育信念研究综述[J].内蒙古师范大学学报（教育科学版），2008，21（12）：45-51.

　　[2]吴永红.分化与整合：全球化时代的社会认同[J].学术论坛，2008（5）：102-105.

　　[3]姜美玲.课程改革情境中的教师信念与教学实践：一项叙事探究[J].当代教育科学，2005（20）：29-34.

　　[4]王慧霞.国外关于教师信念问题的研究综述[J].宁波大学学报（教育科学版），2008（5）：61-65.

　　[5]张国栋.教学研究与教师信念的关系[J].黄冈师范学院学报，2008，28（4）：49-51.

　　[6]李家黎.教师信念的文化研究[D].重庆：西南大学，2009.

　　[7]谢翌，马云鹏.重建学校文化：优质学校建构的主要任务[J].华东师范大学学报（教育科学版），2005（1）：7-15.

　　[8]胡艳.教师信念与其课堂教学行为之间关系的个案观察研究[J].

科技资讯，2007（28）：113–114.

　　［9］李莉. 用教育信念支持教育活动［J］. 陕西教育（教学版），2007（9）：21.

　　［10］李家黎，刘义兵. 教师信念的现实反思与建构发展［J］. 中国教育学刊，2010（8）：60–63.

普通中小学校教师融合教育素养提升的策略研究
——以广州市华侨外国语学校为例

　　1994年6月10日在西班牙萨拉曼卡市召开的"世界特殊教育大会"上，由92个国家政府与25个国际组织的代表通过的《萨拉曼卡宣言》让融合教育越来越为各国所接受，并成为特殊教育发展的潮流。根据我国特殊教育计划中提出的"普校主体、普特融合"的特殊教育发展原则，提高融合教育的发展水平已经成为落实"办好特殊教育，实现特殊教育现代化的必由之路"。但由于普通学校没有配备特殊教师，教师在职前职后都未接受过任何融合教育方面的专业培训，严重制约了融合教育的开展和质量的提升。因此，加强普通学校教师职后培训、提升普通学校教师融合教育素养迫在眉睫。

一、整合资源助力教师培训，提升教师融合教育意义感

　　由于特殊需要儿童的教育是针对其缺陷进行的具有针对性和补偿性的措施，单靠普通学校教师是无法完成这项工作的。融合教育的开展，需要整合各方资源、聚合各方力量。有效整合政府职能部门、高校、特殊教育学校、医院及康复机构、社区等资源，形成普通学校教师融合教育培训支持系统。只有这样，才能全面为普通学校教师融合教育素养提供正确、持续、科学的支持，帮助普通学校

教师形成并厘清正确的融合教育理念、获取专业的融合教育知识、实现能力提升，有序推进学校融合教育的开展。

（一）在各方资源整合中收获价值感

我们发现，在普通中小学教师融合素养提升过程中，仅限于学校层面的培训远远不能满足教师的需求，他们渴望通过更多的方式和渠道，获得更开阔的视野和解决问题的策略。这就需要学校积极地整合各方资源，寻找助力，着力构建"学校+"的融合教育培训生态系统。学校要主动走进医院，探讨医教结合；走进社区，探索内外互助；走进家庭，探求家校共育；走进特殊教育，探寻个别化教育策略。只有聚合各方力量，教师才能获得更专业、更接地气、更直接的教育帮扶指导，从而采取适合特殊需要儿童的教育方法和策略，帮助他们更好地融入普通学校的教育中并健康地成长。同时，在链接资源的过程中，教师们获得了来自各方的肯定与鼓励，这让他们兴奋不已、信心倍增。改变悄然发生，有的教师由过去的被动接受变为主动学习，有的教师主动请缨参与班级特殊需要孩子个案研究，有的教师积极与特殊需要儿童的家长对接共商教育方法，有的教师主动邀请特教教研员走进课堂观察评估以调整自己的教育教学方式。

在激活自我的生命状态中，教师们有了更强的学习动力，在看到自己能用专业的知识帮助到特殊需要儿童，能被家长认可和需要时，他们产生了前所未有的幸福感和价值感。

（二）在与国家发展同频共振中增强使命感

要办好面向未来的特殊教育，首先是要办好融合教育。这是特殊教育未来发展的主流和基本方向。这就要求普通学校每一个教师都要紧扣特殊教育的时代发展脉搏，自觉学习、终身学习，努力提高自身的融合教育素养，时刻将个人自我成长融于国家发展中，与祖国同频共振。当教师清晰地知道，教师职业不仅仅是为知识而教，更是为千万个家庭而教，为民族的未来和国家的复兴而教的时候，他们肩上的使命感会更加强烈，也才能在教育教学中，真正做到"为了一切的学生""一切为了学生"和"为了学生的一切"。

学校组织教师积极开展"特需孩子教育"专题调研和"党员1+1帮扶活动"，引导党员教师们将眼光投射到特殊需要儿童这一群体，共同学习特殊教育相关法规政策，探讨当前融合教育在普通学校实施过程中的痛点、难点，并将相关建议写在《关于完善普通学校融合教育支持体系的建议》区政协提案中。比如有的教师提出应该进一步完善普通学校融合教育的规范性指导意见，建立由政府主导、多部门联通（财政、民政、卫健、残联、教育）的普通学校融合教育支持系统，将融合教育纳入公共教育服务体系制度管理中，构建全社会都来关注、关心、支持融合教育的良好生态。建议相关政府职能部门依法制定融合教育服务清单制度，拟定融合教育服务清单。并以此为突破口，把普通学校服务特殊教育需要学生的责任通过"清单"具体化、规范化，以提高普通学校实施特殊教育的能力和水平，切实保障各项特殊政策惠及每一个残障儿童。又比如，有的教师提出应充分发挥区域医疗系统特殊需要儿童诊疗的优势资源的作用，为普通学校融合教育工作搭建联通平台，为有特殊需要儿童提供"绿色通道"，促进普通学校特殊需要儿童的早发现、早干预、早治疗。还有教师提出，应大力开展专业医生团队进校园公益宣讲活动，对教师和家长进行特殊需要儿童医学专业普及，帮助教师和家长正确了解特殊需要儿童，形成正确的特殊教育理念和教育行为。邀请特殊需要儿童康复科专业医生进课堂，与教师一起观察特殊需要儿童在校行为，形成"医学评估+教育评估"的双评估模式，更好地为特殊需要儿童制定个别化教育和康复方案，帮助特殊需要儿童在普通学校的教育生活从融入走向融合，实现有质量的生命成长。

在一次次的学习探讨和建言献策中，教师们愈发明确自己肩上的责任和使命，愈发明了融合教育尊重每一个生命，不放弃每一个孩子，让每一个特殊需要儿童和普通孩子同在蓝天下、同享好教育才是教育公平的要义。

二、创设学校融合教育氛围，树立教师融合教育信念感

融合教育的成功推进和可持续发展，需要教师掌握必要的知识和技能，更需要教师人人参与、个个融入，具备开展融合教育的信念。

（一）建立共同的价值取向

教师融合教育素养是指教师为满足包括随班就读特殊需要儿童在内的所有儿童的教育需求所具备的与融合教育相关的理念、知识及技能等方面的素养。在对广州市华侨外国语学校（简称侨外）特殊需要儿童现状做了充分调研和了解后，学校提出了"和合相生，美美与共"的融合教育理念，组建了融合教育研修团队，构建"学

校+"的融合教育模式。我们通过全校专题讲座、专项研讨和广泛宣传，向全校教师解读、普及融合教育的相关政策要求、融合教育基本理念及特殊需要儿童身心发展特点以及融合教育实施策略，帮助教师正确厘清普通学校为什么要开展融合教育，如何正确地看待特殊需要儿童的异常表现，在尊重差异的同时如何竭尽所能给予他们个别化的教育，帮助其身心健康成长。我们在学校的德育活动、体育艺术活动及少先队活动中，创设了系列让特殊需要儿童参与的项目，聚焦他们身心健康发展。让"所有的生命都是值得尊重的"共生价值取向和"不放弃每一个孩子"的行为追求在教师们心中深深扎根，从而形成侨外教师共同的价值追求。无论是对于安全感缺失的学生，还是对于毫无征兆频繁离开课堂的患有阿斯伯格综合征的学生，或是对于因阅读障碍而导致学习困难的学生，教师们都会及时反思自己的教育行为，重新认识学生的多样性，不厌其烦地去包容、呵护他们成长。当家长与教师产生误会甚至分歧时，学校也始终以是否有利于学生身心健康发展来引导双方正确面对。在这样的教育价值取向的引领下，教师们逐渐认同融合教育的思想，承认融合教育背后的价值和意义，采取真诚接纳的态度，尊重每个特殊需要儿童的需要，接纳他们的差异性及特殊性，并让自己更具有关爱的品质和更强烈的融合教育发展共同愿景。

（二）营造人人参与的融合环境

学校融合教育要做到落地实施、有序推进，需要自上而下的理念传递，更需要自下而上的全员参与。比如：融合教育理念的培训，如果我们仅仅止于班主任层面而忽视科任教师的话，两者在特殊需要儿童的教育上就会形成偏差，引发理念和行为的对立冲突，造成教师的焦虑感和挫败感。营造人人参与、个个融入的"共在"教育生态，是做好融合教育的前提。为此，学校组建了"星之家"融合教育骨干研修团队，成立了"抱团取暖"班级教师联盟，采用"骨干引领、跨班联动、问题导入、协同研修"的方式，整合各方面的资源，开展筛查、评估和能力干预的个别化教育个案研究。同时，我们还定期组织校本研修、个案研讨等教师参与的活动，诸如"说出你的教育困惑""写出你的教育故事"等，让教师在分享感悟、反思改进中形成良好的学习共同体。

同时，我们也倡导和鼓励教师们取长补短，相互支持合作，为他们提供资源和平台，做好保障工作，让教师们在信任中彼此成就，在被信任中开发潜能、迅速成长。例如：我们在没有资源教师的情况下，发掘和鼓励有潜质的教师，培养其做融合教育的"种子教师"，让其带动和影响身边的教师参与融合教育的研究，并以自身的专业示范，正确地引导、帮助有特殊需要儿童班级的教师树立正确的教育观和学生观，正确对待特殊需要儿童。

三、完善学校融合教育保障体系，增强教师融合教育安全感

由于普通学校教师大多毕业于普通师范类学校，在职前均未接受过特殊教育的专业培训，在职后也未接受过系统的特殊教育的培训，面对学校日益增多的特殊需要儿童，往往表现得束手无策。因此，需要从以下几个方面来完善学校的融合教育保障体系。

（一）健全学校融合教育管理制度

在过去的学校教育教学中，由于对随班就读状况缺乏专业的认知和足够的了解，学校在随班就读管理方面缺乏完善的制度。对于随班就读学生，虽说每一年都有专门的工作计划，但大多还是停留在初级浅表阶段。在具体的学校管理和教育教学工作中，还缺乏系统且完善的专项管理制度，真正在教育教学中得以落实和跟进的制度更是寥寥无几。因此，学校构建积极行为支持体系，建立三级分层管理体系，实施积极行为干预制度。将管理精细化，干预个别化，全面有效地为学生与教师提供了支持体系。

一级干预面向全体学生。由校长室统领，德育部门负责，全体教师全员全过程全方位对学生进行积极行为引导。通过开展形式多样的主题教育活动，引导学生树立正确的世界观、人生观、价值观。

二级干预面向部分有行为偏差的学生。由年级管理委员会统领，级长、正副班主任和科任老师负责，针对学生在发展中存在的问题进行现象分析、专题研究，通过个别辅导、主题班会等，对学生进行有针对性的干预，并定期组织相关人员对干预效果进行分析评价。

三级干预面向在前两级干预后，仍有严重行为问题的学生。由融合教育团队统领，心理老师、资源教师、家长、陪读老师一起对个别学生进行干预，必要时也请特教专家协助。融合教育团队根据学生行为问题的经常性、持续性、严重性及对自身和周围人的影响程度，进行观察记录、计划制定个别化教育方案，实施和评估。

（二）创新"流动资源室"建设

由于学校场地、经费、教师资源匮乏等主客观原因，大多数普通中小学在融合教育的资源建设方面还不充分，普遍缺乏特殊需要儿童所需要的资源教师和完善的资源教室。由于普通学校教师在职前所接受的培训方面，几乎未涉及特殊需要儿童的教育，因此在职后教育教学过程中，无法运用特殊教育所需要的专业知识去帮助学生。从心态的接纳和包容性方面，大多数教师准备不足，不能始终如一给予特殊需要儿童心理上的关注及需求，给予他们充分的鼓励和帮助。

特殊需要儿童在普通学校的学习，在一定程度上，虽和正常学生一样获得了知识，但对于个体的特殊性，还是不能获得特需学生需要的个别化辅导和训练，不能满足其个体需要。随班就读，往往流于形式，虽有数量却无质量，变成"随班就坐"和"随班就混"。为此，学校提出"流动资源室"概念，让教师们明白资源教室最重要的配备是人。有"人"的关注，就是对特殊学生实施教育的最好资源。

（1）引入资源室"流动"的源泉：融合教育需要扎实学习专业理论知识。全校邀请特校专家到校进行全员通识培训，如邀请粤西北特教教师研修班成员与班主任进行沙龙式听课与交流，提升本校特殊教育骨干教师团队的专业素养，使"流动资源室"的建立成为可能。

（2）找准资源室"流动"的方向。以问题为导向，把有限的资源用到刀刃上。本校通过发放问卷搜集数据的形式，以严重性、占比率较高的问题行为为切入口，带领骨干教育小组学习行为管理理论，申报运用前事策略的相关课题。

（3）迸发资源室"流动"的活力：用鲜活的现象教学和教研形式，鼓励个案教师们把自己"武装"起来。比如资源教师用示范课形式展示融合课堂干预实施策略，又比如团队以大量听课、家长访谈、观察记录、现场干预等形式，引导个案教师在日常教学中勤记录、擅分析，灵活运用行为干预策略。

（4）拓宽资源室"流动"的场所：无论是学校课堂还是校外研学，资源教师都会抓住教育契机，运用行为管理策略进行现场教学。让老师们在真实的案例和现场灵活的处理中去观摩学习，并在后来的教育中大胆运用，成效较为显著。资源室也就这么实现了"流动"。每年一次的学校德育研讨会上，教师们踊跃提交融合教育论文，推广自己的有效策略，成为本校德育研讨一个亮点。将成果推广到区、市、省、省外，将资源室"流动"到需要的地方，是团队目前引以为豪的目标。

（三）建立科学的教师评价机制

在学校管理中，我们发现，教师对学校评价的公平公正非常在意。因此，如何制定科学、公允及有激励性的评价标准，是至关重要的。在融合教育实施过程中，我们既要坚持制度执行的底线思维，也要因地制宜、以人为本。打破传统的"大一统""整齐化"的以成绩、称号等指标的单一的结果评价，建立更加注重过程和实效的过程评价、多维评价和增值评价。

比如，在《教师师德年度考核》中，我们将教师对学生的

"爱"放在考核的首位，强调"态度—行动—实效"的过程性与增值性评价，引导教师在教育教学过程中懂得爱，明确责任，重视专业成长。明了什么是正确的学生观，怎样做才能真正做到"为了一切的孩子"，更加理解教学相长激扬生命的意义，从而构建起和谐的师生关系，实现和谐共生的要义。在评优评先中，我们采用"过程+结果""量性+质性"的评价方式，通过"教师工作绩效评价表""教师三年工作计划与自评"开展教师自评、他评活动；在学校开放日发放"公开课评价表"广泛征询家长的评价意见。这样的评价既看重教师教育教学的效果，更看重学生成长的增值；既看重教师参与学校活动项目的踊跃、教师主动发展的意愿，更看重教师求真务实的作风和勇于开拓创新的行动。与此同时，学校与教师、教师与教师之间，也有了更多的支持和信任，少了对立冲突、矛盾猜忌。无论是疫情期间还是正常复学之后，学校老师们都以极大的热情融入到融合教育的研究和实践中来。科学的评价、良好的教育生态，极大程度地增加了教师的安全感，减少了焦虑感和挫败感。

四、多元培训推进，增强教师融合教育成就感

（一）构建教师专业发展共同体，提升教师专业能力

普通学校融合教育的有序推进和质量提升，离不开学校教师融合教育素养的提升。而要让教师能在融合教育素养提升上做到思想自觉和行动自觉，就必须要了解教师的需求，知晓教师自主发展的兴趣点。因此，在工作实际中，我们通过问卷调查、教师访谈、观摩听课等方式，对一线教师融合教育需求开展深入调研和了解，

制订支持和满足教师需求的计划，明确教师需要掌握的知识技能和实践转化策略，确定教师专业发展的时间和节点，把有"融合教育"需求的教师连接在一起，成立"抱团取暖"同伴互助会，采取"专家引领+同伴互助+校本研修"的方式，构建教师专业发展共同体，聚焦课堂观察与分析，让教师在实践中进行研修反思、学习成长。

学校以党总支书记的"广州市劳模创新工作室"为引领，以教师专业发展共同体为突破口，梳理出学校融合教育发展中存在的问题和亟待突破的难点。结合学校教师获取融合教育知识的途径过少、过窄或过于理论等问题，以问题为导向，组成由高校专家、专业医生、学校管理者及级长、班主任、科任教师参与的研修团队，分阶段、分主题、分层次、分梯度对教师开展培训和专题研修，在提升教师融合教育专业素养的同时切实解决校内遇到的特殊需要儿童的教育问题。在专家的引领下，团队中的每一位成员都迸发了极大的研究热情，显示出极强的积极性和主动性，以及自我反思、自我学习、自我改进的专业精神。

同时，我们还成立了学校融合教育读书会，开展特殊教育理论书籍阅读学习。将理论学习与实际问题结合起来，形成问题研究，并将其转化为教育教学中可实施可落地的行为。我们组织教师进行整本书阅读，开展形式多样的沙龙，交流各种批注、读书笔记、实操日记等。比如，我们向教师推荐《如何引导情绪暴躁的孩子》《阿斯伯格综合征完全指南》以及华夏出版社特教丛书等，引导教师对书中内容进行分析，并结合班级案例进行研讨，找出基于个案的针对性教育策略，以此提高教师对问题行为的分析和处理能力。

同时我们还利用网络文章、视频等通俗易懂、生动有趣、方便获取的特点，向教师群推荐经过筛选的公众号的推文和小视频，组织教师进行线上主题研究。

（二）探索"互联网 +"研修模式，培育教师专业思维

由于普通学校教师在工作中既要面对普通儿童，还要面对特殊需要儿童，同时还有带领学生中考升学等压力，很难有完整的集中研修时间。因此，学校在做好传统校本教研的基础上，充分运用网络资源，开展"互联网+"研修方式。结合影视作品通俗易懂、容易激发教师同理心等特点，学校开展了线上"影视化"培训和研讨，把特殊教育理论学习与影视观看相结合，降低教师理论学习难度，提高教师对特殊需要儿童的接纳度，也有效拓展了教师教研活动的时间和空间。比如，针对教师缺乏融合教育信念感的问题，我们挑选了电影《老师的心》推荐给教师，让教师在观影后探讨"今天我们该怎样对待特殊需要儿童"；推荐《海洋天堂》，引导教师尝试分析孤独症儿童有哪些行为特质；推荐《雨人》，让教师了解查理放下怨恨、接受并保护孤独症哥哥的故事，感受孤独症患者与社会大众之间的巨大鸿沟，并由此产生共情。

针对新冠肺炎疫情期间特殊需要儿童在家出现的问题，我们充分利用钉钉、微信等平台，在线上对教师和家长进行相关培训。比如，围绕阿斯伯格综合征孩子的"行为干预"问题，我们开展了包含破坏性行为、行为功能、强化物、生态环境等四方面内容的主题讲座。又如针对新冠肺炎疫情期间特殊需要儿童引导等问题，我们又开展了感统失调训练、情绪问题疏导等线上家长培训。同时我们

还在微信群里进行了好书分享与问题研讨等，这些方式都极大丰富了教师的专业理论知识，营造了良好的教师团队互助气氛。

（三）实施"种子"培养，增强教师的专业自信

教师融合教育素养的提升不是一朝一夕的事情，它需要引领，更需要赋能。挖掘教师队伍中的"种子"教师，"我的发展我做主"赋予其成长的平台和展示的空间，以提升专业能力增加其专业自信，增强教师在专业发展中的主体地位。比如，在融合教育推进过程中，我们首先发现、挖掘有潜质并愿意承担挑战的教师作为"种子"优先培养。一方面，我们链接资源，积极引入特殊教育专家对其进行指导，鼓励"种子"教师积极加入区特殊教育中心组学习，参与"影子教师"专业培训；另一方面，我们提供平台，以"种子"为中心，充分释放个体的能量和影响力。"种子"教师以解决问题为导向，团结一群有需要的教师团队自发自觉去研讨，大大激发了教师们的学习热情，赋予了团队持续发展的生命力。在这一过程中，"种子"教师也产生了极大的自我效能感。

比如，学校"种子"教师发现教师在对特殊需要儿童的教育上普遍缺乏教育策略时，就大胆提出学校教师每年开展一个市级特殊教育小课题研究，并成功申报了市特殊教育小课题"运用前事控制策略减少阿斯伯格综合征儿童在普通学校班级中攻击他人行为的个案研究"；为帮助教师们了解"影子老师"的角色定位及其工作任务，"种子"教师积极带领团队去学习并初步运用辅导策略，掌握与儿童互动实操的技巧，学会制订特殊需要儿童个别化教育计划，运用问题行为功能分析，尝试给出有效处理方案。同时，"种子"

教师还积极参与到高校特殊教育专业教师职前、职后的培训中，获得了极大的专业提升和自信。

普通学校融合教育从数量增加到质量提升，关键在于学校教师融合教育素养的提升。然而，我们也清楚地看到，普通学校教师融合教育素养的提升不是一蹴而就的事。从"零认知"到"专业化"，再到针对每一个特殊需要儿童的"个别化教育"，它需要我们每一个教育工作者不断学习、开拓创新、与时俱进。

撰稿人：广州市华侨外国语学校　蔡练
指导专家：华南师范大学　首批教师教育专家工作室主持人葛新斌教授

参考文献

［1］赵鑫鑫，王庭照. 我国台湾地区幼儿教师融合教育素养的培养特点及启示［J］. 现代特殊教育，2020（3）：73-79.

［2］欧阳彦丹，徐赛华. 随班就读教师教育培训的路径研究［J］. 教师博览，2016（11）：10-12.

［3］张华军. 论教师作为研究者的内涵：教师研究性思维的运用［J］. 教育学报，2014（1）：24-32.

［4］王雁，范文静，冯雅静. 我国普通教师融合教育素养职前培养的思考及建议［J］. 教育学报，2018，14（6）：81-87.

［5］冯静雅. 随班就读教师核心专业素养研究［J］. 中国特殊教育，2014（1）：4-9，23.

［6］李拉. 我国随班就读政策演进30年：历程、困境与对策［J］.

中国特殊教育，2015（10）：16-20.

　　［7］彭霞光. 随班就读支持保障体系建设初探［J］. 中国特殊教育，2014（11）：3-7.

　　［8］王琳琳，马滢. 我国融合教育资源教室建设与运作的思考［J］. 残疾人研究，2019（1）：25-31.

　　［9］王雁，范文静，张文秀，等. 学校融合氛围对教师融合教育素养的影响：教师能动性的中介作用［J］. 中国特殊教育，2020（8）：15-21.

路径三 课程教学夯实教师发展

随着人工智能时代的到来，新的教育政策的落地实施，催生了一系列课程与教学的新样态，传统的教师角色面临挑战，教师的素养结构需要优化，教师的专业成长更为迫切。教师不仅是知识的传递者，更是学生价值观的引领者、学生心灵的陪伴者和学生个性化学习的指导者。教师的教育教学理念和方式需要创新，教师需要超越以往课程的忠实执行者角色，做学校课程的建设者和课堂教学方式变革的推动者。教师要树立终身学习的理念，做可持续的自主学习者，不仅为自己赋能，还要引领团队成员共同成长。在新课程改革背景下，教师依据学科课程标准进行教学设计、资源开发、学习任务设计的能力，教师的学科育德意识和育德能力，教师的信息素养及信息技术应用能力等都需要提升。

立足课程建设与教学改革，推动教师专业成长，从而实现教师发展和课程教学发展的双目标，广州市的教师发展学校在此方面进行了积极探索。比如，广州市增城中学以STEM课程开发为切入点，打造了常态化的跨学科、跨专业的教师专业发展共同体，通过共同体的协作开发出高质量的STEM课程，使课程体系建设成为教师共同体建设的重要路径，课程体系建设与教师共同体建设形成良性互动。广州外国语学校则以打造灵动课堂、成就灵性教师为目标，通过推行灵动课堂教学模式、探索灵动教学评价机制、挖掘国家课程灵动元素、完善灵动校本课程体系等，形成了灵动教育系列课题，增强了教师的科研意识和能力，提高了教师的专业素养，促进了教师的专业成长，同时也实现了学校课程与教学的发展。广州市协和小学开展了以"基于现象的多学科融合教学"为行动抓手，促进教师专业发展的实践探索。学校通过整体规划、建立团队、确定主题、强化培训、实践操作等策略，让全体教师建立起一种跨学科思维，增强打通各学科之间知识联系的意识，以及有效融合各学科知识解决问题的能力。通过多学科融合的实践，打破了教师学科界限，收获了教师团队协作、共同建构课堂、共同感受不同学科之美的幸福……

利用 STEM 课程体系建设助推教师共同体发展：路径与成效

——以广州市增城区增城中学为例

一、导言

20世纪晚期"学习型组织理论""学习共同体理论""专业学习共同体理论"以及教育领域迈克尔·富兰的《教育变革新意义》等相继引入我国，极大地促进了我国教师共同体建设，掀起了一股研究热潮。教师共同体是众多共同体形态中的一种，它是全球化教育变革及教师发展方式转变下的产物。[1]传统的教师发展方式侧重于教师自我个性的完善与发展，而新时代教师共同体更强调教师在真实的情境下，通过持续的合作来重构对教与学的认识。在共同体中，教师通过经验分享，进行思想、观点的交流与碰撞，进而开阔视野并获得归属感，有效改变了传统"单兵作战"的教师发展方式中的一些问题。教师共同体的建设将成为学校可持续发展的重要支柱，而学校无论在空间还是时间的维度上，都为教师共同体的建设提供了强有力的后盾。广义的教师共同体包含备课组、教研组等传统的教师组织形式，但这些形式在新时代下被赋予了新的内涵。在新课程改革背景下，新型的教师共同体应运而生，如名师工作室、

① 邱德峰，李子建. 教师共同体的发展困境及优化策略[J]. 河北师范大学学报（教育科学版），2018，20（2）：53-58.

课堂教学改革实践基地组织、实验基地学校等，这些共同体具有任务驱动性、学术性、自愿性、平等性、合作性、分享性、实践性、研究性和开放性等诸多特征。

自2013年以来，广州市增城区增城中学（简称增城中学）在新课改的大潮中，积极推进新课程改革，构建了"问题导学"课堂教学模式，同时也积极推动教师共同体的建设，通过课题研究、教学课改实验基地的申报、广东省基础教育实验项目学校的申报，以任务驱动的方式形成多种形式的教师共同体，从理论和实践等层面为课堂教学改革提供必要支持。但是，随着课堂改革的继续推进，增城中学教师共同体发展也面临诸多困境，尤其体现在如下两个方面。

（一）学校学科建设方向不明朗，教师共同体建设欠缺目标引领

当前课堂教学改革在持续推进过程中，由于教师共同体建设欠缺目标的引领、缺乏足够的重视，教师共同体陷入了发展困境。处于困境中的教师共同体不仅难以发挥其固有的优势潜能，更会为教师的专业发展带来阻碍。与学校常规教研组织的运作方式不同，教师共同体是在非行政力量干涉下，由教师自愿建构的相对松散的合作对话组织，在没有行政力量的推动和约束的情况下，更需要通过文化引领，形成一个紧密团结的、松散有度的合作组织，形成"形散神聚"的组织格局，教师共同体本身也需要塑造一种与众不同的"团队文化"，以文化滋养和教化教师，促进教师的发展。[①]因

---

① 曾小丽. 批判与超越：教师共同体概念的再探析：基于生态哲学的视角[J]. 当代教育科学，2016（2）：34-37.

此，为了破解教师共同体的发展难题，有必要从教师共同体的内部相关元素入手并加以深入剖析，以期诊断出教师共同体的困境之因及自身的理论局限，从而为优化教师共同体的发展寻求良策。从当前学校的发展情况来看，就是要从学科建设方面找到突破口，以确定近期建设的重点，从而引导教师去积极组建各种形式的共同体，推动学科发展和教师群体的能力发展，最终带动学校的发展。

（二）教师共同体建设责任不明确，缺乏灵魂人物的组织

教师共同体是由学校教师自愿建构的共同体组织，其目标是通过多样化的教科研活动来促进教师专业发展。教科研活动的效率与人员数量、关系构成和职责分工等因素都有关系，教师共同体的结构主要是通过教科研活动建构的，在此基础上大多形成了扁平化的组织结构，以便使每个成员都能平等参与和积极探讨。①但是，教师共同体的组建必须有在教科研方面非常权威的灵魂教师作为组织者。随着课堂教学改革的推进，教师在共同体建设方面出现热情不高、已有教师共同体形同虚设的现象。如何调动骨干教师、名教师、名班主任等的积极性，让他们主动根据学校当前的主要工作，组建多种形式的名师共同体，促进教科研水平的提升是当前迫切需要解决的问题。

为解决上述问题，近几年来，增城中学开展了"翱翔计划"特色教育，不断完善特色课程体系，在课程开发上注重立体交叉。在

---

① 刘波，王帅. 教师个人文化：教师共同体构建的必要向度[J]. 教育理论与实践，2016，36（16）：37-40.

广州市大力推行STEM教育的背景下，增城中学将STEM理念整合到"翱翔计划"特色课程中去，并突出科学探究与人文精神的培育。在增城中学"拔尖创新人才"培养项目立项后，增城中学在学科建设方面以STEM教育为抓手，以年轻骨干教师为核心，培养学生的科学素养和创新精神，为学生将来成为各领域的拔尖人才和领军人物打下坚实的基础。这种转向要求学校重视校本课程的开发，重视课程体系的打造，而本质问题则是要不断提升教师素养、不断推进常态化STEM教育教学共同体的建设，以便在课程开发的过程中实现教师发展和课程发展的双重目标。

二、路径：由点到面打造 STEM 课程体系

STEM课程不是科学、技术、工程和数学教育的简单叠加，而是将原本分散的四门课程组合形成一个新的有机整体，让学生在解决问题的过程中体会各个学科之间相互依赖、相互支撑和相互补充的意义，实现深度学习。[①]STEM课程体系则是指立足于校情、域情，以科学、技术、工程和数学为核心，以学科融合为重要手段，以项目建设为重要载体而形成的集课程开发、保障实施、科学评价于一体的综合体系。

2017年增城中学被立项为广州市首批STEM课程实施试点学校，学校希望通过建设STEM校本课程，进一步优化课程结构，并塑造适合本校的STEM课程体系。而STEM课程体系的塑造，必须有专业化STEM教育教学团队和跨学科STEM教育教学共同体的支

---

① 摘录自中国教育科学研究院和中国教育科学研究院STEM教育研究中心于2017年推出的《中国STEM教育白皮书》。

持，因此在2017年10月增城中学（初中部）以湛丽芬副校长为首带领物理、化学、数学、生物、信息、综合实践等学科骨干教师组成了STEM教师协作共同体。通过共同体来开发STEM课程，塑造STEM课程体系。为此，我们首先依循STEM课程开发的两种取向，开发点对点的核心课程，继而构建不同的组织支撑，完善辅助课程，从而形成相对丰富的STEM课程体系。

（一）基于两种取向的 STEM 课程开发

1. 科学探究取向的 STEM 课程开发

STEM教育旨在基于工程思维，综合运用多学科知识以及相关的技术手段解决生活中的真实问题。从知识内容的分类看，基于科学探究取向所设计的STEM课程强调以科学问题为导向，从生活中的科学问题出发，选择那些需要跨学科知识融合以辅助学生实现深度学习、需要智能化改进以提升科学探究安全性和数据可靠性等的探究项目为主题，通过组织学生制订科学探究方案，开展科学探究实践并收集、分析数据，让学生在习得跨学科知识和科学思维方法的同时，提高科学探究能力。[①]

在实施"问题导学"式课堂教学提升工程的背景下，为贯彻落实以科学探究为取向的STEM教育，学校组织近几年"问题导学"优质课大赛中一等奖获得者、"一师一优课"活动中省部级优课获得者牵头组建若干个由4~5人组成的"问题导学"式STEM教学互助共同体，通过共同体教研活动、研讨课、相互听评课、培训

---

① 夏莉颖，钟柏昌. 试论STEM教育的两种取向与四种方法[J]. 中小学数字化教学，2018（9）：8-11.

学习、外出交流等形式，提高共同体成员的研究水平及其课堂教学设计能力。在基于科学探究取向的STEM课程开发过程中，经过STEM教学互助共团体的集体研讨，增城中学成功开发了每周1节的STEM教育课程以及每周2节的STEM校本选修课程。初中部开设了物理小课题研究和"我与化学活动"等STEM教育实践。这两项研究以生活问题为导向，分别开展严谨的科学探究实践并收集数据进行分析，从而得到结论。高中部则以机器人社的"STEM+创客"课程为基点，联合化学、生物、物理创新实践室，引导学生开发了基于视觉跟随的电磁炮演示装置、结构稳定性自动演示装置、观刘谦春晚魔术有感——"魔壶"揭秘、绿叶标本的保绿制作和延期保存技术的改良探究、探究不同品牌美白牙膏的功效等作品。另外，高中部各年级学生研究性学习课题选题库中增设了"科学探究类"板块，引导学生积极开展科学探究类课题的研究。由此可见，增城中学STEM教育教师共同体在基础学科教育中不断挖掘可以"跨"的点与STEM教育理念相结合，开发基于真实问题情境的项目式课程。同时，为了配合STEM课程的实施，增城中学STEM教育教师共同体还积极开发STEM校本教材。经过不断的教学研讨与实践，思考如何结合不同的学科内容来设计开发STEM课程资源，STEM教育教师共同体从学生的兴趣和问题出发，以增城中学的无线电测向、"机器人+创客"、人工智能、建筑模型设计、OM创意设计、科技小制作等科技项目为抓手，结合增城中学办学理念和学校文化，开发校本教材。目前增城中学已经开发了《校园无线电测向入门》《未来仓库的智慧管家》《轻松玩转激光切割和3D打印》等3门校本课程教材，这些都属于增城中学STEM教育系列教材。

2. 作品开发取向的项目设计

从物化成果的分类看，基于作品开发取向的STEM项目设计旨在让学生可以在STEM教育中设计和开发出能解决实际问题的智能人造物。教育的本质是促进一个人社会化的过程。新时期的高中劳动教育不应该局限于简单的体力劳动，而应传承"民生在勤，勤则不匮"的传统劳动文化，注重结合时代的发展，融入科技创新的理念。既要让学生真实动手实践，在流汗中获得丰富的身体体验，也要让他们动脑思考，在反思中培养正确的劳动价值观念和优良的劳动品质。[①]为贯彻落实以作品开发为取向的STEM教育，增城中学STEM教育教师协作共同体通过主动参与STEM专题学习以及阅读相关书籍和文献来探索STEM教育的实施步骤，最终决定采用基于正向项目教学和逆向工程教学这两种方法来开展STEM教育。

（1）基于正向项目教学的STEM教育实践。

在正向项目教学中强调以项目活动为依托组织教学内容，以学生为主体开展教学活动，以可视化和多样化的学习成果评价学生的学习效果。例如，在增城中学STEM教育教师协作共同体所设计的项目教学活动中，机器人社的学生利用学校所创建的STEM科创中心平台，自主分析项目需求、设计方案并充分利用单片机控制、机械传动、3D打印、激光切割等技术手段，制作出各式各样的创客作品，例如儿童饮水机、无雾镜、扫地机器人、仓库管家、演奏机器人等。

（2）基于逆向工程教学的STEM教育实践。

逆向工程教学则是以造物为目的，以先进产品的实物、样件、

---

① 夏莉颖，钟柏昌. 试论STEM教育的两种取向与四种方法[J]. 中小学数字化教学，2018（9）：8-11.

软件等为研究对象，通过现代设计理论、方法、测量技术对已有产品进行建模、仿真，最终实现优化既有产品和再创造的过程。增城中学STEM教育教师共同体通过融合通用技术学科粤教版必修二《技术与设计2》与广州市教育研究院研发的劳动教育学科《劳动教材》（高一年级上册）的教学内容创新设计了"纸质自行车设计与制作"项目课程。在STEM教育理念及结构设计和控制的基本理论指导下，参考了工业自行车生产的实际流程，制定了"自行车系统分析—自行车结构设计—自行车制作流程设计—自行车控制设计（智能化设计）—纸质自行车方案制订—纸质自行车实物作品制作—纸质自行车竞速赛—绿色出行新探索（拓展内容）"等教学流程。"纸质自行车设计与制作"项目并非简单地利用废纸皮做出自行车的造型，而是让学生以常规自行车为研究对象，并运用现代设计理论、方法、测量技术等进行建模、仿真，最终制作出能正常骑行的纸质自行车。相比普通金属材质，选用纸质材料制作自行车有效打破了学生惯有的思维定式，有助于学生在劳动教育过程中提高"逆境商"；此外，利用"控制与设计"模块对自行车智能化设计有助于培养学生的创新能力。该项目课程有助于学生的工程思维、设计思维等劳动思维向深层发展，增强学生对创造性劳动的体验感和在劳动中的耐挫力，培养了学生坚韧不拔的品质。

3. 科学探究取向与作品开发取向相结合的项目设计

为了不断提升STEM教学共同体的项目设计与课程实施能力，增城中学鼓励教师共同体参与校外STEM教育培训，并积极申报各级STEM教育项目课题，并以撰写论文或者案例的方式呈现STEM

项目教学实践过程与反思以促进共同体的自我提升。增城中学STEM教育教学共同体经过反复的实践、反思、研讨，成功设计出科学探究与作品开发取向相结合的教学项目。基于STEM教育理念、劳动教育理念并结合增城中学校园的实际情况，STEM教育教学共同体融合通用技术、劳动、化学、生物、地理等多个学科内容创新设计了"鹤岭茶艺"项目。该项目选取增城中学教学楼3栋附近小山坡上大约300平方米的土地作为劳动教育试验田。项目内容涉及"整理园地—栽种茶树—养护茶树—采茶—制茶工艺—茶艺礼仪—茶杯陶艺—茶具创新"等一系列常规项目实践活动以及现代化茶园管理的创客作品开发、茶艺师、陶艺师职业体验等拓展实践活动。在这个项目活动中，学生可体验语文学科中糅合佛、儒、道诸派思想的茶文化，探索生物学科中的"如何防治茶树病虫害"问题以及化学学科中的"土壤酸碱性检测"问题，还可以亲手实践制作美术学科中的陶艺作品等，在培养学生科学探究能力的同时还能提高学生的创新素养。此项目还成为通用技术学科每学年第一学期基于教材内容必修一《技术与设计1》开展"茶具创新设计"的常规教学实践活动。

这些STEM教学项目的设计和STEM校本课程及教材的开发在促进学生创新能力培养的同时，也为STEM教师共同体积累了一定的经验，为后期STEM课程体系的系统化塑造奠定了坚实的基础。

（二）系统化塑造 STEM 课程体系

在点对点的核心课程开发过程中，增城中学STEM教师共同体积极设计了各种STEM校本课程和STEM教学项目，并继续从实践主体的多元化构建、实践方式的多元化选择以及实践环境的多元化结合等方面来由点到面共同构建STEM课程体系。

1. STEM课程体系的实践主体：构建跨学科、跨年级的教师协作共同体

教师是STEM课程的资源统筹者和顶层设计者，在课程生态系统的运行与发展中起主导作用，教师对STEM教育教学理念的理解和自身的素养关系STEM课程体系的质量。根据增城中学"拔尖创新人才"项目培养目标，以STEM教学为抓手，整合特色课程和校本课程，构建学校拔尖创新人才课程体系。增城中学在打造STEM课程体系的过程中，选择数学、物理、化学、生物、通用与计算机学科的青年骨干教师组建STEM教育教学共同体（团队），作为打造和践行STEM课程的主导力量。学校采用稳步推进的方式，先在初中部组建团队，然后到高中部，打造初、高中一体化的教育教学团队。在组建共同体时方式灵活多样，打通物理、化学、数学、生物、通用、信息、综合实践等学科障碍，实现跨学段、跨学科组建STEM教师协作共同体的目的。

2. STEM课程体系的实践方式：采用多元化途径共同推进体系建设

通过本校的STEM教育实践，STEM教师共同体发现仅仅依靠校本选修课或研究性学习等活动课来开展STEM教育是远远不够的，还要继续探索多元化的途径来共同促进STEM课程体系建设。因此增城中学充分利用校友、家长等社会资源，紧跟时代步伐，放

眼学生未来发展，追随学科前沿脚步，开发受学生欢迎、体现学校特色、满足社会发展需求、有高质量教师团队支撑的课程。在落实校本课程和国家课程的基础上，再结合其他多元化的教学途径以促进STEM教育理念的渗透与STEM课程体系的塑造。

（1）开设STEM教育校本课程。每周开设1节STEM教育校本课程，由物理、化学、生物、信息教师组成的专职教师队伍进行设计与教学。

（2）以科技教育为抓手，助推STEM教育。每周开设2节校本选修课，包括无线电测向、人工智能、3D打印、建模、航模、创意设计与小制作、物理创意园等课程。以探索和设计为目标，运用科学与数学的思想，通过应用技术手段，在解决实际问题的过程中进行知识的学习，致力于学科知识的整合，从而激发学生"乐于创造、勇于实践"的精神。

（3）STEM教育在学科教学中"落地"，无缝衔接国家基础教育课程。在学科教学领域挖掘基础学科教育中可以"跨"的点与STEM教育课程结合，运用STEM教育的学科整合方式开展基于真实问题情境的项目式教学，强调培养学生利用多学科知识解决实际问题的能力。

（4）STEM教育亲子课堂。为了赢得家长对学校STEM教育的支持，增城中学还尝试打造了STEM教育亲子课堂，邀请部分学生和家长一起参加STEM活动，让师生和家长一起享受STEM教育的欢乐时光。

（5）借力校园科技节，推进STEM教育。在校园科技节中，通过社团摆摊的方式，利用视频、海报等宣传STEM教育，以吸引更多学生选修STEM课程。

3. STEM 课程体系建设的环境：构建软硬结合的 STEM 教育环境

经过增城中学STEM教师共同体的研讨与实践，决定以"硬件和软件相结合"的方式来构建STEM教育环境，以支持STEM教育的全面开展。

（1）硬件环境。硬件环境是指从硬件方面来支持STEM教育教学的开展，主要表现为架构"STEM科创空间"，完善创新实验室。

首先，表现为建设"鹤岭科创中心"（初中部）。增城中学初中部是增城中学的老校区，存在场所、设施设备相对比较破旧等问题，为了更好地开展STEM教育，以拓展郊区学生的视野和全面提高郊区学生的综合素养，增城中学于2018年12月开始筹备创建"鹤岭科创中心"，于2019年9月正式投入使用，主要用于开展各项学生STEM活动。目前"鹤岭科创中心"有3D打印机5台，激光切割机1台，VR沉浸式眼镜50套，建模、航模、机器人套件若干。

其次，表现为成立增城中学"STEM科创中心"（高中部）。增城中学"STEM科创中心"建成了数学、物理、化学、生物四间数字创新实验室，既克服了传统实验仪器和实验方式的弊端，又真正实现了信息技术与常规教学实验的完美结合，为教师和学生提供一个演示和探究性实验的系统平台；此外，增城中学（高中部）还建成了机器人创新实践室、鹤翔航模室等室内科技创新教育平台。

（2）软件环境。软件环境主要是指在塑造STEM课程体系的过程中，立足本校实情，在实践的基础上，从实施模式、组织策略以及评价方式等方面实现理论突破。

首先，构建学校STEM教育实施模式。学校以STEM教育理论为指导，以学科知识整合、生活经验整合、学习者中心整合为取向，开展了一系列基于真实问题情境的项目式教学，以培养学生的创新能力和实践能力。STEM教育教师协作共同体采用归纳—演绎的方式研究学校所开展的STEM项目，初步探索出STEM教育实施模式（图1）。

图 1　STEM 教育实施模式

其次，提炼出STEM课程的组织与实施策略。STEM教育强调培养学生的问题解决能力，凸显学生的主体性地位以及促进学生的主动学习、知识理解和运用，注重学生自我反思与总结等。那么，如何组织和实施STEM教育才能发挥其最大效用呢？增城中学STEM教师共同体采用案例研究的方式对教学课例进行反复研究、实践，并结合文献研究法、经验法等方法提炼出STEM课程的组织与实施策略（图2）。

图 2　STEM 课程的组织与实施策略

再次，形成STEM课程的评价体系和评价途径。STEM教育中项目式学习的成果往往是一个作品或者是解决问题的研究方案，传统的评价方式并不适合用于评价STEM教育中学生的学习成果。因此，增城中学STEM教师共同体尝试通过案例剖析，探索多样化的课程评价体系和评价策略，为学校持续开展STEM教育教学提供理论引导。

为有效评估各学科在"问题导学"课程改革中的教学成绩和科研成果，增城中学每学年开展一次学科之间的"比学赶帮"活动。就STEM课程而言，"比学赶帮"内容包括：①对STEM课堂教学实施的学科整体情况进行评估；②学科成员开设的校级及以上的STEM教育理论培训（讲座）、示范课、公开课（包含市区调研的A级课，不包括教学开放日和教研活动的研讨课）节数；③学科内部的有关STEM教育理论学习（不包括年级备课组）的次数；④学科成员申报立项的STEM教育相关的市、区级课题（非文化学科的所有课题）数量；⑤学科成员公开发表的STEM教育相关的研究文章（含省、市、区内刊，非文化学科的所有论文）篇数；⑥学科成员参与STEM教育相关的优秀论文评选和优质课竞赛的获奖数等。根据"比学赶帮"活动的量化结果（由教学教研处会同各学科组长考核），可有效评价教师在STEM教育中的教学或教研表现，以评促教，从而进一步提升教师的课程设计能力、发挥各教研组的协同优势以及各科教师在"问题导学"课堂教学提升工程中的主体作用。

三、成效：以STEM课程体系建设为抓手的教师共同体发展

从STEM课程体系建设的过程来看，STEM课程体系的建构离不开STEM教育教学共同体的创造性工作，STEM教育教学共同体

的发展有助于提高STEM课程体系的质量，学科建设与教师共同体建设之间形成良性互动。因此，通过STEM课程体系的建设能够有效助推教师共同体的发展。而"通过STEM课程体系建设助推教师共同体发展"具有多层次意义。浅层意义就是通过STEM课程体系建设促进STEM教育教师协作共同体的建设，而这一点在以上课程体系建设的过程中已经得到了印证。而深层意义是通过STEM课程体系建设来助推整个学校教育教学共同体的建设，最终实现全体教师的专业发展。

（一）"跨学科"实践主体助推教师共同体规模扩大

在STEM课程体系的建设过程中，增城中学选择构建跨学科、跨年级的教师协作共同体来作为实践主体。由于STEM教育教师共同体不断取得项目成果和教学成绩，其在学校中的影响力与日俱增，教师申请加入协作共同体的热情也逐渐高涨。于是共同体采取以点带面的方式来尝试组建更加开放的"STEM+"学科共同体。经过对STEM教育理论的学习与不断实践，教师逐渐更新了教育理念并提高了教学能力和教育理论研究水平。在教师协作共同体中，不同学科的教师根据育人目标并结合具体学科课程目标，以STEM项目式学习理念为指导，对教学内容进行整合并重组以开发STEM教育资源。整体而言，共同体中的每位教师都能够深入地参与其中，明确其各个主体的权责，共同为STEM课程体系的塑造汇聚能量。

（二）"多途径"实践方式助推教师共同体经验积累

在STEM课程体系的建设过程中，增城中学在落实校本课程和国家课程的基础上，积极拓展其他多元化的教学途径以促进STEM教育理念的渗透与STEM课程体系的塑造。经过努力，增城中学STEM教育教师协作共同体成功研发了各种STEM校本课程、国家课程、亲子课堂等。在此次STEM课程体系的建设过程中，充分发挥了各教研组的协同优势，激发了各科组长在学科教学教研中的龙头作用以及各科教师在"问题导学"课堂教学提升工程中的主体作用，同时也积极推动名师工作室建设。增城中学自第二批名师工作室启动以来，在教学、科研方面均取得丰富成果。基于在STEM课程体系建设中所积累的丰富经验，增城中学将继续推动10位名师主持工作室开展活动，在理论研讨、各级各类公开课（示范课）、对外交流、课题申报与研究等方面，拟定切实可行的方案，积极开展工作，进一步发挥好增城中学名师工作室在教育教学和教科研方面的示范引领作用。

（三）"软硬结合"环境构造助推教师共同体共创成果

在STEM课程体系的建设过程中，增城中学以"硬件和软件相结合"的方式来构建STEM教育环境，以支持STEM教育的全面开展。在创科中心、创新实验室以及机器人等各硬件设施的支持下，增城中学STEM教师共同体组织学生有序参加了各种科技竞赛，例如机器人竞赛、人工智能挑战赛等，以赛促教。本校STEM教师共同体团队成员中已有13人被评为优秀教练员，其指导的学生在STEM教育相关比赛中获得各级各类奖项。除此之外，根据实施模式、组织策略、评价体系等理论成果的指导，增城中学STEM教师共同体根据当前研究热点、科研前沿问题，设计一些符合中学生学情特点且有价值的项目课题，并指导学生积极参与项目研究；在STEM课程体系建设的过程中，申报的与STEM教育教学相关的市、区级课题多次立项，与STEM研究相关的论文有多篇发表在不同级别的刊物上，也有多篇论文获奖。区级以上STEM教育课题如表1所示。

表1　增城中学区级以上 STEM 教育课题

序号	课题名称	负责人	课题级别
1	初中学校STEM课程资源的开发与实施研究	湛丽芬	广州市
2	增城中学STEM教育实验项目	聂新权	广州市
3	基于STEM理念提升高中生实验探究能力的研究	陈宗兰	增城区
4	STEM理念指向下校本课程开发行动研究	邱水林	增城区

四、小结

伴随"问题导学"式课程改革的推进，增城中学教师共同体的建设被纳入学校发展规划。增城中学从制度上为打造常态化的跨学科、跨专业的教师专业发展共同体提供保障，以塑造系统性的STEM课程体系为重要路径，提升数学、物理、化学、生物、通用、计算机等学科教师的学科教学能力和STEM教育素养，推动学科之间的融合；通过共同体的协作，开发出高质量的STEM课程，在课程实施过程中形成相互支撑的课程体系，使课程体系建设与教师共同体建设形成良性互动，从而构建点线面相结合的STEM教育格局，构建由局部到整体的教师发展格局，为学校可持续发展提供坚实的支撑。

撰稿人：广州市增城区增城中学　宋东胜　欧阳宇　杜海军
指导老师：华南师范大学　教育信息技术学院钟柏昌教授

参考文献

［1］邱德峰，李子建. 教师共同体的发展困境及优化策略［J］. 河北师范大学学报（教育科学版），2018，20（2）：53-58.

［2］曾小丽. 批判与超越：教师共同体概念的再探析：基于生态哲学的视角［J］. 当代教育科学，2016（2）：34-37.

［3］刘波，王帅. 教师个人文化：教师共同体构建的必要向度［J］. 教育理论与实践，2016，36（16）：37-40.

［4］夏莉颖，钟柏昌. 试论STEM教育的两种取向与四种方法［J］. 中小学数字化教学，2018（9）：8-11.

［5］富兰. 教育变革新意义［M］. 赵中建，陈霞，李敏，译. 3版. 北京：教育科学出版社，2005.

［6］林静. STEAM教育如何对接核心素养［N］. 中国教育报，2017-01-04（009）.

［7］施倩. 基于STEM教育的高中生物学教学实践研究［D］. 扬州：扬州大学，2018.

打造灵动课堂，成就灵性教师
——以广州外国语学校为例

教育大计，教师为本。一批好教师，成就一所好学校。2019年4月23日，广州外国语学校第三届教工代表大会第二次会议审议通过《广州外国语学校第三个五年发展规划暨校长任期目标》，将"打造灵动课堂""培育灵气学生""成就灵性教师"正式确立为2018—2023年教育教学目标。其实，自2010年春季复办之日起，学校就开始了培育灵性教师的探索之旅。学校建设和发展所取得的重大成果，都得益于这支年轻的充满灵性的教师队伍。

所谓"灵性"，既可以指人所具有的聪明才智，也可以指人的精神、精气或灵魂。我们认为，灵性教师的素养主要包括：求真务实，开拓创新；学高为师，身正为范；谦和宽容，诲人不倦；因材施教，和而不同；以研促教，同乐同成。从这五个方面全方位发力，以评促优，各级各类学校必然涌现出更多的灵性教师。

一、灵性教师专业发展的基本原则

加强教师队伍建设，要一手抓师德修养，一手抓专业素养，坚持德效兼顾，以德为先，方可成就一批又一批适应新课程改革需要的灵性教师。

（一）示范性原则

榜样的力量是无穷的。教师不仅向学生讲授学科知识和道德理论，更重要的是为学生树立道德的楷模，发挥润物细无声的作用。只有真心诚意地去爱每一名学生，才能成为一名灵性教师。良好的专业素养和师德修养，对同行来说是教书育人的风向标，对同事也有潜移默化的影响。只有每一位教师树立了良好的专业素养和道德情操，才能把这种学科素养和道德情操传承给每一个学生。2014年9月，习近平总书记在与北京师范大学师生座谈时强调全国广大教师要做"四有"好老师，明确要求广大中小学教师从理想、道德、知识、仁爱等方面给学生做表率，为提高教师队伍素质，促进基础教育优质、均衡发展做贡献。

（二）主动性原则

灵性教师按照自己接受或设定的专业发展目标行动，具有不依赖学校、教育行政部门推动的专业品质，主要由个人的需要、动机、理想、抱负和价值观等推动。在学校、教育行政部门的鼓励下，具有该专业品质的教师主动投入教育教学和社会生活，充满激情，积极探索和把握外部环境，形成目标意识，为自信心和创造性品质的形成打下基础。学校是教师自主成长的体现场所，在这一场所中体现教师在学校、教育行政部门引导下专业素养和师德修养的发展。教师专业发展的"主动性"，需要从教师在学习、教学和教研的各方面表现来衡量，包括主动研修学习、主动教育教学、主动研究创新等。

（三）互动性原则

灵性教师成长的过程同时是师生互动、生生互动交往的过程。教育教学应尊重学生的主体地位，通过教与学的交往互动，师生之间、同事之间相互交流、相互启发、相互争鸣，分享彼此的想法。要获得知识，并内化为学生和同事的智慧和素养，教育教学必定是开放的、互动的。所谓"互动"，就是教育教学按照学习共同体模式相互交流、相互作用的过程，即师生之间、同事之间彼此发生作用或变化的过程。学校是教师与学生、同事的思维与情感交互的场所，在这一场所中体现了师生、同事之间的思维、情感的互动与发展。通过师生互动、同伴互助，师生之间、同事之间在学习的知识、教学的思路、教研的步骤中进行互动性评价，欣赏和学习其他同事的优点，使不同学科的教师共同发展。

（四）触动性原则

触动性，也称激励性，是指师生因外界某种刺激而引起思想上的共振，并激发思想、情感等。学校对师生在教育教学活动中的评价是一次又一次的动态的活动过程，是一块块或大或小的师生发展的奠基石，具有极强的触动性。提高教育教学评价的触动性，是灵性教师成长的必修课。教学目标包含"三维"目标，即知识目标、能力目标、情感态度价值观目标。灵动教师的教学、教研活动，在知识层面能触及事物本质，在能力层面能触发同事和学生灵感，在情感态度价值观层面能触动同事和学生灵魂，在触及同事和学生心灵、陶冶同事和学生思想情操方面具有不可取代的作用。

二、培育灵性教师的主要路径

辩证唯物主义认为，事物的发展是内因和外因共同起作用的结果。灵性教师的成长，既是教师自主发展的过程，也是与学校和同事、学生共同进步的过程。离开学校这个发展平台，缺乏同事、学生的助力，教师专业发展动能不足，学校和师生都不可能跑出加速度。

（一）学习：培训与研修

教师是与时俱进的职业，原地踏步、停滞不前就会被时代淘汰。教师不仅要引导学生学会学习，自身也要善于学习，才能不断进步。无论中青年教师，还是老年教师，都必须养成终身学习的习惯，自觉参加师德教育、心理健康教育、信息技术培训，通过适当的途径学习教育政策法规、灵动教育理论和学科专业知识。

1. 共同体学习

灵动教学是师生、同事共同学习的过程。我校根据教学需要，引导各科教师主动进行师生之间、同事之间的双向交流，教师与学生在教学活动中组成资源共享、交互引领、和谐共进的学习共同体。一方面，师生之间要互相学习。教师要与学生共同营造灵动的学习环境，教师要乐于听取学生对灵动教学的意见，包括他们现有的学习水平、学习困惑、学习效果等，充分尊重学生特殊的思维方式、创造性的解题思路，为学生提供讨论、质疑、探究、合作、交流的机会，最大限度地发挥学生的个性、特长。另一方面，同事之间要互相学习。我校着力建设学习型备课组、教研组，打造学习型团队、学习型校园，组内讨论、集中交流并举，或分组学习教育学、心理学理论，或举办博雅论坛分享教学板书艺术、吐字发声艺术、教学论文写作经验，专题研讨灵动教育教学，坦诚交流对灵动教育教学和管理的认识，帮助教师长善救失，并将个人优势转化为学校灵动教学特色，促使教师共享资源、共同提高。

2. 个性化培训

对中小学教师而言，最好的学习方式是参加教育行政部门组织的专项培训。从学习结果来看，教师培训包括学历培训和非学历培训。为了满足新时代人民群众对美好教育的需要，我校鼓励广大中青年教师脱产或不脱产攻读硕士研究生学位，组织全体教师参加新教材培训或专项培训，进一步普及信息技术和其他教育技术。从学习时间来看，教师培训包括入职培训、在职培训。我校非常重视新教师、新聘教师入职培训，每学年开学之前，校长亲自为新教师、新聘教师解读学校历史和文化，工会和各处（室）负责人分别从师德教育、人事管理、教学教研、德育管理、后勤服务等方面进行培训。对教育教学过程中面临的普遍问题，教学线、德育线组织相关人员进行在职培训，促进各科教师进一步提升教育教学技能。从学习形式来看，教师培训包括网络培训或者进修班培训、培训班培训、研修班培训。我校在要求在职教师按时按量选修广州市中小学教师继续教育课程及青年教师与骨干教师、名优教师结对实施"青蓝工程"的同时，鼓励符合条件的教师苗壮成长、成名成家，参加广州市教育局举办的骨干教师、名教师、教育专家和卓越校长、名校长培养对象系列培训，一批教育精英由此脱颖而出，迅速成长为全校乃至全市基础教育系统的中坚力量。

3. 常态化研修

针对富有时代气息的课程、富于鲜明个性的学生，创设与时俱进的教学环境，开展多样性、针对性的教学活动，让教师不断反思教学，可以促进师生的共同成长。一是以教研组、备课组为单位，围绕灵动教学主题定期开展教研活动，切实提高学科灵动教学实效。教师必须持续跟踪所教学科的灵动教学成果，才能使自己的教学活动达到炉火纯青的境界，使教学艺术永葆青春与活力。二是加强相邻学科的协同研讨，丰富相关学科灵动教学理论知识。各科灵动教学有些相通的知识可以共享，教师要掌握相邻学科的灵动教学方法，以适应学科分化与综合的需要。三是组织校级或校际教学研讨，如灵动教学设计大赛、灵动教学比武、灵动教学开放日等，交流灵动教学技能。教师要把自己的知识和能力转化为学生的知识和能力，必须在研究中教学、在反思中教学，既要熟悉本专业的历史、现状，又要了解学科教学最新成果和发展趋势。

4. 专题化团建

一所成功学校的背后，必然有一个精诚团结的教学研究团队。我校教学、教研并举，建立并实施以校为本的团队教研制度，鼓励教师在实践中研究灵动教育教学。一是构造与不断重构灵动教育观引领下教育理念与专业精神，每学年开展一次灵动教学月活动，针对灵动教学与评价面临的问题开展专题研修。二是基于广泛学习的专业和非专业知识的不断拓展，将课题研究当作一个培训形式，鼓励各科教师积极参加本学科或跨学科的灵动教育教学课题研究。三是搭建有利于形成灵动教学教研团队的专业探究、指导平台，如刘红梅特级教师工作室、刘红梅教育专家工作室、林伟洪名教师工作室、杜良云名教师工作室、灵动政治教育工作室、岭南历史创新工作室等，引导教师教并思考着、研究着，不断增加研究基础上的教育智慧，使教学研究过程成为灵性教师专业成长的过程。

（二）研究：总结与写作

研究能力是综合能力的重要组成部分，其中写作是灵性教师的核心能力。灵性教师要上得好课，让学生考出好成绩。但是，单纯上得好课、让学生考出好成绩，不能将灵动教学经验转化为教研论文，不能实质性参与灵动教育教学课题研究，不足以称为真正的灵性教师。灵性教师应该有良好的研究习惯，善于总结、反思，能够撰写教研论文，能够开展课题研究等。

1. 培养研究习惯

研究是教师提升自我、提高教学质量的重要途径。为打造教学品牌，促进教师队伍建设，我校从以下几个方面培养教师的研究习惯。一是研究教材。20世纪末以来，教育部陆续组织编制高中和义务教育阶段课程标准和各科教材，师生使用的都是新教材，每一个教师都不能置新课程标准、新教材于不顾而照搬旧教案。我校要求各科教师首先要读透新教材，准确把握新教材的具体要求，联系社会生活中的课程资源解读新教材，以突破每堂课的重点、难点。

同时，独立筛选、取舍和编制有代表性的习题，力求作业和考试适量、多元和分类，让学生从题海中走出来，以减轻学生的课业负担。二是研究学生。学生既是教育对象和教育主体，又是社会的未来，他们急需提高自我学习能力。我校要求各科教师注重学情，教学设计要结合学生的知识背景，从学生的生活经验和思维能力出发，在教学中给予学生时间和空间，激发他们的创新意识和灵动思维。三是研究教法。一方面，研究如何发挥学生主体作用，让学生成为教学活动主角，鼓励他们自主学习，促使每个学生在原有基础上进步。另一方面，研究如何发挥教师主导作用，努力创设问题情境，运用灵动的教学方法，激发学生的学习内驱力，唤醒学生的学习热情，让学生充分表达、观察和体验，让每个学生都有自己的思维能力。四是研究学法。灵动课堂必须从学生的学与教师的教两个维度来建构。一方面，教师注重教学互动，触动学生心灵；另一方面，学生主动学习，思维灵动飞扬。我校各科都重视培养学生的自主学习习惯，关注学生的学习态度、习惯、方法，让学生自主思考、质疑和探究，自己发现问题、分析问题、解决问题，并以问题为导向，实现自己的学与教师的教同步。

2. 培养总结、反思习惯

许多教师习惯于采用某种比较固定的教学模式传道授业，因缺乏理论指导，较少运用先进的教育教学方法，难免形成某种思维定式，长期停留在经验型教师的水平。我校校本研修以培养教学反思习惯为目标，要求各科教师对自身教学活动进行理性的观察与矫正，提高教育教学能力。只有养成教学反思的习惯，认真反省自己，客观分析、比较自己和他人的差距，在差距中找出问题所在，寻找解决问题的方法、方案，才能形成有自己个性的教学风格，从经验型教师上升为反思型教师。实践证明，总结和应用教育教学经验，是灵性教师专业发展的必要途径。一方面，在自我总结中积累教学经验，对自身教育教学活动及经验认识进行分析、加工、制作、整理，形成较为系统的、合乎逻辑的认识，进而达到一定的理论高度。另一方面，在互助总结中进行教学反思，在一堂课或一个阶段的课上完之后，对教学情况进行回顾与评价，仔细分析自身教学的成败得失，分析自己的教学是否符合学生实际，是否能有效促进学生发展，在哪些方面有待改进，再寻求解决问题的对策，使教育教学达到最佳的效果。教师动口也要动手，注意积累素材，养成边教学边阅读、边思考边总结的习惯，及时记录自己的教育智慧，将所思所得整理成文，才能厚积薄发，达到目光敏锐、文思泉涌的境界，写出水准高、立意新、影响远的教育教学论文。

3. 撰写教研论文

撰写教研论文是积累教学经验的有效方法，也是灵性教师专业发展的基点。我校定期组织灵动课堂教学设计大赛或灵魂教学论文评选活动，各科教师立足学科教学实践或教育经历，围绕灵动教学主题写作教育教学论文，越来越多的教师在我国期刊上崭露头角。一是教育理论的创新、教学经验的总结，如《探讨物理实验教学融合STEAM理念的几种方法》（2017年第7期《物理通报》，作者：郑灶松）。二是教材的分析，如《科学调整课程标准　全面修订学科教材——以人教版初、高中实验教材为例》（2012年第1期《中学政治教学参考》，作者：刘红梅、杜良云）。三是学生的疑问，如《图都去哪儿呢？——动点轨迹中的图的存在性问题》（2019年第6期《数学学习与研究》，作者：王静）。四是教育教学的困惑，如《有效编写和使用习题　培养学生解题思维习惯》（2017年第4期《中学物理教学参考》，作者：孟军）。五是试题解析和备考策略，如《高考化工流程题试题分析与解题思路》（2017年第12期《高中数理化》，作者：邱寒）。六是国内外大事的分析，如《新冠肺炎疫情给我们上了一堂哲学课》（2020年第4期《广东教育（高中版）》，作者：杜良云）。七是德育管理和生活指导，如《培广博之才，育雅正之人——基于学生核心素养的博雅课程体系之建构与实践》（2015年第10期《中小学德育》，作者：刘红梅）。八是教学设计、教学案例与活动实录，如《实践英语学习活动观的"阅读圈"课例分析——以新理念〈Life in the Amazon Jungle〉为例》（2019年第5期《科技资讯》，作者：王纯）。九是专业成长经验，如《政治教师专业发展的三重境界》（2019年第1期《中学政治及其他各科教与学》，作者：杜良云）。十是教学研修经历，如《中美价观教育之比较》（2016年第8期《中学政治教学参考》，作者：杜良云）。近些年，我校教师围绕灵动教育教学主题撰写了一系列专题论文，发表了《六环节打造高效政治课堂》《主动学习习惯的培养》《提高中学政治课堂互动实效的有效策略》《灵动政治课堂教学方法集萃》《挖掘灵动课程元素》《中学灵动政治校本教材的开发与应用》《主动、互动、灵动：课堂教学的三重境界》《基于学科核心素养的思政课灵动教学与评价探索与实践》等20余篇教育教学文章，其中10篇刊登在全国中文核心期刊，2篇由中国人民大学书报资料中心复印报刊资料转载。

4. 开展课题研究

开展课题研究，可以促使教师思考、总结自己的教学，促使教师具备终身学习能力、总结概括能力、写作评判能力，促使教师提升理论水平、提高科研素养。我校把课题研究当作教师专业成长的阶梯，坚持以课题研究为抓手，引领灵性教师专业成长。我校教研部门主动与广州市教育局科研部门联系，鼓励各科教师积极申报教研课题，支持各课题组进行课题研究。一是从如何提高本职工作的质量上去发掘课题，如"基于高中英语教学的文化品格培养研究"（广东省教育科学规划课题，主持人：刘峰），有利于提高教育教学工作的科学化程度。二是从工作中的困难与缺点中去发掘课题，如"南沙区中小学课堂教学行为的诊断与优化研究"（广东省教育科研规划课题，主持人：严明堂），以促进中小学教师教育由应试教育转为全面实施素质教育。三是从教育改革与教育建设遇到的新情况中去发掘课题，如"初中心理健康教育的问题分析及策略研究"（国家教育科研院规划课题，主持人：申莉），既能向教育行政部门提供决策的科学依据，也有利于微观教育问题的解决。四是从教育实践活动的观察中去发现课题，如中学地理实验教学如何进行过程性评价，初、高中数学衔接教学内容如何设计，心智图在中学学科教学中如何应用等。从这些问题出发，形成了一系列研究课题。五是从各种信息交流中去发掘课题，如"走进人工智能+""3D打印校本课程的开发与实施"，对于加强中小学信息技术教育必然会起到重要的指导作用。六是从成功的教育、教学经验总结中去发掘课题，如"基于微格教学的集体备课研究"（广东省教研院规划课题，主持人：张声玲），运用经验总结法或实验法进行科学检验与总结，揭示教育措施与教育效果间的关系，并给以理论的抽象与概括，集体备课就有了推广的可能。七是对某教育现象进行调查而形成课题，如"中学生作文困境与对策"（广州市教育科研规划课题，主持人：郝琳琳），以改进中学作文教学、提高学生语文素养。八是从各种文献资料中发掘课题，如"广州南沙天后文化研究与开发"（广东教育学会小课题，主持人：章强），通过深入研究文献资料可以开发相应的校本教材或地方教材。

（三）建构：课堂与课程

建构主义学习认为，学生是认知的主体，是知识意义的主动建构者；教师只对学生的意义建构起帮助和促进作用，并不要求教师直接向学生传授和灌输知识。我校始终坚持"以学生为中心"，大力倡导灵动课堂教学，着力构建基于博雅文化的灵动校本课程体系，以支持学习者主动探索和完成意义建构。

1. 推行灵动课堂教学模式

灵动课堂包含三大要素，即在教学过程中通过主动学习、互动探究来促进学生思想升华。在建构主义教学模式中，学生是知识意义的主动建构者；教师是教学过程的组织者、指导者，意义建构的帮助者、促进者；教材所提供的知识不再是教师传授的内容，而是学生主动建构意义的对象；媒体也不再是帮助教师传授知识的手段、方法，而是用来创设情境、进行协作学习和会话交流的，即其为学生主动学习、协作式探索的认知工具。我校政治科组率先开始探索灵动教学模式，依据"抛锚式教学"这种教学模式，创造性建构"预习互教—情境导学—自学交流—展示点评—辨析感悟—拓展升华"六环节灵动教学模式，在预习互教环节让学生根据学案先学后教，在情境导学环节创设情境，在自学交流、展示点评环节自主学习，在辨析感悟环节协作学习，在拓展升华环节评价效果。[①]其他科组参照政治科组六环节灵动教学模式，结合各学科实际，逐步建构起具有学科特色的灵动课堂范式。另外，德育部门也建构了"六环节"德育活动课模式，即第一环节：依据理念，确定主题；第二环节：营造情景，导入新课；第三环节：教师激疑，课堂讨论；第四环节：课堂活动，推进课程；第五环节：总结规律，形成理念；第六环节：拓展延伸，巩固所得。[②]这样，教师立足课堂内外，引领学生自主学习、合作探究，让学生动手、动脑、动情，促使学生孕育灵气与活力、催生灵性与智慧的教育活动，其本质是尊重学生主体、鼓励学生主动学习、激发学生创新思维，促使学生增长知识、提高能力、陶冶情感态度价值观，达到手脚灵活、思维灵敏、思想灵光的境界。

2. 探索灵动教学评价机制

灵动教学评价说到底是由成绩评价转变为学科素养评价，促进学生的全面发展，尤其是促进学生在学科核心素养方面的发展。只有将学科核心素养融入教学评价，建构并实行与教学质量评价标准一致的学业质量评价体系，才能由成绩评价转变为学科素养评价，实现学科核心素养的养成与提升。针对灵动课堂教学的特征，根据

---

① 杜良云. 灵动政治教育[M]. 长春：吉林人民出版社，2017.

② 文艺，杜良云. 博雅和美，凤凰翱翔[N]. 中国教育报，2015-09-09（12）.

教育教学中教师主导作用、学生主体活动两个维度与教学效果，我校建立了各具学科特色的"两主一效"（即教师主导、学生主体、教学效果）课堂教学评价体系，在此基础上结合灵动课堂教学的特征制定并实施灵动教学质量评价标准，从主动的学习习惯、互动的学习过程、灵动的思维方式等方面进行全方位评价，以评价机制创新促进学科育人。其中，主动性通过主动预习、主动研学、主动践行等三个要素评价，互动性通过互动态度、互动广度、互动深度等三个要素评价，触动性通过触及事物本质、触发创新灵感、触动学生灵魂等三个要素评价，创造性通过思维批判性、思维变通性、思维独特性等三个要素评价，灵通性通过板书笔记敏捷、时政解读灵活、练习作业灵气等三个要素评价。[1]这样，建立健全重学生主体、重过程性评价的灵动教学评价机制，将学科核心素养融入教学评价，建构并实行与教学质量评价标准一致的学业质量评价体系，评价内容多样化——既关注知识与学习素养，也关注活动与行为素养；评价主体多元化——既重视教师的评价，也重视学生自身的评价；评价过程动态化——既重视考试等终结性评价，也关注平时表现等过程性评价，通过真实情境、学科任务、学科内容三个层面诱导出学科核心素养的关键行为表现，再通过这些关键行为表现推断学生学科素养的发展水平，实现灵动课堂教学与评价的内在统一，实现学科核心素养的养成与提升。

3. 挖掘国家课程灵动元素

实行灵动教育教学，首先要从国家课程与课程资源等层面着手。每一门国家课程都包含着丰富的创造教育或者创新教育内涵，

---

[1] 杜良云. 灵动政治教育[M]. 长春：吉林人民出版社，2017.

这是课堂教学中进行灵动教育的宝贵资源。《国家基础教育课程改革指导纲要》明确指出，"教材对于教师和学生的发展要具有拓展性，应有利于引导学生探索、发现、质疑，开阔学生的视野，丰富学生的学习经验。教师在教学过程中应依据课程标准，灵活地、创造性地使用教材，并充分利用校内外多样的课程资源。"我校自然学科教师侧重于培养学生的创造性思维，社会学科教师侧重于培养学生的创新意识，艺术学科教师侧重于陶冶学生的思维灵性，体育与健康学科教师侧重于训练学生的灵巧协调技巧。在各科教学中，从问题设计、课堂研讨、活动展示到社会实践，我校教师都给学生较多的时间和空间，放手让学生在课堂内外动起来。课程资源是实施课程的必要而直接的条件，生活中处处都有鲜活的、灵性的课程资源，只要我们善于挖掘、提炼，就能得到进行灵动教育的好素材。我校要求各科教师既要发挥教科书、教师教学策略和学生本身不同的经历、生活经验、学习方式以及校内各种专用教室、各种活动等校内课程资源作用，又要充分运用校外图书馆、科技馆、博物馆、网络资源、乡土资源、家庭资源等校外课程资源。

4. 完善灵动校本课程体系

实行灵动教育，需要包含灵动元素、具有灵动特色的校本课程与课程资源来支撑。校本课程的开发，主要是针对国家课程开发，以学校为基地进行地方性、特色性等课程的开发，实现课程决策民主化。当代中学生见多识广，兴趣广泛，国家课程不足以满足他们的求知欲和好奇心，各科教师要发挥特长、各显神通，针对学生的爱好开设引领他们灵动飞扬的校本课程，为不同学生群体提供个性化教育。我校鼓励各科教师从本地实际出发，遵循专题化、项目化、区域化、信息化原则，运用资源灵性、思维灵敏、活动灵活、学生灵气等灵动元素，对于学生感兴趣的专题、话题，从高度、深度、广度上拓展，使之在全校范围普及，力争在市域中学开课甚至向同类学校推广，逐步培养学生的批判性思维能力，提高学生相应的学科核心素养。[①]以2020—2021学年第一学期为例，我校共开设63门校本课程，按学科分布统计，语文学科校本课程8门，数学学科校本课程3门，英语学科校本课程5门，多语种学科校本课程14门，物理学科校本课程3门，化学学科校本课程3门，生物学科校本课程2门，思政学科校本课程2门，历史学科校本课程1门，地理学科校本课程3门，体育学科校本课程12门，艺术学科校本课程2门，综合实践学科校本课程5门；从学习内容与国家课程的关系来看，弘扬中华传统文化的校本课程有"周易入门""经典美文诵读""寻根民俗风，传承中华魂""浅识中医药&趣味小实验""中国龙""国画"等，介绍国外文化艺术的校本课程有"音乐剧表演""电影里的世界""英文电影赏析""English Through Films""俄罗斯文化课程""今日德国""西班牙风情画""听歌学日语""当德语邂逅音乐——品读《莫扎特》"等，讲述跨文化交流的校本课程有"走向世界的中国人""英语畅谈中国文化""中外影视欣赏"，专注阅读、听力、写作教学的语言类校本课程有"英语报刊阅读""美食'撞上'写作""语文国益培训班""阅读提高班""德语初级视听说""法语一外视听说""日

---

① 刘红梅.中学灵动政治校本教材的开发与利用：以《走向世界的中国人》为例[J].师道·教研，2016（7）：74-75.

语一外听说拓展课""英语辩论",其他基本是拓展类、竞赛类、运动类校本课程。除4门校本课程由校外机构协办外,其他校本课程都是由本校教师主讲的,还有丰富多彩的社团课程基本上是由本校教师负责指导的,这表明我校教师的确是多才多艺的。

(四)提炼:文化、思想与理论

1. 发展学校精神文化

学校文化具有导向、凝聚、规范功能,决定着人们的使命担当、价值追求和发展目标,同时显现在学校的一切教育行为、各种物质载体和全部的符号体系之中。长期以来,我校秉持博雅文化,以"博学、雅正、融和"为校训,学校的节日、仪式、庆典、教学以及各种具体的行为规则等都打上了博雅文化的烙印,校训、校歌、校徽以及建筑、校服、网站甚至纸杯等也成了博雅文化的载体。近几年来,我校逐渐将灵动教育教学理念融入博雅文化之中,二者有机结合形成了强大的文化软实力。倡导博雅和美,培育学问广博、品行雅正的灵气学生,是实施灵动教育教学的基本要义,也是广州外校人弘扬博雅文化的共同使命。博雅文化落实到教育教学中,就是"规范、扎实、创新"的教风和"主动、互动、灵动"的学风。经学校教职工代表大会和教育集团理事会审议,灵动教育教学理论成果正式写进了学校发展规划和教育集团章程,打造灵动课堂、培育灵气学生、成就灵性教师,成为全校乃至教育集团师生的共同准则;学校工会借教师节文艺会演舞台,发动教职工用文艺的形式推介灵动教育教学理论成果,演绎复校文化、历史,再现灵动课堂,诠释学科魅力。

2. 提升灵动教研文化

学校教研文化与活动是学校发展的"软实力"。软实力与学校的教育技术、制度规范等硬实力相辅相成，它既以独特的风貌展现学校的精神魅力，又为学校各种技术、制度等实体力量的增长提供强大的精神支撑。我校灵动教研文化源于师生对主动开拓创新、团队互动合作、触动师生心灵的教研文化的认同，它意味着学校师生接受、内化并归属学校的核心价值理念以及灵动的文化活动模式。从"青蓝工程"师徒结对教研、学术委员会点对点教学督导、备课组集体备课，到学校层面的课题组、工作室联合教研，以及与市内外兄弟学校结成教学共同体开展校际教研，各种灵动的教研活动无不彰显着学校"中学为体，西学为用；国语大承，外语大通"的办学理念。所谓"中学为体，西学为用"，就是遵循国家教育政策、国家课程标准，传播中华优秀传统文化，共享各国先进科学文化，培育有中国灵魂和世界眼光、融通古今中外的灵气学生；所谓"国语大承，外语大通"，就是立足本土，萃取汉语言文化精华，传承中华文化，自信走向全球；面向世界，兼修英语、第二外语及其文化，促进中外经济、文化交流，自由通达各地。学生为主体，教师为主导，构建灵动课堂，让学生灵手主动、灵思互动，触动学生心灵，全面提升教学效益，是我校教师实施灵动教学孜孜以求的目标。

3. 提炼灵动教育思想

不忘育人初心，提炼教育思想先行。有思想的教师，才能教出有思想的学生；有思想的教师，才能真正使学生体验到生命的快乐，才能真正使自己享受到教育的幸福。教育思想并不是教育家的专利。其实，每个教师都有一定的教育思想，但是大多数教师的教育思想得不到大家的认同，主要是因为自己的教育思想没有系统化。在主持或参与课题研究的过程中，我们通常会发表一些教学论文，研究成果的价值取决于能否从专题论文中梳理出自己的教育主张，提炼出相同或相近的主题，形成鲜明的主线。从国家课程到校本课程，从新课程改革到学科核心素养培育，我校各科校本教研始终是围绕新课程改革进行的。在华南师范大学曾文婕教授、童汝根副教授、左璜副研究员等专家指导下，杜良云老师将我校"主动、互动、灵动课堂"浓缩为"灵动课堂"，创造性地将主动、互动的含义赋予到"灵动"中，从自己和学校不同时期的课题成果中提炼出灵动教育的三大要义——灵手主动、灵思互动、灵魂触动，在全国范围内率先建构起"灵动政治教育"思想——从灵动课程与教学资源、灵动课案到灵动课堂、灵动教学评价，实现了从灵动教育实践到灵动教育理论的飞跃。

4. 构建灵动教育理论

要充分发挥灵动教育教学理论的指导作用，仅仅在学校或教育集团推广、应用是不够的。2015年第22期《人民教育》刊发的《中小学"教授"依然应是思想和理论的巨人》一文指出，拥有最高学术头衔的教授有其不可替代的作用，至少有以下三项责任：传承学术、提升领域内的知识或理论水平、培养年轻学者或教师。要想成为中小学正高级教师，也必须承担这三项责任。[①]吉林人民出版社

[①] 郭元婕. 中小学"教授"依然应是思想和理论的巨人[J]. 人民教育，2015（22）：6-7.

于2017年10月出版的《灵动政治教育》是全国第一本将灵动教育实践成果理论化的专著，其出版发行意味着我校教师在灵动教育教学研究领域处于全国领先水平。受广州市教师远程培训中心委托，杜良云老师将《灵动政治教育》分解为"灵动教育导论""灵动政治课程""灵动政治教学"三门课程，这些课程成为全市中学政治教师普遍选修的专业课。其中，"灵动教育导论"从灵动生活、灵动艺术出发，系统介绍灵动教育的实践、灵动政治的兴起，为灵气学生的培养、灵性教师的成长指明了方向；"灵动政治课程"从灵动政治课程与教学资源出发，结合实例阐述灵动政治校本课程的开发、灵动政治校本教材的开发利用、灵动政治校本课程评价，并系统介绍了灵动政治课堂教学评价、灵动政治学业质量评价、灵动活动课程教学评价体系及操作途径；"灵动政治教学"首先分述灵动政治教与学的方法，然后阐述灵动政治课堂的元素、教学模式、教学策略，并系统介绍灵动活动课程的类型及思辨活动、辩论式课堂活动的策划。我校研究的广州市教育科研规划课题"外语特色学校主动、互动、灵动教学研究"正式结题，杜良云老师主持的广东省教育科研规划课题"基于学科核心素养的灵动政治教学与评价研究"已如期结题，初步实现了从灵动教学到灵动教学评价的跨越，灵动政治教育学理论正逐步辐射到其他学科教学教研。在学校的大力支持和各科教师的积极参与下，灵动政治教育教学理论必将提升为灵动教育理教学论，并指导各科灵动教学与评价。

（五）推广：应用与传播

理论与实践相结合，是教育科研的生命线。一线教师既是教研课题的研究者，又是应用、传播教研成果的主力军。我校坚持科研兴教，创造性地实施灵动教育教学，扎扎实实地取得了一系列富有成效的教研成果，积累了新经验，实现了新发展。在此基础上，我校通过推广应用环节，将教育科研优秀成果在实践中"消化"，使之转化为教学生产力。

1. 迁移辐射

不同学科有各自独立的要求和特点，但不同学科仍有共性相通的"理"存在。因此，在推广校本教研成果时，可以利用不同学科之间共性相通的一面，将一门学科的教研成果迁移辐射到其他学科。通过这样的迁移辐射，全校可以形成浓厚的校本教研氛围，各科教师开展校本教研的能力也会得到整体提高。我校政治科组研究的"构建主动、互动、灵动的政治课堂"课题取得成功后，教学教研部门立即有计划、有步骤地在全校推广政治科组的课题成果。其他科组也从提高学生的本学科水平出发，纷纷推出了既满足学生需要，又体现本学科特点的五环节或六环节灵动课堂教学模式、"两主一效"灵动教学评价机制，取得了典型引领、以点带面的效果。

2. 区域推广

全面推广教研课题成果，首先要在学校和校际不同层面推广，进而在本区域推广，努力在全省乃至全国产生一定的影响。我校基于在校内跨学科推广灵动教育的经验，积极争取南沙区教育发展中心、广州市教育科学研究所、广州市教育局和华南师范大学支持，一方面向有关部门申报教学成果，另一方面主动"走出去"宣传、推介，努力扩大灵动教育教学成果的推广面和影响力。我校在南沙区推广应用灵动教育（灵动政治教育）教学成果的流程为：分析双方校情，确定灵动教育（灵动政治教育）教学成果中值得借鉴、分享的部分；商请南沙区教育发展中心制定推广应用方案；到友邻学校送教上门，进行灵动教学示范，宣讲灵动教育（灵动政治教育）教学理论及相关成果；承办区级学科灵动教育教学专题培训会；各学校落实推广、应用措施；反馈调整，拓展创新；对推广应用的过程、效益与价值进行总结评价。南沙区各中学、广州市六中教育集团、贵州六盘水外国语实验学校等省内外学校政治科组陆续采用六环节灵动教学模式，推广灵动政治教育教学成果。经广州市教育评估中心研究、广州市教育局批准，我校倡导的"提高学生学习思想政治课的主动性、互动性、灵动性"的教学主张已被列为全市小学、初中、高中各级思政教师水平评价标准。今后，我校还将争取广州市教育研究院、广州市教师发展研训中心和广东省教育研究院、广东省中小学教师发展中心支持，在全市乃至全省范围内推广灵动教育（灵动政治教育）教学理论与实践成果，使灵动政治教育教学理论成果在广州市扎根、开花，在广东省培育壮大，发展成为广州教研、广东教研的一张名片、一个品牌。

3. 自主传播

自主传播就是研究者本人或者借助所在单位的工作平台，主动发布教研成果，促使教研成果在更大的范围内推广、应用，协同开展灵动教育才能深入、持久。在个人层面，我校教师每学期至少执教一堂灵动课堂教学示范课、研讨课，自主开发"灵动政治教学"

公众号、"杜良云灵动政治教育"头条号等自媒体，或者通过QQ群、微信朋友圈发布灵动教育理论和教学动态。在团队层面，我校通过工作室、学科组、课题组等平台多角度合作，定期或不定期举办灵动教育教学沙龙，鼓励备课组、学科组集体备课、现场观摩，在教学教研中检验并付诸实践。在学校层面，我校利用学科之间共性、相通的一面将"构建主动、互动、灵动的政治课堂"等课题成果迁移到"外语特色学校主动、互动、灵动教学研究"等课题，辐射到其他学科教学与研究，打造各具学科特色的灵动课堂，在教育教学中整体推行灵动教育，让学生在各学科课堂上动手、动脑、动情。

4. 媒体传播

由于各学校的办学思想、教学理念不同，各科教师上课的结构、采取的教学方法有所不同，各学校、各学科教师基于本校教研成果所呈现的教学风格迥然不同。为扩大课题成果辐射范围，我校充分利用传统媒体和新媒体的力量，支持灵动教育教学理论与实践成果"走出去"，学校公众号、"星教师"公众号、《广州日报》、《广东教学报》、《中国教育报》、《广州师训》、《师道》、《教师发展研究》、《南粤校长》、《中学政治教学参考》相继推介我校推广灵动课堂教学、培养灵气学生的做法。2015年2月，中国人民大学快报资料中心《中学政治及其他各科教与学》以"科研兴教，政治领先"为题，介绍我校思想政治学科建设和教学教研经验。2018年6月《广东基础教育研究》以"让灵动政治教育走向全国"为题、2020年10月《南粤校长》以"教研争上游，性灵乃其要"为题，分别向全省推介我校灵动政治教育研究与实践。同时，我校各科教师积极利用广州电视课堂、教育部"一师一优课"平台展示灵动课堂教学，让灵动教育教学理论走出了广州，走向了全国。杜良云、武前进等教师主讲的灵动教育教学继续教育课程陆续在广州市中小学教师继续教育网上线开课，供全市中学相关教师选修。

这样，基于学校文化，植根于本土文化，通过迁移辐射、区域推广、自主传播、媒体传播等途径，灵动教育教学理论得到全方位推广，从思政学科教学走向各学科教学，从广州外国语学校出发，带动广州市南沙区、番禺区、增城区及东莞市和韶关市一批学校进行灵动教育教学研究与实践，使灵动教育逐步走出广州、走向全省，逐渐成为广州市乃至广东省的区域学校特色文化。

三、培育灵性教师的成效

我校现有教职工（含临时聘用）203人，其中高层次教育人才3人，特级教师3人，正高级教师3人，高级教师47人，一级教师69人，硕士研究生学历教师44人，专职外籍教师12人，在编教职工平均年龄38.3岁。全体教职工敬业奉献、团结拼搏，全校上下形成了齐心协力、你追我赶的良好氛围。

近年来，我校围绕"师德、师能"等关键素养，搭台子、竖梯子、结对子、压担子，着力培养拥有"工匠精神+教研素养"的名教师，努力锻造德艺双馨的灵性教师团队，初步实现了教师专业发展和学校跨越式发展的良性循环。

（一）形成了灵动教育系列课题，增强了教师科研意识和能力

近年来，我校各科教师紧紧围绕灵动教育教学申报各级各类教

研课题7项，实现了从思政学科课题到语文学科课题乃至跨学科课题的迁移（表1），灵动教育教学研究参与者从单一学科教师扩大到多学科教师共同参与。随着课题研究的深入，广大教师科研意识逐步增强，实现了从"要我研究"到"我要研究"的转变，论文写作和课题研究能力显著提高，灵动政治教育教学成果相继获得广州市教学成果二等奖、广东省教学成果一等奖。

表1 广州外国语学校灵动教育教学课题研究情况一览表（2010—2020年）

课题名称	主持人	立项审批单位	立项时间	结题时间	获奖（结题）情况
构建主动、互动、灵动的政治课堂	杜良云	广东教育学会	2011年6月	2013年12月	广东教育学会教学成果一等奖、广州市教学成果二等奖
外语特色学校主动、互动、灵动教学研究	刘红梅	广州市教育局	2012年5月	2020年5月	结题，获评优秀
多元文化背景下外语特色学校主动、互动、灵动教学研究	杜良云	广州市教育局	2013年12月	2015年12月	广州市特约教研员教研成果二等奖
区域推进政治校本课程开发与外国语学校办学特色建设研究	刘红梅	广东省教研院	2014年7月	2016年5月	结题，获评优秀
在灵动政治课堂中提升中学生法治素养的研究	杜良云	广东教育学会	2018年12月	2020年12月	结题
基于学科核心素养的灵动政治教学与评价研究	杜良云	广东省教育厅	2019年5月	2021年8月	结题，获评优秀
基于学科核心素养的灵动语文教学与评价研究	郭坤峰	广州市教育局	2020年6月	2022年11月	结题
培育新时代灵气学生——灵动政治教育教学理论与实践研究	杜良云	——	——	2020年3月	广东省教学成果一等奖

（二）提高了教师专业素养，促进了教师专业发展

对中小学教师来说，教研、研修既是培训，也是继续教育。为了提高教育科研能力和专业素养，我校教师积极参加广州市教育局组织的教育科研和专题培训活动，在培训中研究，在研究中发展，经过培训后，大部分培养对象职称或职务有所晋升，成为教育教学能手或者管理骨干。仅灵动政治教育教学课题组成员就公开发表专题论文、教案20篇（其中核心期刊8篇，人大复印报刊转载2篇），出版《灵动政治教育》《杏坛"梅"香》《杏坛鸿影》等教学专著3部，参加市级以上教学比赛5人次获奖。开展课题研究以来，课题组成员中先后有3人晋升正高级教师，2人被评为广东省特级教师，2人被华南师范大学聘为兼职教授，2人被华南师范大学聘为实习指导教师，4人被聘为广州市教育专家、名教师工作室主持人，我校相继成为广州市中小学校长继续教育实践基地、华南师范大学广东省联合培养研究生示范基地和广东外语外贸大学、广州大学实习基地。

（三）丰富了学校校本课程体系，促进了学科建设和发展

各学科实行各具特色的灵动教学，探索"两主一效"灵动教学评价，构建"中西兼容、德才兼备"的博雅课程体系。政治科组开发的《走向世界的中国人》2016年由广东高等教育出版社出版发行，2018年荣获广东省校本课程建设成果一等奖。在课程开发和建设过程中，我校学科建设取得了长足的进步，政治科组跻身2012—

2017年广州市中学政治教研会常务理事单位，荣获2015—2016年广东省中学生模拟联合国大会最佳组织奖。外语科组2011年3月被评为广州市巾帼文明岗，2015年3月晋升广州市巾帼文明示范岗。在外语科组的共同努力下，我校2010年成为歌德学院PASCH项目学校，2018年获评德语PASCH项目示范校，2010年12月成为全国双语教育实验学校，2012年12月"异域语言文化之旅"课程被认定为市级特色课程，2013年12月被认定为全国外国语学校工作研究会会员校。学校成功创建全国优秀文学校园，《墨痕》获评全国优秀校园文学社社刊，2017年7月被评为全国中学示范文学社团。艺术科组辅导的拉丁舞社被评为2013年度广州市教育局系统"十佳社团"，杂音社被评为2014年广州市教育局系统优秀音乐社团。体育科组辅导的恋上广外啦啦操社团被评为2016—2017年度广州市教育局系统优秀学生社团，我校2016年被认定为广州市传统项目（篮球）学校，同年被列为广州市校园足球推广学校。这是对我校相关学科灵动教学所取得的成绩的认可，也对我校各科教师专业素养提出了新的更高的要求。

（四）促进了学生"全面而有个性的发展"，提升了学校品牌影响力

践行灵动政治教育教学理论，培养自主学习习惯，学生创造性思维、批判性思维、辩证思维、灵动思维品质不断提升，初三中考总分平均分稳居全市前茅，培养了2015年全市中考第一名；高中学业水平考试名列全市前茅，培养了2015年全市高考文科第一名，2019年高考高优率跃居全省第一，"双一流"大学录取率突破

50%；学生各科学科核心素养整体提升，参加全国和省、市各学科竞赛和文体比赛，获奖人数和等级居全市之首。2013—2018年，学生参加国家级、省级、市级科技比赛，获国家级一等奖8项、省级一等奖38项、市级一等奖68项；获全国高中生日语演讲比赛一等奖和作文比赛一等奖、德语课本剧比赛全国第三名、法语漫画设计广东省一等奖、微视频制作比赛三等奖，日语专业学生参加日语高考并取得146分的好成绩。2014年以来，我校国际课程班毕业生全部进入美国排名前50的大学和加拿大、欧洲、澳大利亚等地排名前3的世界名校，美国综合排名前30的大学共录取141人，占毕业生总数的40.6%。其中，3人荣录常青藤名校（哥伦比亚大学1人、康奈尔大学2人），3人被约翰斯·霍普金斯大学录取，1人被牛津大学录取。特别是2020年，我校国际课程班总体升学情况跻身全国九强，从国际课程的试水者一跃成为全省基础教育国际化的领航者。这一系列办学成绩，是我校各科灵动教育教学结出的硕果，也是我校教师立德树人、品质立校的见证。

近年来，灵动教育教学研究引起了国内外教育界的普遍关注，从幼儿园、小学到中学，全国基础教育系统不约而同地展开了灵动教育研究和实践。跟踪各地教改动态，有的是由县级教育行政部门整体推行灵动教育，如湖北省武汉市洪山区、江苏省盐城市大丰区、浙江省台州市路桥区；有的是以学校为单位探索灵动教育，如四川省成师附小金堂分校、福建省晋江市金井毓英中心小学、广东省广州市南沙区南涌小学、辽宁省丹东市第二中学、江苏省苏州市第十六中学、广州外国语学校等；有的是几所学校联合研究灵动教育，如江苏省无锡市北塘区山明中学和无锡市积余实验学校。尽管灵动教育在全国各地中小学校已开展得如火如荼，但大都是分别开展研究的。打破同行之间隔阂，避免低水平重复性研究，整合各方力量协同研究，需要我们"走出去"，需要教育行政部门和教研部门提供实质性的支持，进一步扩大宣传和深度推广。

通过十余年的研究与推广，灵动教育教学理论已得到越来越多学校和教师的认同和应用，一些地方已开始在教学中探索和推广灵动课堂教学。但是，要想结合不同学科和地区的特点，打造各具特色的灵动教学模式，进行灵动教学评价和学业质量评价，从单独的学科教育教学理论上升为灵动教育教学理论，则需要更加深入的实践探索和系统的理论提升，这样才能丰富中国特色灵动教育理论，不断扩大其影响力和辐射面，让更多的学校和师生受益。

四、结语

面向粤港澳大湾区，我校将深入贯彻落实《中共中央　国务院关于全面深化新时代教师队伍建设改革的意见》，不断推进和深化灵动教育教学实践，努力建设学科知识扎实、专业能力突出、教育情怀深厚的高素质灵性教师队伍，为加快教育现代化，促进基础教育优质、均衡发展和普通高中教育优质、特色发展做出应有的贡献。

撰稿人：广州外国语学校　刘红梅　杜良云
指导专家：华南师范大学　首批教师教育专家工作室主持人赵萍副教授

指向课堂教学问题的教师校本研修的实践
——以广州市培英中学为例

一、引言

广州市培英中学创办于1879年，是一所建校143周年的百年名校，是首批广东省国家级示范性高中、首批广东省高中教学水平优秀学校、首批广东省一级学校、首批广东省德育示范学校、广东省信息化中心学校、教师发展试点学校。

我校非常重视教师队伍建设，将建设一支爱岗敬业、品行高洁、业务精专、素养深厚、结构合理、勇于担当、兼有特长、身心健康的教师队伍作为建设目标。为此，我校将教师发展作为学校第一工程，提出指向课堂教学问题的教师校本研修的实践探索，力促教师专业发展。

教师的主阵地在课堂，而校本研修的目的就是提升教师课堂的关键能力。校本研修是以学校为研究场所，以学校教师为主体，以学校教育、教学中的问题为研究对象，以促进学校发展、教师专业化水平的提高为目的，把教师培训、教育科研和教学研究融为一体的研究制度。[①]

校本研修能够凸显教师专业发展的主体价值，课堂教学成为校

---

① 孙琳. 立足课堂的校本研修实践[J]. 上海教育科研，2009（2）：80-82.

本研修的主阵地是研修的本来之义，是教师的主动选择，也是促进教师专业成长的必然导向。只有植根于课堂教学，指向教师专业化发展的共性问题才具有研究价值，而关注课堂教学问题可以更好地形成课堂教学规范，更有效地发展和培养学生的创新思维。[①]

二、问题的提出

落实立德树人的根本任务，进一步提升学生的学科核心素养，是我国普通高中教育改革的方向和目标。如何实施基于学科核心素养的课堂教学，如何落实新课标精神，如何让学科核心素养落地，引发普遍关注。本文认为，提升教师的自身核心素养是发展学生学科核心素养、落实学科育人价值的关键，为实现由"基于知识点的教学与评价"向"基于学科核心素养发展的教学与评价"转变，要求教师在实施"素养为本"的课堂教学关键能力上取得创新突破。然而，教师在课堂教学方面呈现的问题较为突出，主要有以下方面。

（一）教学观念陈旧

由于教师年龄结构断层、年龄老化的情况较严重，部分教师的教学观念仍停留在学科知识讲授层面，教师的应试思想表现得比较明显和突出。教学中虽然体现一些新课程的理念，比如重视参与、重视互动，但学生学习的自主性仍然不强，教学目标以知识为主，学生学习以演练为主，重视实验，但思维引导不够。教学观念决定

---

① 徐娟. "大问题"课堂研究聚焦学生思维发展的科学课教学策略[J]. 小学科学（教师版），2020（6）：25-26.

教学课堂行为，教师的单一学科知识教学不利于基于学科核心素养的学生发展，无法充分落实学科的育人功能。

（二）课堂教学的不规范性

无规矩不成方圆，教师是课堂的管理者和监督者，应为学生创造规范且有纪律的课堂环境和课堂氛围。此外，教师具有榜样的示范性引领作用，其规范的课堂教学行为是学生有效学习的重要基础，对学生的发展具有关键作用。然而，有些教师缺乏课堂教学行为的规范性意识，不重视教师作为课堂管理者和监督者的角色作用。

（三）以教为中心

随着社会的进步、信息化的发展，国家对人才的要求也越来越高，传统的教学模式已不适应学生的发展需求，《中国学生发展核心素养》明确指出要以"培养全面发展的人"为核心，重点关注学生的文化基础、自主发展和社会参与三个方面。可见，学生的自主发展是时代的呼唤，培养学生的主动性和积极性是课堂改革的迫切需要，当以教为中心的演练式教学占主流时，学生学习的主动性和积极性势必受到严重影响。

（四）教研脱节现象严重

教研训一体化建设是教师专业发展和学校发展的重要举措，目前教学和教研相脱节的现象比较严重，当教研不能为教学服务时，教研如无水之木，久而久之便枯干；当教学不能促进教研得以更新时，教学便如一潭死水，日日不变。

三、解决措施

针对教师在课堂教学中存在的问题，我校进行了一系列的创新探索。

（一）通过坐下来（研读学习）、请进来（专家解读）、走出去（观摩示范）、动起来（尝试实践）等多种路径，转变教师的教学思想和观念，引导教师树立正确的育人观和课程观

（1）研读学习。学生是活生生的个体，教师的每一次课堂教学都是围绕活生生的人而展开的，为转变和更新教师的教学思想和观念，我校针对每一次课堂教学中发现的问题，组织教师进行集体研读性学习，一是周读书会，通过读书，开阔教师的眼界，拓宽其知识领域，更新其认知；二是查找文献，教师不能仅停留在教书层面，也需要了解研究的新动态，学习、借鉴别人的经验；三是向同伴请教，组建学习共同体，共同成长。

（2）专家解读。依托华南师范大学教师教育专家工作室主持人的优质资源，同华南师范大学共同开展教师发展学校建设，组织专家进行现场指导。针对国家教育改革、课程、教材、教学疑难、评价等问题，邀请华南师范大学等专家解读以解惑，既充分发挥高校的学术资源优势，又加强了高校与中小学之间的联动。

（3）观摩示范。美国心理学家波斯纳曾提出教师的成长公式是"经验+反思=成长"，他山之石，可以攻玉。通过观摩优质课、参与教师竞赛课、听示范课例、诊断课例及交流研讨等途径，提升教师对教学课堂的认识，明晰对教学课堂能力的要求。学校要求每个教师每学期参与听评课最少12节，要全程参与本学科备课组的公开课集体备课研讨和课后反思，通过课例观摩，提升课堂教学规范性和有效性。

（4）尝试实践。组织学科教师对班级授课制和教学阶段理论（夸美纽斯）、最优化教学理论（巴班斯基）、教学四阶段论（赫尔巴特）、有意义接受说（奥苏伯尔）、建构主义教学理念、布鲁姆"掌握学习"理论，以及各学科核心素养等教育教学理论和有关文件进行深入研读，为课堂教学改革提供理论支撑。

组织学科教师深入研读教材，使他们善于利用教材，加工教材，最后回归教材。比如化学学科提出在人教版普通高中课程标准实验教科书《化学》中，设计许多开放性栏目，如"科学探究""学与问""实践活动""科学视野"等。不同的栏目具有不同的功能，在教学活动中起着不同的导引作用，在教学中充分有效地利用这些栏目能够增强教学的效果。不同教师，由于教学对象及教学条件存在着一定的差异，对于各栏目的应用也不尽相同，应鼓励授课教师结合具体的教学情况加以利用，同时在教学的过程中不断地积累经验，不断地取长补短，不断地完善各个栏目的功能。

优化课程结构，让学生深度体验课堂，全方位、全学科更好地融合深度学习理念。基于核心素养的课堂，需要实现从"学科"到"学生"的转变，把"聚焦学科"的课堂升级为"聚焦素养"的课堂；基于核心素养的培育，需要确定学习目标、创设学习情境、预设学习问题、指导学习策略。从"关注学科导向"转向"关注学生发展导向"，从学生发展的视角思考和选择学科教学的内容与方法。如语文课堂中提出的"立足课堂，延伸课外，推进'深度阅读'的开展"。所谓"深度阅读"，就是要给学生较多的时间和空间，透过文本文字符号的表层意义，与文本展开多重对话，通过精读细品、圈点批注、深度对话、主问题设计和拓展性阅读，在阅读的广度上感受文本的文化意味，在阅读的深度上探究作品的精神内涵和艺术特点，让学生从文本表面进入文本内层，从而获得深度情感体验，获取丰厚的知识与学养。用深度阅读课文的方法引发学生对整本书的阅读与研讨兴趣。

（二）重塑课堂教学的规范，提高课堂教学的有效性

教学是学校的中心工作，学校的一切工作必须服从和服务于教学。《现代汉语词典》中对"规范"的解释为"约定俗成或明文规定的标准"，本文认为课堂教学的规范包括以下三个方面：课程设置与管理、教学常规管理、教学实施与评价。

1. 课程设置与管理

（1）开足开好国家课程、地方课程，加强学校校本课程建设，进一步完善学校社团建设，组建各类兴趣小组或兴趣班，重视艺术、体育、综合实践活动、劳动教育、传统文化等课程，加强法治教育、安全教育、心理健康教育、书法教育等，推进素质教育课程建设。近年来，学校共开设校本课程近70门，组建社团近50个，组建各类兴趣小组或兴趣班近30个。重视校本课程建设，用社团带动活动，以活动激发兴趣。

（2）重塑学校课程框架结构。同时结合STEM课程，打造具有"白绿文化"特色的STEM课程的结构模式，实施具有"白绿文化"特色的STEM课程，做到传承历史，立足现实，面向未来，培育适应新时代需要的具有价值体认、综合思维、问题解决、创意物化等方面的意识和能力的"白绿精神的现代人"。

2. 教学常规管理

（1）完善教学管理制度，结合自身实际和学段学科特点，制订《各学段各学科教学常规》《实验课教学规范》《教师课堂行为规范》《学生课堂行为规范》《作业设置与批阅规范》等规章制度，使教学工作有规可依，有章可循。

（2）充分发挥教学管理部门、年级组（部）、教研组（备课组）等的管理职能，确保各项教学工作有序进行；成立学校教学质量监督工作委员会，负责讨论决定教学工作的指导思想、中长期规划、重大改革举措，强调关注研究教育教学前沿动态，分析探讨教学工作形势和任务，反思解决教学中的问题。

（3）健全教学检查制度。定期检查个人教学计划和总结，教学管理人员要求定期参加学科集体备课等教研活动，经常深入课堂观课，及时掌握教学动态，加强教学指导。

（4）健全教师专业发展制度。制订教师中长期专业发展规划，包括发展目标、发展措施、考核标准和办法等，确保计划的引领性、激励性和可操作性。

（5）健全教师业务档案。包括教学工作、教科研工作、进修培训、业务考核、奖惩等情况，把业务档案作为规范教师教学行为、引导教师专业成长、考核评估教师工作的有效手段和重要依据。

（6）规范教材和教辅资料管理，严格控制学生作业量。教师要为学生布置可选择的作业，要注意作业的数量和质量，要注意学科之间作业布置的总量等。

（7）健全听评课制度。35岁以下的青年教师每学期听评课20节以上；45岁以下教师每学期听评课15节以上；校长和负责教学的中层及以上干部每学期听评课30节以上。做好听课笔记和评议记录，加强与执教教师的交流研讨。鼓励开展校际间听评课活动，积极开展课堂教学研讨活动。按照深入开展"一师一优课"和"一课一名师"活动的要求上好研究课，开展晒课、观课、评课、研课活动。每位教师每学年至少上好一堂研究课。35岁以下的青年教师每学期要上一堂研讨课，各学科带头人和骨干教师每学年要上一堂示范课或观摩课。

3. 教学实施与评价

（1）严格按照教学计划实施，做好集体备课和个人备课工作，组织研究课程标准、教材及其他资源，分析学生的认知基础和情感基础，准确把握教学重点和难点，预测学生的认知障碍等，进一步增强教案的规范性。教案应包括课题、教学目标、教学重点和难点、学情分析、教学活动及时间安排、教学准备、教学过程、板书设计、作业设计、教学反思等内容，教案还应体现学科和学段特点。

（2）规范教师教学行为。教师要提前候课，站立讲课。上课衣着得体，举止文明、亲切、自然、大方。上课讲普通话，语言要精练、准确、生动、富有启发性和吸引力；板书清楚，书写工整，用字规范，布局合理，重点突出。上课关闭手机，不得迟到早退，不得中途离开教室，不得拖堂。严格按课程表上课，不得随意调课、缺课。禁止酒后上课。严禁体罚和变相体罚、羞辱学生。

（3）积极探索核心素养下的有效教学模式。比如物理学科提出思维型课堂教学模式的研究与实践应用。依据物理问题情境的创设，我校物理教师将思维型课堂的教学方法归纳为以下四种：以连贯问题点拨有效思维，利用类比方法助力思维建模，利用"争辩"过程激发思维碰撞，结合生活实际培养创造思维。又如技术学科提出基于计算思维的微课程教学法的教学模式。在教学设计和教学实施过程中，不管是课前、课中还是课后，教师都要积极创设良好的计算思维环境，注重教学过程中的思维沟通，引导学生主动思考问题、提出解决问题的不同办法，从而培养学生的思维能力和创新能力，还要设定综合性评价体系，用于促进学生计算思维能力的发展。[①]

（4）改进教学方法，采用合适的实施策略。比如政治学科提出的五度课堂活动：开展序列化活动是实现高中政治议题式教学的有效路径，高中思想政治教师要以价值为导向，精准科学定"题"；以学习为核心，开放教学时空；以教材为主线，巧妙设计"议"问；以热议为抓手，激发火花碰撞；以应用为依归，"议"后实践延伸，引导学生在序列化活动中学习知识、发展思维、锻炼

---

① 曹金华. 基于计算思维的微课程教学法在高中程序设计课程中的应用研究[J]. 信息技术与信息化，2018（1）：141-143.

能力、体验情感、内化价值，从而使高中政治课堂成为有高度、宽度、强度、温度、深度的"五度课堂"。①又如在历史学科教学中，创设贴近学生日常生活的情境，让学生感觉到历史并不是那么遥远，从而让学生很快入课。教师引导学生在历史情境中，挖掘历史课程资源中蕴含的价值，体验、感悟其精神内涵。

（5）注重实验探究和实践过程，立足从"低阶认知能力"走向"高级认知能力"培养。比如地理学科开展以"校园植物"为主题的田野地理实践，以观察、体验、感悟为基础，给学生动手操作的机会，让他们有机会展示不同的个性特长，在原有基础上提升地理核心素养。校园植物认种的准确度和全面性，要在后期制作校园植物图鉴过程中改进。深度挖掘校园资源，形成主题式的实践体系，充分给予学生参与、体验、感悟、在做中学的机会，设计有梯度的观察、实验、调查活动，从"教师领着做"到"学生主动做"，不断提升学生的知识水平、行动能力和意志品质。

（6）坚持教学反思与总结。教师要定期对课程资源开发、教学设计、课堂教学、考试、学生学习与生活指导等教学活动进行反思，剖析、总结教学得失。每学期最少提交一篇有质量的教学反思，每学期最少参加一次中青年教师教学基本功评比，每学期最少进行一次学生教学评议等。严格规范日常考试，加强考试命题研究，建立命题、审题制度。各类考试命题要严格依据国家学科课程标准，要加强试题与社会实际、学生生活经验的联系。在考查学生掌握基础知识和基本技能的情况的基础上，重视考查学生分析问

---

① 林艳霞. 基于序列化活动的高中思想政治"五度课堂"建构[J]. 新课程研究，2020（17）：62-63，98.

题、解决问题以及实验操作等方面的能力，准确反映学生的学习效果。考试结束后及时阅卷，并进行统计分析，全面诊断教与学的情况。精心设计并上好测试讲评课，提高讲评的针对性、实效性，认真实施矫正教学，巩固学习成果，提高学习能力。

（三）改变以教为中心的演练式教学，倡导以学生为中心的情境探究教学

以学生为中心即要以学生的需求和发展为基本目标，从课堂环境的设计上，教师的课堂应突出四个要素：学生、知识、评价、合作。首先，教师需对学生进行学情分析，了解并把握学生的学习水平及情况；其次，根据学生的学情结果，研究教材内容，梳理知识，完成备课；再次，寻找合适的教学方法及评价方式，以情境与问题为切入点，引导学生进行合作与探究，完成学生教学和应用拓展。

改变被动学习的教学模式，真正体现学生自主探究意识，重视学习的主动性，让学生自主地参与知识的获取过程。在课前，教师通过精准的教学分析布置预习作业，设计预习学案，指导学生在课前预习中抓关键信息，提升获取信息的能力，这是学生自主学习的第一步；在课堂教学中，安排小组合作学习及展示，引导学生质疑、调查和探究，这是充分发挥学生主观能动性的关键；在课后，在复习中培养学生梳理知识、整理信息的能力，这是学生自主参与知识获取的终极体现。学生的自主学习贯穿整个知识的获取过程，学生通过自主学习，可以了解大部分的基础知识，应用自主学习所得知识对例题进行解析，同时将自主学习中产生的新问题带入课

堂，提高课堂的学习效率。又如数学学科提出"以问题为导向"的个性化教学改变了原来"满堂灌"的教学方式，教师通过提出"问题链"，能够有效调动学生自主探究问题以及解决问题的积极性，促使学生成为课堂真正的主人，从而将课堂气氛变得更加活跃、富有生机。[①]

（四）建立教、研、训一体化的校本教研的机制，解决教学和教研脱节问题

校本教研的根本目的在于促进教师的专业成长，即教师专业素养的提升，教学实践的持续改进有利于提升人才培养的层次和水平。研训一体化的校本教研主要针对目前教研活动效率不高，如评课走过场、形式化倾向严重，每年的开放日针对性差等问题；教研活动虽然多样，但效果不好，如接力课堂。

建立研训一体化的机制，将问题、研究、培训一体化，强调其一致性和关联性。问题是教育改革实践中的问题，是值得或已研究的问题，也是要培训的问题。研究要指向实践中的问题，研究的成果要用于培训，培训要立足于实践中的问题解决，而要有效地解决问题必须基于问题的研究成果。

落实科研引领实效，促进教师专业化发展。坚持落实好每周学科集体备课制度，针对课堂教学问题进行专题分析、专项解决；坚持落实好师徒结对子制度，充分发挥老教师的传帮带作用。采用多

---

① 张美珍. "问题导向"的个性化教学，让课堂真正的"活"起来：以《与抛物线有关的最值问题》课堂教学为例[J]. 中学课程辅导（教师通讯），2020（16）：65-66.

样化教、研、训一体化形式，提升教师参与的积极性。鼓励一线教师聚焦课堂教学问题，主动参与有关课题研究或论文撰写；充分利用学科名教师工作室搭建平台，邀请学术专家进行专业指导，合理安排每月"白绿大讲堂"的主题活动，采用多种形式提升教师参与的积极性。加强与华南师范大学、广州大学等的联系，引入大学可用资源，指导教师教研工作。优化校本教研评价机制。做好教师发展电子档案袋，记录教师专业成长轨迹，督促教师完成各项科研和教学任务。鼓励教师积极申报教学成果；落实学校年度人物、特色教师、市区骨干教师等各种评优评先推荐向一线教师倾斜。

四、取得的一些成果

（一）打造和实施了"五子登科"教师队伍建设工程，有效促进了教师专业发展

（1）镜子——通过开展公开课、教学研讨会、教育年会、教学开放日等各类活动，引领教师进行教学展示，并及时反思与反省，提升教学综合素质与能力。近年来，开设区级以上公开课近30节次，在"一师一优课、一课一名师"活动中获评市级以上优课约40节次；每学期均开展教学开放日活动，邀请上级主管部门、兄弟学校、专家学者、学生家长等深入课堂进行教学研讨，每年均设定不同教科研主题，举行教育年会。

（2）靶子——成立省、市、区名校长、名教师工作室，鼓励教师成为各级各类工作室成员，承担工作室任务，引领教师做好职业规划。学校现有省级名教师工作室1个，市级名校长、名教师工

作室3个；加入各级各类名校长、名教师、名班主任工作室教师近30人次。

（3）面子——学校举办学年表彰（含学校优秀教师、优秀教育工作者、优秀班主任等）、年度人物评选、集团功勋人物评选等活动，及时表彰与奖励做出贡献的教师，积极推进师德大讲堂建设，树立先进，发挥榜样引领作用。

（4）梯子——为教师提供各类培训，打通教师上升通道。近年来派出教师参加上级安排的国家级、省级、市级教师培训共计100多人次，设立教师培训专项资金，做好教师培训保障工作，实施"派出去、请进来"策略，派出教学骨干、德育骨干、信息化融合学习专题培训团队共计13批次约240人次，请进来开设专题讲座专家近40人次。

（5）绳子——建设学习型学校和教师学习共同体。通过捆绑式考核与评价，加强教师团队建设。强化集体备课制度，建立健全导师制度。

（二）重塑了课堂教学规范，有效提高了教师课堂教学基本功，促进教师专业成长

形成一系列课堂教学规范化制度，更新编制了教职工手册，促进了教师专业成长：近年来，教师专业发展呈现良好态势，累计评选出南粤优秀教师1人，广州市优秀教育工作者1人，广州市优秀教师1人，广州市名教师培养对象2人，广州市名班主任培养对象1人，广州市骨干教师（第四、第五、第六三批次）34人，区骨干教师（第二、三批次）23人。学生参加各级各项活动和比赛，取得了

较为优异的成绩，其中获省级以上奖项近110人次、市级以上奖励近1200人次，在体育竞赛、艺术、科技、人文等各类竞赛中均脱颖而出，体现素质教育育人成果。

（三）建立以科组为中心的教师学习共同体，有效加速年轻教师的专业成长

近年来，累计完成师徒结对共98批次，随堂听评课近400节次，撰写教学反思或教学日记近300篇，通过组建以科组为中心的学习共同体，学习者可以围绕当前教育教学某主题进行充分的讨论交流，从而表达自己对问题的理解以及解决问题的不同思路，相互分享各自的想法，相互解疑、讨论和评价，相互合作解决各种问题，相互促进，共同提高。

（四）创建了以学生、知识、评价和交流为中心的课堂教学环境，构建了体现学科特点的有效的学习方式

学科核心素养下的课堂教学需要充分调动学生的学习积极性和主动性，提倡项目式教学、深度学习、问题探究式学习等，引导学生主动探究、从实验中总结、从实践中归纳，从而创建以学生、知识、评价和交流为中心的课堂教学环境，构建体现学科特点的有效的学习方式，从而取得更好的学习效果。

（五）建立了大学和中学协作共建新机制，形成教、研、训一体化校本教研机制

（1）近年来，每个学期都举行学校开放日活动，邀请上级教

学主管部门和兄弟学校听评课，接受市区教研院调研8次，积极组织教师集体参与其他学校的教学开放日活动，多学习。积极鼓励学科教师参与各级名教师工作室活动，积极承办各级公开课。

（2）近年来，出版校内教育理论成果集近20本，如《培英教研十年》《白绿文集》《互动模式的构建》《互动模式的实践》《互动模式的经验》《互动的课堂教学评价》《关注新课程》《走近新课程》《新课程的实施与反思》《新课程的理性行动》《新课程理念的践行》《新课程实施的推进》《新课程背景下的课堂教学》《白绿德育之光——立德树人》《培育核心素养　践行立德树人》《新高考方案与课程教学的反思》《白绿德育之光——悦纳·成长》等，近年出版校本教研学科资料37本，并得到广泛应用。

（3）近年来，承担区级以上课题近40项，以科研课题为引领，带动教师专业成长。

（4）近年来，学校教师出版个人专著或参与编写各种教材教辅资料10余本，公开发表论文104篇。

（六）德育渗透，悦纳悦己，培养家国情怀，焕发教育生命力，回归教育本质

在课堂教学中既重视各自学科特点，又重视德育与情感教育的全过程渗透，特别强调从树立学生正确的审美观、培养学生爱国主义情怀、对学生进行辩证唯物主义观点教育、培养学生环保意识等方面阐述如何在课堂教学中对学生进行德育渗透。在发挥学科语言的特有魅力、保持良好体态语言传递积极情感、精选教学内容中的

美感来实现情感教育、利用生活中的学科事件实现情感教育、以学科人物为榜样激发学生的学习主动性、提高与学生的接近度及加强学科情感交往等方面，形成一种融洽的情感教学气氛，从而使课堂教学充满活力、充满激情，让学生在快乐中学习知识、提升能力。

五、反思与展望

新课程标准要求教师以学生为中心，尊重学生个体差异，提高课堂实效，以培养学生的核心素养为教学任务。立足课堂，重构课堂，深化课堂改革，打造高效课堂，以培养具有独立思考能力、运用知识能力、创新知识能力、适应未来社会能力以及能够进行终身学习的人，学生核心素养的达成是长期的、逐渐积累的、从量变到质变的过程，并非单项、短暂发展的过程，一堂课所能发挥的作用是非常有限的，这些都是我们面临的问题与挑战，但我们不能因此放弃可能起到点滴作用的每个教学细节，积少成多，细水长流，让"核心素养"延续到每一节课堂中。在以后的教育教学中，如何在课堂教学中更高效地培养学生的核心素养，不断升华教学理念，如何在教学课堂中更好地落实核心素养，如何更好地融合学科交叉知识，开阔学生国际化视野，培养学生的思维能力和社会责任，这还需我们多思考、多创新、多总结。

撰稿人：广州市培英中学　曹金华　林泽权　喻峰　郑飞卡罗莉容　秦海静　赵革萍　余莹　黄桂荷　李英

指导专家：华南师范大学　首批教师教育专家工作室主持人张军朋教授

参考文献

［1］孙琳. 立足课堂的校本研修实践［J］. 上海教育科研，2009（2）：80-82.

［2］徐娟. "大问题"课堂研究聚焦学生思维发展的科学课教学策略［J］. 小学科学（教师版），2020（6）：25-26.

［3］曹金华. 基于计算思维的微课程教学法在高中程序设计课程中的应用研究［J］. 信息技术与信息化，2018（1）：141-143.

［4］林艳霞. 基于序列化活动的高中思想政治"五度课堂"建构［J］. 新课程研究，2020（17）：62-63，98.

［5］张美珍. "问题导向"的个性化教学，让课堂真正的"活"起来：以《与抛物线有关的最值问题》课堂教学为例［J］. 中学课程辅导（教师通讯），2020（16）：65-66.

以"基于现象的多学科融合教学"促进教师发展的实践研究
——以广州市协和小学为例

一、导言

　　未来已来，随着人类社会的快速发展，当下，人类社会已经进入一个全新的时代。这个全新的时代，是一个高度强调个性化的时代，也是人与人之间高度合作和联通的时代。新时代的教育，既要满足学生的个性化需求，又要在团队协作中增强学生与世界、学生与社会，以及学生与学问之间的连接。新时代的教育，必须在提升未来社会学生所需要的"4C"核心能力，即创新能力（creativity）、合作能力（collaboration）、沟通能力（communication）、批判性思维能力（critical thinking）上有所作为。这就对新时代的教师素养提出了不小的挑战，也为我们教师专业发展的路径和方法提供了新的课题。

　　现象教学是相对分科教学而言的，又称"主题教学"，是基于生活中的真实现象或话题，融合各学科知识为学生准备的跨学科课堂教学模式。"基于现象的多学科融合教学"需要不同学科教师围绕同一"现象"进行充分沟通、协调、计划、分工、备课、上课。通过协同教学，学生对某一现象形成系统性认识，是打破教师学科界限，促进教师专业发展，促进教师和学生共同成长，用全新的整体思维重组教和学，培养学生综合能力、解决问题能力和创新能力的有效实践。

全面审视和反思我们的学校教育，更多的教师还是沉浸在自己娴熟的传统的教学模式中，教师的专业发展只是十分注重所教学科的专业学习，深究所教学科的内在知识建构、能力发展，各学科之间界限分明，缺少紧密的联系，正所谓"专科专教"成为广大教师的共识。在实际的校本教研中，几乎很少看到各学科教师之间的互动和联合教研，大家只关注本学科的教学，很少涉及跨学科融合性、关联性的学习，造成了学科之间的严重割裂，严重阻碍了知识的融会贯通，对于培养学生面向未来所需要的能力明显不足。这样学科各自为政的教学状态，对提升教师面向未来的创新能力、整合能力，以及团队协作能力，也造成了较大的影响。

近年来，广州市协和小学在教师专业发展方面，一直进行着深度研究和积极探索。我们在借鉴国内外先进教育经验的基础上，立足校本实际，开展了一系列的行动研究。经过两年多的实践探索，我们认为，"基于现象的多学科融合教学"的研究与实践，是促进教师专业发展的有效路径。

二、"基于现象的多学科融合教学"概述

"基于现象的多学科融合教学"，最早是芬兰提出来的。从 20 世纪 80 年代开始，芬兰的一些教师就会在传统学科教学之外，围绕学生感兴趣的话题开展教学。2018 年，由芬中教育协会组织的第二届"中芬基础教育高峰论坛"上，芬兰伊勒耶尔维综合学校校长

莎图·塞佩恩尼特蒂·瓦尔卡马介绍说，她的学校很多年以前就开始尝试"基于现象的教学"。比如，把学生们带到森林里，辨认植物、用绳子丈量步伐、把捡到的松果按照大小分类等，回来后还会用捡来的树叶和松果做手工。参与策划和教学的包括数学、自然、美术、体育等科目的任课教师。与之类似，教师围绕很多类似话题来组织历史、地理、外语、宗教等科目的教学。

"基于现象的多学科融合教学"，是相对分科教学而言的，又称"基于主题的多学科融合教学"，是基于生活中的真实现象或话题，融合各学科知识、能力，为学生准备的跨学科课堂教学模式。"基于现象的多学科融合教学"，从真实的生活现象出发，结合多学科知识，利用多种资源及教学手段，引导学生主动学习、创造性学习，促使学生关注生活现象，学以致用，克服了传统分科教学存在的知识零散、脱离生活情境的弱点，也避免了学生因不擅长某一学科而丧失学习兴趣。在学习过程中，学生通过小组合作和自我探究，锻炼了沟通表达与人际交往能力，提升了信息素养，掌握了日常生活技能，为迎接未来生活的挑战奠定了必要的基础。

三、"基于现象的多学科融合教学"对教师专业素养的要求

2016年制定的《小学教师专业标准》，对教师的专业素养提出了明确的要求。教师要具有扎实的专业知识，从学科知识来看，既要能够适应小学综合性教学的要求，了解多学科知识，掌握所教学科知识体系、基本思想与方法，了解所教学科与社会实践的联系，了解与其他学科的联系。从通识性知识来看，又要具有相应的自然

科学和人文社会科学知识，要充分了解中国教育基本情况，具有相应的艺术欣赏与表现能力，具有适应教育内容、教学手段和方法现代化的信息技术知识等。

对照《小学教师专业标准》，充分考虑"基于现象的多学科融合教学"本质特征的需求，我们认为，"基于现象的多学科融合教学"对教师素养的要求，正反映了《小学教师专业标准》对教师专业素养提升的诉求，也必将对促进教师专业素养提升起到重要的作用。

从课程论的角度来看，"基于现象的多学科融合教学"，必须有相应的课程加以支撑。即对教师而言，要进行基于现象的多学科融合教学，教师首先得是课程的开发者，同时还要是课程的实施者、评价者。某种意义上说，课程目标的确定、课程内容的选择（即研讨现象或学习主题的选择）、课程教学的实施、课程效果的评价等，都对广大教师的专业素养提出了更高的要求。

从教学论的角度来看，"基于现象的多学科融合教学"，很大程度上不同于常规的单一学科的教学。教学的目标、重点、方法主要是围绕"研究的现象或学习的主题"开展的。在学生的学习活动中，从发现问题、研究问题到解决问题，所需的知识、能力、方法往往涉及多门学科，多学科教师在学生学习过程中，既相互独立，又相互合作，形成了一个教学共同体。在此过程中，教师已经不是单纯的某一学科的教师，所有参与其中的教师均要从"现象或主题"出发，了解和掌握更多的与之相关的知识，具有充分的储备，才能够在教学中有效指导学生开展学习活动。此外，"基于现象的多学科融合教学"，其学习的方式主要是"以学生为主体"的自主、合作、探究式，这也与常规的学科教学有着较大的不同，对教师的专业素养同样提出了更高的要求。

四、以"基于现象的多学科融合教学"，促进教师专业发展的实践探索

（一）整体规划，目标驱动

百年大计，教育为本；教育大计，教师为本。教师的专业发展是我校近年来发展的重中之重。我校《2018—2022校长任期目标五年规划》明确提出，深化课堂教学改革，探索各学科课堂教学结构创新，形成一定的教学模式（常式、变式）；倡导和尝试开展跨学科融合的"基于现象的主题教学"模式的探索，开发"以科技创新为基础，以信息技术为平台的多学科参与"的教学主题系列，并能够形成特色课程成果。正是在这一目标引领下，广大教师积极投身于此项研究中，并在研究中努力提升自己的专业素养。为了能够更好地落实规划，我们重点关注以下方面：

（1）基于"现象教学"理念下的多学科融合教学的科学性、可行性。

（2）基于"现象教学"理念下的多学科融合教学的实施原则和实践模式。

（3）基于"现象教学"理念下的多学科融合教学实践研究对教师专业提升的作用和意义。

（4）基于"现象教学"理念下的多学科融合教学实践研究对提升学生学业水平和核心素养的有效性。

（5）基于"现象教学"理念下的多学科融合教学实践研究对促进学校积极的教科研文化形成的作用。

（二）建立团队，示范引领

为了加大研究的力度，提高研究的实效，真正为促进教师专业素养的提升提供保障，我校成立了由孔祥明校长任组长，陈哲主任和孙宏老师任副组长，多名学科骨干教师为组员的核心团队，为在全校开展和推广此项研究提供了坚强的人力保障。

陈哲主任和孙宏老师，在自己的日常教学中，长期开展多学科融合教学，一直从事科学教育、自然教育、STEAM教育工作，也有多个研究项目经验，为此项研究提供了坚实的人力基础。我们期待，在核心团队的示范引领下，有更多的教师参与实践，在实践中认识自我、充实自我、提升自我。

（三）明确方向，确定主题

"基于现象的多学科融合教学"，其课程目标确定与否，课程内容的选择合适与否，即研讨现象或学习主题的选择合适与否是成功与否的关键。那么，确定课程目标和选择课程内容的能力，也是教师亟待提高的专业素养的重要部分。

在芬兰教育走进协和小学，芬兰教师在协和小学展示真实的课堂教学之后，孔祥明校长于2018年赴芬兰进行了为期21天的深度学习和考察，对芬兰已经成熟的"现象教学"进行了全面、系统的学习和了解。一方面，学习和借鉴了芬兰"现象教育"的理念和做法，另一方面，结合了我校的校本特色和师资现状，在深度研究小学阶段各学科知识的自身体系及各学科之间的关联性后，创造性地提出了以"一到六年级语文课本里的科学现象"为研究与学习的"现象或主题"，确定了每个学段的现象教学多学科融合的主题活动，并带领研究组核心成员进行了系统梳理和整理，初步建构了具有我校特色的"基于现象的学科融合教学"课程目标和内容架构。

（四）强化培训，注重实效

"基于现象的多学科融合教学"，对于广大教师来说，是一种新的教学方式的尝试，打破了常规教学备课、上课和评价的范式。无论是教学理念，还是教学方法、教学策略等，都需要进行全面的培训和指导。为此，我们在全校范围的学科教研组活动中，加强了相关内容的培训。通过学习理论，剖析和解读国内外教学案例，观摩和赏析课堂教学课例，提高了认识，明确了实施要领，为自己的亲身实践打下了坚实的基础。

"基于现象的多学科融合教学"的备课，需要经历两个阶段，一是集体备课，即在备课过程中，引导不同学科教师，紧紧围绕同一"现象或主题"进行充分沟通、协调、计划、分工；二是个性化备课，即在集体备课的基础上，相关学科教师在统一目标、现象的背景下进行个性化备课。在培训过程中，我们更加强调集体参与的协同备课和深度研讨。

"基于现象的多学科融合教学"，在教学方式呈现上，有其明显的独特性。

第一，"基于现象的多学科融合教学"让所学回归生活，鼓励学生以生活中的真实现象或学生关心的主题为学习内容，充分体现了杜威先生所提倡的"学校科目相互联系的真正中心，不是科学、不是文学、不是历史、不是地理，而是儿童本身的社会活动"的教学理念。

第二，"基于现象的多学科融合教学"，传承了"在做中学"的理念，让学生在项目合作中学习沟通技能、学会解决问题，学会对他人的观点或身边现象进行反思和批判，是一种将21世纪技能培养和科目教学相结合的新型教学方法。

第三，"基于现象的多学科融合教学"，是真正"以学生为中心"的教学过程，从现象或话题的选择，到课堂实践和学习，再到学习效果评估，学生都是实施的主体。这种以"学生为中心"，以"生活实践为载体"，以"在做中学"为主要方式的教学，无疑对广大教师提出了新的挑战。

此外，"基于现象的多学科融合教学"，在教学组织形式上，也有其明显的多样性。通过研究，我们大致提炼了三种组织形式。

第一，各学科参与的实践探究式。即在各学科教师带领下，学生走进生活、社会和自然，围绕确定的"现象或主题"，开展实践探究活动。

第二，各学科教师分科顺序教学。即各学科教师，根据学生在实践探究活动后的所获，展开进一步研究和学习的教学，主要是各学科教师按顺序进行。这样的分科教学，有利于对现象或主题进行深度学习，促进学生学科素养的形成。

第三，各学科教师进行的"合作教学"。即课堂上，参与教学的学科教师可能有2~3个，甚至是更多教师进行协同教学。大家在课堂教学过程中，根据学生学习的需要，针对学生提出的问题和遇到的困难，发挥其学科教师的指导和帮助作用。合作教学的目的，就是要让学生通过对某一现象或主题的研究和探讨，形成与主题相关的各学科融合的系统性认识。

在"基于现象的多学科融合教学"过程中，师生要共同探索学习的主题或现象，学生要自己去设定学习目标，提出问题并解决问题，并根据既定的目标评价自己的学习过程和成果。在这样的学习过程中，学生的经验、知识、感受、兴趣爱好、与他人的互动都得到关注，而教师此时的角色更像是一位"旁观的军师"，观察每个学生的个别需求，并提供差异化、个性化、有针对性的支持。这样的教学，是对传统教学的颠覆，更是对当下教师的严峻考验。加大培训力度已经刻不容缓。

（五）实践操作，提升素养

在我们的教师培养体系中，一直强调的是"专科专教，专业对口"，学科界限十分明显，教师的专业知识结构较为单一、片面，跨学科、多学科知识不能满足"基于现象的学科融合教学"的需求。为了更好、更快地满足教学的需要，让全体教师建立起跨学科思维，培养打通各学科之间知识联系的意识及有效融合各学科知识解决问题的能力，成为我们当下的重中之重。

1. 深度研讨各学科知识的连接点，准确找到统领各学科的"现象或主题"

在研究过程中，我们从现象的真实性（创设真实情境与设计驱动性问题）、探究的有序性（确定探究任务与安排探究环节）、思维的深刻性（掌握探究方法与建构科学概念）三个研究视角，对一至六年级语文、数学、道德与法治、科学、美术、音乐、综合实践等学科教材内容、知识体系，进行了全面、系统的梳理，最终大家惊喜地发现，能够统领各学科知识，融合各学科知识和能力的"现象和主题"大都可以在语文教材中找到。为此，我们进一步对语文教材进行了精细、科学的解构，初步梳理出以语文课文为基础，融合各学科知识和能力的"现象或主题"系列，形成了"基于现象的学科融合教学"的课程资源（表1）。

表 1　广州市协和小学"基于现象的学科融合教学"的课程资源

年级	语文	科学	可融合学科
一年级	乌鸦喝水、司马光砸缸	动物的认知、水位上升	语文、科学、美术、音乐
二年级	植物妈妈有办法	植物的认知、力学	语文、科学、数学、美术
三年级	美妙的大自然声音、花钟、蜜蜂	动植物认知、自然规律、声音的产生	语文、科学、音乐、美术
四年级	探访动物之家	动物的认知、结构及搭建	语文、科学、美术、英语
五年级	家乡的候鸟	动物的认知	语文、科学、数学、美术
六年级	地球、节气	地理知识	语文、科学、数学、音乐、美术

2. 精心设计融合教学方案，为融合教学的实施打下基础

"基于现象的多学科融合教学"的理念是让学生真正能成为学习的主人，这已经成为大家的共识。在研究的开始阶段，精心设计各学科融合教学的方案显得尤为重要，且这种设计能力的提高，对

教师来说也是一个艰难的过程。

"基于现象的多学科融合教学"的现象或主题学习的内容确定，依托教材内容，整合学校、周边社区及共建单位等的学习资源，结合学段特点，师生共同确定学习主题，多学科教师与学生合作设计主题教学方案，形成系统的"基于现象的多学科融合教学"主题学习课程。其过程充分发挥学生的主体作用，体现以"学生为中心"的教学理念。各年级在每个学期的课程中自主选择，都会有一次为期两周到一个月的主题学习活动。

在"现象或主题"确定之后，各学科教师反复研讨，深入论证，共同商定具体的教学计划，研究教学内容所涉及的学科知识、教学方法、教学组织、教学评价及所需课时等，形成成熟的融合教学综合设计方案。然后，各学科教师根据此方案，还要进一步细化各自学科的教学子方案，明确学科教学的目标、任务和参与的实施步骤。

以"植物"主题学习模块为例，在整个为期三周的学习活动中，学生以学习小组为单位，比如其中一个小组选定爬山虎为研究对象。师生共同制定学习内容与学习计划。学习爬山虎的基本植物学知识、生长轨迹、对墙体的要求以及爬墙的力度，以及与爬山虎相关的故事及人文精神等。学生在探究学习过程中必须动用科学、数学、物理、语文等学科知识来解决所面临的问题，教师在学习过程中扮演的是参与者、学习顾问、观察者的角色。学生在主题式学习活动中通过横向学习模块的学习，不但了解了爬山虎各方面的知识，更掌握了运用各学科解决实际问题的能力。

又如一年级语文课文《乌鸦喝水》，语文、科学、音乐、美术老师在这个动物模块学习活动中分别从字词、朗读、自然界中聪明的乌鸦、模仿乌鸦的动作创编舞蹈、配乐、水墨画乌鸦等方面，使学生从各个学科的视角理解乌鸦，从而获得综合性知识，以及培养高阶思维。

再如，五年级开展主题为"人文景观"的学习活动，从语文课文《颐和园》入手进行以"历史建筑"为主题的"基于现象的多学科融合教学"，语文老师从语文的角度开始讲字词句，科学老师讲建筑的结构，美术老师讲建筑的美、图案的构成，数学老师讲角度、面积等数学问题，英语老师讲如何用英语表达向外国友人作介绍并拍摄和发布视频。请建筑专业人士进课堂，再拓展到户外，挖掘本土历史建筑，带学生到学校附近的增埗公园进行实地考察。进行更深层次的历史人文的研究。第三个月展示学习成果：制作PPT进行成果展示，语文学科撰写研究报告，美术学科绘制展示海报等，将之前两个阶段的学习成果进行汇总展示。学生在主题式学习活动中通过纵向学习模块的学习，真正掌握了运用各学科知识解决实际问题的能力。

3. 广泛开展融合教学的实践探索，总结提炼教学规律及构建教学模式

发动广大教师，积极参与课例研究。力求打造经典课例，对课例进行分析、提炼，探索出"基于现象的多学科融合教学"基本规律，着力通过教学结构化研究，构建"基于现象的多学科融合教学"教学模式。

"基于现象的多学科融合教学"实验课程分3大领域36个主

题，一至六年级全覆盖。培养目标呈螺旋式上升。每个主题均以学生身边熟悉的现象为载体，以1～3个学科为核心，有机融合其他多个学科，设计出学生喜闻乐见的系列综合性实践活动。实验课程将通过两年的教学实践研究逐步完善，再不断打磨，最终形成具有协和小学特色和推广价值的跨学科课程。

各年级每个学期至少组织一次跨学科主题教学实践，每次教学用2～6个课时完成。期望通过多年系统的跨学科主题学习，有效提升协和小学学生的综合素养。

我校2018—2020年对"基于现象的多学科融合教学"研究非常重视，已开展了多次关于"基于现象的多学科融合教学"的观摩学习培训和教学实践。

（1）2018年5月22日，开展中芬课程教学改革实践交流活动，由芬兰的两位全科教师在我校带领学生进行了一天的语文、数学、科学、美术、音乐、体育的基于现象的多学科融合学习活动。

（2）2018年10月，赴香港梁铫琚学校进行教学交流，陈哲和李彦彦老师联手上了一节语文、科学、美术跨学科融合课"搭船的鸟"，为我校基于现象跨学科教学研究的第一个实践。

（3）2019年1月，学校语文、科学、音乐教师带领学生及家长50多人赴香港进行自然观察户外活动，从课堂到户外的延伸，让各科教师、学生和家长体验了学科融合的意义和价值。

（4）2019年3月，学校语文、科学、音乐和美术教师联合上了"基于二十四节气现象的学科融合课"，展示给安徽的名校长交流团的专家，受到高度评价。

（5）2020年1月，举办穗毕两地远程交流活动，主题为"基于现象的学科融合教学"，我校语文、科学、音乐、美术教师联合上了一年级"乌鸦喝水"一课，贵州市毕节实验学校由语文、数学、信息技术、美术教师联合上了六年级"骰子的秘密"一课，两地师生在教学活动中受益匪浅。

（6）2018—2020年，我校多次举办面向全校教师和学生的学科融合培训全员素养讲座，包括多年从事自然教育的劳动技术学校谢辅宇老师的"二十四节气与学科融合"，倍特科技教育的"学科融合、创新思维，STEAM教育"，叮当荒野学堂的吴娟老师的"飞鸟相与还，语文中的自然科学"，农科院的"农业科技中的学科融合"。基于现象学科融合的理念深入人心。

（7）2019—2020年，开展环境地图实践活动，形成的21个项目，涵盖了广州历史文化、城市建设、海绵城市、自然资源等与城市和生活密切相关的主题，体现多学科融合教学的教育成果和可持续发展及创新综合型人才的培养成果。

五、典型案例

案例一："乌鸦喝水"语文、科学、音乐、美术多学科融合课堂

授课者：周燕　洪佳妮　蔡茹萍　沈湄　2020年1月穗毕两地远程交流公开课

只争朝夕，不负韶华，2020年1月2日，新年上班的第一天，协和小学迎来了"基于现象的多学科融合教学"穗毕两地远程交流活动。这是由孔祥明校长引领广州市协和小学、贵州市毕节实验学校开展的一个重要的新课题。虽然千里之外，山海之隔，但现代技术和网络仿佛把我们带到了同一间课室，坐在了一起，听课、评

课，分享课改研讨的快乐和收获。

协和小学展示一年级"乌鸦喝水"融合课。语文课上学生进行朗读和口语交际，当洪佳妮老师提出"现实中乌鸦能像寓言故事中一样想出投石子的办法喝到水吗"的问题时，科学老师蔡茹萍进入课堂启发学生做实验，从现实版松鸦喝水视频了解自然界的鸦科动物具有的高智商。从阅读故事联系到现实世界，证明乌鸦在生活中确实如故事中所讲的一样聪明，让学生恍然大悟，原来语文中可以蕴含科学！音乐和美术学科则将语文学科的线舞动成体，绘制成面。音乐老师沈湄让学生欣赏乌鸦飞行的动态美，结合乐谱自编乌鸦喝水的歌曲，学生边唱边舞，最精彩的是学生用打击乐器奏出紧张、快乐的过门音效。

美术老师周燕带领着学生用黑白色彩和手掌进行乌鸦拓印的绘画活动，刚刚经历音乐律动和手部动作模拟的学生们对乌鸦的形态有了具体理解，因此在美术环节拓印的乌鸦动静皆宜，活灵活现。小组还进行了合作，把乌鸦喝水的故事画面创作出来，一幅幅手掌拓印的国画作品充满童趣和美感。

最后，语文老师洪佳妮跟学生们再读乌鸦喝水课文。此刻，一年级学生们读出的情感，演绎的动作，基于对乌鸦的立体了解更上一层楼，小小心灵已把语言表达、实证科学、艺术美感融合在一起。润物细无声，这就是协和小学基于现象的多学科融合教学研究。基于乌鸦喝水的现象，融合多个学科，知识迁移，核心素养融会贯通。

案例二："二十四节气"语文、科学、音乐、美术多学科融合课堂

授课者：聂小燕　孙宏　陈郁慧　陈勇坚　2019年3月安徽名

校长交流公开课

2019年3月20日，我校大胆地进行了一次基于现象的学科融合课程"二十四节气"的公开课展示，这也是我校第一次尝试由4位不同的学科老师，同时在一个小时里围绕"二十四节气"这一教学内容进行的教学尝试。

在这一节课中，语文科的聂老师由《二十四节气歌》导入新课，接着以春分为切入点，介绍与春分有关的美景、美诗、美食、谚语、习俗等，然后小组展示与二十四节气有关的作品，如手抄板、诗配画、对联等；科学科的孙老师向学生介绍二十四节气的由来，让学生了解古人是如何测定节气的，通过自制圭表模型，用实验来演示古人测定节气的方法；美术科的陈老师通过摄影、绘画等作品的介绍来让学生感受二十四节气中大自然带来的美；音乐科的陈老师通过人声及乐器模仿大自然声音及动物叫声、器乐合奏、表演等多种手段，让学生从音乐的角度感受到二十四节气的美。

这一节基于现象的学科美感课堂融合课，受到了学生的欢迎，同时也得到了来自安徽50多位校长的一致好评。

六、研究成效

（一）教师发展

通过多学科融合的实践，打破教师学科界限，收获共同建构课堂，共同感受不同学科之美，以及团队协作，打造精品的幸福。

通过多学科融合的实践，提高教师们的上课水平和课题研究能力，不同学科的教师都在融合课堂中找到了研究方向，成功联合申报市规划课题，并撰写和发表多篇论文。

美术和语文、英语教师成功申报并实施2019年市级课题"小学生美术素养提升实践研究"，中期报告受到专家高度赞扬。

语文教师成功申报2019年市级规划课题"单元整合下的语文教学提升教师能力的实践研究"。

科学、信息技术教师成功申报2021年市级课题"基于STEAM教育理念的小学科学教学创新模式实践研究"。

科学、语文、美术、音乐、英语、信息技术教师成功申报2021年市级规划课题"基于现象的多学科融合教学为师生赋能实践研究"。

教师发表多篇主题论文：《渗透社会责任感的小学科技教育行动研究》《阅读与科学教育之PBR项目式阅读初探》《基于现象的科学竞赛辅导方略》《与阅读融合的小学美术素养提升研究》发表于《师道·教研》，《鸟鸣花落，行走自然——广州市协和小学的生态研学实践》发表于《环境》。

（二）学生发展

本实践促进教师和学生共同成长，用全新的整体思维重组教和学。学生的学科素养、综合能力、问题解决能力和创新能力得到提升。这对学生形成良好的学习方式、形成良性的师生互动、促进全面发展等方面都有非常重要的意义。

"基于现象教学"从真实的生活现象出发，结合多学科知识，利用多种资源及教学手段，引导学生主动学习、创造性学习，促使学生关注生活现象，学以致用，克服了传统分科教学存在的知识零散、脱离生活情境的弱点，也避免了学生因不擅长某一学科而丧失学习兴趣。

在学习过程中，学生通过小组合作和自我探究，锻炼了沟通表达能力与人际交往能力，提升了信息素养，掌握了日常生活技能，为迎接未来生活的挑战增加了砝码。

撰稿人：广州市协和小学　孔祥明　陈哲

指导专家：华南师范大学　首批教师教育专家工作室主持人陈品德教授

参考文献

［1］叶文. 浅谈芬兰基础教育改革的"现象教学"［J］. 新教师，2020（3）：19-20.

［2］陆启威. 学科融合究竟"融"什么［J］. 江苏教育，2020（30）：35-37.

［3］赵长宏. 学科融合教学，培养学生的创造性思维［J］. 北京教育（普教版），2020（4）：91-92.

［4］王烨捷. 芬兰教师来沪示范"现象教学法"［N］. 中国青年报，2018-01-15（11）.

［5］程光德. 智能化支持的多学科融合教学研究［J］. 信息与电脑（理论版），2018（24）：238-239.

［6］吴云敏. 学科融合助力数学教学［J］. 基础教育参考，2020（1）：51-52.

［7］莫春荣，何建东. 小学科学"现象教学"的实践与研究［J］.

湖北教育（科学课），2019（6）：56-59.

　　［8］孙四周.数学现象教学视野下的起始课：以"弧度制"教学为例［J］.江苏教育，2020（11）：43-47.

　　［9］孙四周.现象教学的内涵与价值［J］.教育研究与评论（中学教育教学），2018（3）：5-9.

　　［10］孙四周.现象教学［M］.长春：吉林教育出版社，2018.

　　［11］张英光.跨学科教学研究：以芬兰现象教学为例［J］.中国多媒体与网络教学学报（中旬刊），2019（12）：65-66.

　　［12］于国文，曹一鸣.跨学科教学研究：以芬兰现象教学为例［J］.外国中小学教育，2017（7）：57-63.

　　［13］王奕婷.基于跨学科素养的课程整合研究：以芬兰基础教育为例［D］.上海：华东师范大学，2018.

　　［14］马小雯，苏春景.芬兰"基于现象的教学"对我国基础教育的启示［J］.齐鲁师范学院学报，2019，34（6）：64-70.

　　［15］文丹.芬兰为何能实施"基于现象的教学"？［J］.上海教育，2018（6）：66-67.

　　［16］刘勇.芬兰"现象教学"探赜索隐［J］.教育科学论坛，2017（13）：53-55.

　　［17］江露露.以知识和技术为基石的芬兰教育生态系统：兼谈芬兰基础教育课程改革（2012—2016）［J］.外国中小学教育，2016（7）：6-13.

　　［18］俞建芬，蔡国英.芬兰"现象教学"的理念、内涵与启示［J］.教学与管理，2019（33）：121-124.

　　［19］王岩，蔡瑜琢.芬兰新课改到底"新"在哪？［J］.人民教

育，2016（24）：62-66.

[20] 何善亮. "先见森林、后见树木"的教育学意蕴：基于芬兰教育教学经验的理论思考 [J]. 教育理论与实践，2016，36（13）：54-58.

[21] 李艺敏. 融合多学科资源　涵养科学精神：以"在实践中追求和发展真理"教学为例 [J]. 中学政治教学参考，2020（10）：32-33.

[22] 吴动超. 基于 STEM 教育理念的小学美术课堂多元学科融合 [J]. 科学咨询（科技·管理），2019（9）：153.

[23] 卢华伟. 学科融合视角下"做思共生"科学教学的实践 [J]. 江苏教育，2018（1）：11-12，15.

[24] 毛育林. 加减乘除运筹处　学科融合成长时：以数学教学为例 [J]. 数学学习与研究，2020（6）：122-123.

[25] 虞秋艳. 基于"信息技术"与"科学"学科融合的多维探讨 [J]. 学周刊，2019（36）：142.

[26] 王庆. 学科融合的冰山一角 [J]. 江西教育，2014（11）：43.

[27] 王巧莉. 学科融合：追求 1+1>2 的效应 [J]. 北京教育（普教版），2015（2）：43-44.

[28] 房华. 小学语文跨学科融合实践课程探究 [J]. 辽宁教育，2018（19）：53-56.

[29] 李秀敏. 小学数学日记教学的实践 [J]. 科学大众（科学教育），2019（9）：84.

[30] 崔丹，李玉苗，王亚楠，等. 跨学科融合的探究与实施 [J]. 小学教学参考，2019（27）：61-62.

[31] 季佩娟. 借助学科融合　优化语文教学 [J]. 名师在线，2018（14）：25-26.

"一师一优课、一课一名师"活动促进教师专业发展的现状及策略研究

——以邝维煜纪念中学为例

自2014年教育部首次在全国开展 "一师一优课、一课一名师"活动开始，至2019年，该活动已经举行了六届，吸引了大量教师参加。我校教师在市、区各级教育局的引领下，在学校的大力支持下，也积极参与到活动中，并通过参评优课不断提升自己的专业素养，获得了专业成长。本文拟根据我校"一师一优课、一课一名师"活动的开展情况，研究"一师一优课、一课一名师"活动对教师专业发展的影响，探究信息技术时代教师专业成长的路径。

一、尖角才露，道阻且长——从优课视角看我校教师专业发展现状

我校2016—2019年参与"一师一优课、一课一名师"活动的教师共获评区级及以上优课141节次，其中省级优课9节，市级优课42节，区级优课约93节（2016年未进行区级优课统计）（表1）。

表1 2016—2019 年学校获评优课情况

级别	2016 年	2017 年	2018 年	2019 年	合计
部级优课（国家级）/节	0	0	0	0	0
省级优课/节	2	1	2	4	9
市级优课/节	10	7	11	14	42
区级优课/节	—	29	34	30	93
合计	12	37	47	48	144

纵向比较来看，参加"一师一优课、一课一名师"活动获奖人次2017—2019年呈逐年上升趋势，特别是省级优课和市级优课较之前有明显突破，但至2022年，未有部级优课，省级优课及市级优课的数量也有很大的提升空间。而我校晒课节数与获得优课的情况充分体现了我校教师的专业发展现状。

首先，获取信息化教学资源的途径受限。教师获取教学资源主要通过网上购买，占比80.33%，自己制作的占2.34%，直接从优质资源平台上获取的仅占17.33%，更多的是从网上下载进行修改后应用。优质信息化教学资源相对匮乏，直接影响教师的工作效率和教学质量。

其次，信息技术与教学活动融合度不足。优课的评价指标要求教师注重发挥数字教育资源在教学活动中的作用，做到信息技术和教学活动有效融合，凸显信息技术的优势。结合优课评价指标，我们于2019年面向全体教师进行了问卷调查，虽然90%的教师认为信息技术和课堂教学的结合有助于提升课堂效率，但具体实践过程中，93.33%的教师最常用的数字资源仅仅是教学课件（PPT），教室里一体机有多种功能，但大部分教师仅将一体机作为PPT演示的工具。教师们在教学工作中运用图片处理、视频和动画制作等信息技术的熟练程度参差不齐，具体数据见表2。

表2 教师掌握信息技术的熟练度

内容	占比
会简单制作动画	5%
会熟练制作和修改PPT	93%
会使用视频剪接、EV录屏软件等	80%

最后，所晒课例的专业水平不高。我们要求全员晒课，但几年下来，我们的优课只有144节，可见除了信息技术水平之外，教师的专业水平也有待提升。调查显示，绝大部分教师明显感觉到自己的专业水平不足，有专业素养提高的需求，具体调查结果见表3。

表3 教师认为最需要提高的三种以上的专业能力占比

内容	占比
现代教育技术手段渗透应用	85%
利用教学资源和方法设计教学过程	85%
引导和帮助中学生设计个性化的学习计划	86%
引发中学生独立思考和主动探究	90%
对教育教学工作问题进行反思和研究	93%

综合我校近几年来优课获奖情况以及教师调查问卷反馈情况可知，的确有一部分教师借助"一师一优课、一课一名师"这个平台不断提升自己的教学水平，在专业发展方面迈出了较大的步伐，成长为学校乃至区域的骨干教师。但是仍有不少教师面对信息技术的

发展，心有余而力不足，难以突破传统的教学模式，也难以获得明显的专业发展。

二、影响教师信息技术水平以及其他专业技术水平的原因分析

（1）教育观念陈旧，对信息技术作用的认识不足。中国教育科学研究院曹培杰博士认为：当"互联网+"遇到教育时，决定成败的关键不是"网"，而是"人"。从根本上讲，教育的信息化是整个社会向信息化转变的一个缩影，"互联网+教育"是一个不可逆转的时代潮流。在推进过程中，要切实以学生发展为本，遵循教育教学规律和学生发展规律，灵活运用以互联网为代表的新技术，积极主动地开展教育教学创新。但我校的实际情况是绝大部分教师充分肯定信息技术对课堂教学效果提升的重要作用，但仍有教师认为一支粉笔也可以"包打天下"，再加上PPT和投影仪，基本可以满足课堂需求了，所以也就不愿意再继续研究和应用其他的信息技术。同时，虽然学校所有课室都安装了功能完备的一体机，但是集中培训不充分，教师对其功能不是很了解，运用也不足。

（2）事务繁杂，精力有限。调查显示，在影响教师专业发展的因素中，认为教学任务繁重、精力有限的教师占80%（见表4）。目前的教育背景下，除了备课、上课、批改作业、教研等基本工作外，各种学习、会议、检查等占用了教师很多的时间，使教师难以静下心来好好去研究一个问题，打磨好一堂课。尤其是兼班主任、级长、备课组长、行政等职务的教师，经常是将只有不到30%的精力用在备课和上课上，能上好平日里的每一节课已经耗尽心力了，很难抽出时间和精力去钻研和提升。

表4　影响教师专业发展的因素

内容	占比
教学任务繁重、精力有限	80%
学校激励机制不完善	83%
缺乏个人发展的热情与动力	56%
自身能力和家庭环境	30%
团队氛围和进修途径	45%

（3）评价机制不完善，发展内驱力不足。调查显示，在影响教师专业发展的因素中，认为学校激励机制不完善的占83%，认为缺乏个人发展的热情与动力的占56%（见表4）。目前学校"一师一优课、一课一名师"活动的开展方式主要是学校硬性要求教师们晒课，晒课获奖在绩效工资里稍有体现，而精神层面的鼓励，评优评先等方面的考虑没有体现，教师们在该项活动中的获得感与幸福感不足，积极性很难真正被调动起来。同时，我校教师平均年龄约41岁，绝大部分教师有10年以上的教龄，处于职业倦怠期，已经对教育教学工作轻车熟路，不愿意再付出更多努力实现自我的突破，发展内驱力不足。

（4）团队专业发展意识不强，氛围不够浓厚。调查显示，在影响教师专业发展的因素中，认为团队氛围和进修途径方面受影响的占45%（见表4）。近年来，我校在教师专业发展方面缺少名师、专家的高端专业引领，教师们普遍没有自己的职业发展的中长期规划，最多也就是有一个评一级、副高、正高的目标而已，很多教师仅仅是上好课，管好学生，一步一步向前走，至于自己要成为一个怎样的教师，往往缺乏深入的思考和规划。在这种氛围下，再加上缺乏真正高质高效的专业进修机会，教师的专业发展备受限制。

三、悦纳新知，与时代共成长——教师专业发展对策探微

"一师一优课、一课一名师"活动对教师的课堂提出了明确的要求，其实也为教师的专业发展指明了方向。信息技术时代，教师必须与时俱进，更新思想，悦纳新知，把信息技术融入课堂教学中，使课堂教学发挥最佳效果，同时也通过教学水平的不断提升获得专业发展，具体做法有以下几点。

（一）发挥榜样作用，扩大优课影响力，激发教师成长内驱力，让更多的教师真正参与到"一师一优课、一课一名师"活动中来

很多教师因为不知道如何才能获评优课，也没有感受到获评优课对自己专业发展的影响，所以很难真正投入到晒课活动中。为了调动广大教师的积极性，我校分期请省级优课获得者龙嘉文、叶青、李雅慧等老师在全校教职工大会上作省级优课成果分享。他们从学科角度出发，提炼获得省级优课的相关要素，并分享在备课、上课、录课、获评优课等过程中的体验与收获，让教师们明白，虽然认真准备一节课会花费很多时间，但这一过程也会让自己迅速成长。正如省级优课获得者李宇婷、陈跃、余苗仙等老师所讲："一师一优课、一课一名师"活动给自己提供了一个施展才华的平台，获评省级优课给自己很大的信心和鼓舞，因为这节省优课衍生了一系列的教学成果，有的多达6~8个区级以上的奖励，包括教学设计奖、教学论文奖、教学课件奖、说课比赛奖等，并为申报区级优秀

青年教师、区骨干教师、区名师等荣誉称号提供了有力的支撑。

（二）提升学校管理与服务水平，优化学校评价机制，为教师专业成长释放空间

目前学校里和备课、上课无关的事务性工作比较多，提升学校的管理和服务水平，把教师从繁杂的事务性工作中解放出来，赢得更多的时间专注于教学，是我们正在研究推进的一项工作。这要求我们一方面要加大投入，改善设施设备，增设高清录播室，让教师不用为技术方面的事情烦心；要提升管理水平，做好上交各种检查资料以迎检、参与各级各类与教学无关的比赛、参加各级各类会议等方面的工作，拒绝形式主义，走节时高效路线，形成参评优课的良好氛围，为教师专业成长释放物理空间。另一方面，作为广州市首批智慧校园实验校，我校的课堂教学评价指标要和"一师一优课、一课一名师"活动中的优课指标对接，渗透信息技术的元素，让教师日常的每一节课都向着优课的方向迈进。对于在"一师一优课、一课一名师"活动中获奖的教师要进行公开的表彰和激励，让教师有获得感和成就感。通过这种对教学过程的日常性评价以及对获奖教师的激励性评价，让教师从心理上愿意参加"一师一优课、一课一名师"活动，从心理上愿意获得专业成长，从而为教师专业成长释放心理空间。

（三）把"一师一优课、一课一名师"活动经验策略化，形成符合校情的教师专业成长路径，以更好地促进教师专业成长

（1）积极开展课例研究。引导教师在备课之前先观摩一些

省、部级的优课，研究省、部级优课的特点，进而对比自己平时的课，找到进步的方向和突破的要点。正如我校获省级优课的叶青老师所说，要多在"一师一优课、一课一名师"平台上学习省级优课和部级优课，她正是通过研究省、部级的优课，发现在教学过程中充分发挥学生的主体作用，让学生自己去探究、发现、解决问题非常重要，就在自己的课堂上也特别注重这样的操作，最终获评了省优课。同时，在备课的过程中也要不断征求备课组、科组教师的意见，不断优化自己的教学设计，经过反复敲打，最终形成自己的教学设计。

（2）扎实进行磨课。通过问卷调查和个人访谈，我们发现学校的省级、市级优课获得者都经历了一个收获丰富的磨课过程，归纳起来包括"初磨""录磨""录课"三个环节。"初磨"是指和科组教师初步完成教学设计后，开始在组内第一次上课，课后根据组内教师的意见对教学设计进行优化，形成相对完善、成熟的课例。"录磨"是指根据完善后的课例第二次上课，除了科组教师听课提意见外，还要对本次课例进行录课。上课教师除了听科组教师的意见外，还要通过初次录像，审视自己的课堂教学，发现自己在教学各环节以及信息技术利用、语言表达、表情仪态等方面的优缺点，进一步调整课堂教学策略，优化课堂教学流程与细节，并和科组教师再次磨课。"录课"是指通过"录磨"环节，形成一份科学、详细、可执行的教学设计，教师根据教学设计终稿上课、录课，以保证在拍摄的时候能呈现完整的教学环节，突出教学亮点，展现教师风采。三个环节要经历很长的时间，教师要在批评、质疑、挑剔、建议、不断修改中完成自己的一节优课，从而使专业化水平获得提高。

（3）开展校本教研活动，提升专业素养，构建校本共享资源体系。

①寻找专业生长点。参加"一师一优课、一课一名师"活动的广大教师，很多已经有一定的教学经历，在教学过程中累积了一定的教学经验，在打磨优课的过程中，会对自己的教学风格、方法和理念等进行思考，教学经验会得到丰富，教学能力会得到提升。利用优课评价指标，引领教师提出自己的教学主张，形成有自己特色的教学风格，这是一个教师个人专业成长的关键节点。经过两年的课题研究，"一师一优课、一课一名师"课题组举行了六次课题研讨会，每个课题组成员在谈自己的收获时都说到，"磨课"的过程是一个自我发现、自我认识、自我改善和自我塑造的过程，这个过程就是自己专业成长的过程。比如课题组成员许逸文老师认为：通过对优课平台上的课例进行研究，对优课有了更多的了解；在打磨优课的过程中，尝试新的教学模式，采用多种教学方式去激发学生的兴趣，提升自己的课堂效率和课堂质量的过程，就是成就自己教学风格的过程，是努力向"名师"靠近的过程。

②提升教科研能力。论文写作和参与课题研究是呈现优课成果的重要途径。教师在打磨优课时，能够对一堂优课产生过程中的经验或教训进行总结反思，进行论文写作和课题研究，不断凝练自己的教学思想，从点滴的"教学思考"走向理论化的"教学思想"，从零散的"教学经验"走向系统化的"教学理论"，这便是一个教师不断思考、不断成长的过程。经过近两年的课题研究，"一师一优课、一课一名师"课题组成员积极撰写教学案例、教学反思和教学论文，并汇编教学论文集，以实际行动见证自己的专业成长。其中课题负责人邵秀珠老师的论文《"互联网+"点亮中学教师专业

发展之路》发表在全国中文核心刊物《中学政治教学参考》2020年第9期上。实践表明，教师要想在专业成长之路上行稳致远，必须将教学与研究结合起来。

③构建校本共享资源体系。一个学校的教师要获得专业成长，只靠自己埋头苦干是不行的，如果学校能够给引领、给平台、给资源，那教师的专业成长会更加迅速。构建校本共享资源体系就是促进教师专业发展的有效途径，因为优质的教学资源可以节约教师上网查资料等做教学准备的时间，教师站在更高的起点上对教学资源进行优化的同时，也能赢得更多的时间去提升自己的专业素养，从而不断地获得专业成长。我校已经利用"睿教通"教学平台，要求各学科将优课案例以及备课组集备后形成的教学设计、教学课件、教学资源等上传到平台，集成学校优质共享教学资源库。目前已经取得一定的进展，初步形成学校资源平台的雏形。

四、结语

总之，一节优课的形成不是一蹴而就的，教师的专业发展也是任重道远的。但当教师们得到学校的支持，增强了成长的主动性，不断打磨自己的课堂的时候，优课的获评自然水到渠成，教师的专业发展也指日可待。我们相信，随着"一师一优课、一课一名师"活动的持续推进，一定会有越来越多的优课呈现出来，这一活动也一定会成为促进教师个人教学风格形成、专业成长，促进学校教育教学科研特色生成的重要的动力和途径。

撰稿人：邝维煜纪念中学　邵秀珠　赵新亚
指导专家：华南师范大学　首批教师教育专家工作室主持人刘学兰教授

参考文献

［1］李怡萱. "一师一优课" 活动促进中小学教师专业发展研究［J］.中小学电教，2020（6）：50-53.

［2］黄斌，王丹妮，刘锐. 核心素养视域下的教师专业发展研究：基于 "优课" 的分析［J］.中国教育信息化，2020（7）：5-9.

［3］刘大华. 借 "优课" 活动平台之力助推新教师专业发展［J］.天津教育，2019（29）：48-49.

［4］穆肃，唐冬梅，乔金秀. 从优课看教育信息化进程中教师专业知识发展［J］.电化教育研究，2019，40（5）：98-103，110.

［5］于帅. 聚焦优课，寻找教师专业发展的路径［J］.中小学电教（下半月），2019（3）：3-4.

路径四　校本研修助推教师发展

　　校本研修是基于学校、为了学校和教师发展而开展的研修活动，以校本教研为核心，以促进教师发展为重点，以提升学校教育质量为目标。校本研修是推进教师专业发展的重要路径，是教师专业成长的自觉之路。校本研修融教学研究与教学实践、教师专业成长于一体，有助于促进教师从研究的被动地位转为主动地位，促使教师从经验型转为研究型，从仅关注课堂教学转为关注课堂之外的课程建设与学校发展，凸显教师在教育教学研究中的主体地位，引导教师走向专业自觉与专业自主。全面构建校本研修新生态，打造校本研修新模式，促进校本研修工作的科学化和规范化，是推动教师发展和学校教育高质量发展的新要求。

　　如何以校本研修助推教师专业成长与学校发展，广州市教师专业发展学校从不同视角开展了实践探索。比如，中国教育科学研究院荔湾实验学校开展了基于新教师专业素养提升的校本研修实践探索。该学校以新教师专业素养为逻辑起点，以新教师专业成长困境和需求为现实起点，以泰勒的目标课程设计模式为理论依据，开发了"五模块十六专题"的新教师专业成长校本研修课程，助力新教师在初入职的五年内能够快速胜任岗位工作，为新教师成长为骨干教师奠定基础。广州市增城区荔城街第二小学聚焦于班主任队伍的核心能力培养，从培养班主任的自主学习力、课程领导力、合作共建力三方面入手，助力班主任专业成长。东风东路小学立足于学校的高位均衡发展，从校本研修的问题出发，以问题为中心，围绕"凝聚教师团队文化、推动学校特色项目、拓宽教师视野、培养梯队人才"四方面进行校本研修实践与反思。在校本研修策略上，注重以解决某一问题为切入点，以具体学习任务为聚焦点，支持师生行动体验、学习反思、思考探究、改革提升、创新发展。在校本研修路径上，学校倡导跨科组协作，打造异质交融的教研形态，增强教师的跨学科意识和课程整合能力；倡导教师自主学习，助力教师形成专业自觉……

基于新教师专业素养提升的校本培训课程开发研究
——以中国教育科学研究院荔湾实验学校为例

　　"百年大计，教育为本；教育大计，教师为本"，在科技和社会快速发展的时代背景下，国家之间的竞争实质上是人才的竞争。在此趋势下，世界各国十分重视教育质量。为保障和提升教育质量，我国各级各类政府和教育部门高度重视教师专业发展，出台了许多政策大力促进教师专业成长，如《全面深化新时代教师队伍建设改革的意见》《中学教师专业标准（试行）》《小学教师专业标准（试行）》《教师教育振兴行动计划（2018—2022年）》等。

一、中国教育科学研究院荔湾实验学校教师队伍现状

　　中国教育科学研究院荔湾实验学校（以下简称中科荔实）系一所新建的九年一贯制学校，目前共有93名教师，主要由区内公办学校教师交流人员、面向社会公招的具有事业编制的教师和临时聘用教师三部分组成。在职称方面，我校教师高级职称有9人，中级职称有19人，初级职称有39人。在教龄方面，我校教师教龄在五年及以下的有42人，约占教师总数的45%；教龄在三年及以下的有25人。我校教师组成结构比较复杂，教学能力、水平、经验和经历也参差不齐。同时，我校作为一所九年一贯制学校，从长远发展目标看，需要教师打破界限，胜任中小学段的教学和管理工作，把中小

学衔接落到实处，为学生发展服务。

我校作为一所新建学校，近年和未来几年都会招聘大量教师，其中不乏教育教学经验的新教师，这部分新教师在其职业初期会面临多种困境。对于新教师而言，入职后的1～3年是其专业发展的关键期，良好的开端是成功的一半，在这一时期培育新教师的专业素养，对其专业成长影响深远。系统地开展新教师专业发展相关工作，既是对教师职前教育的有力延续，也可为教师职后长远发展和学校的整体发展奠定坚实基础。因此，我校设立了"教师发展中心"，结合学校自身的特点，根据学校发展需求和教师专业特点，着重在新教师专业发展上进行探索：制定新教师专业发展相关的制度；聚焦新教师的专业素养，结合政策文件、文献资料和教师访谈，较为科学地开发新教师专业成长课程；扩展新教师专业发展的途径。通过多层面的努力，助力新教师的专业化发展。

二、制定新教师专业发展制度

为促进新教师的专业发展，我校从制度建设入手，制定了《中国教育科学研究院荔湾实验学校教师校本研修、教学教研管理规章制度》（以下简称《规章制度》）。《规章制度》囊括了"教师职业道德规范""教师教学规章""校本教研活动制度""教师办公室管理制度""学籍管理制度"等方面。《规章制度》既包含对全体教师的要求，也对新教师的要求做了特别说明。

在"教师教学规章"中，特别强调教龄在五年以内（含五年）的新教师要手写教案；要求新教师在课堂教学结束后要及时进行教学反思，查找教学中的成功与不足并找到其原因，每教一课进行一次反思，记录于教案后。新教师每学期至少写一篇2500字以上有一定深度的教学反思、教学随笔或论文，在科组或校内交流。

在"校本教研活动制度"中，除了对新教师教研活动的内容和时间有所要求外，还特别说明了学校教师发展中必须特别关注和督促新教师的教研活动，在必要时帮助新教师开展教研活动，如为新教师的教学研究提供相应的指导等。

三、开发促进新教师专业成长的课程

中科荔实是荔湾区人民政府与中国教育科学研究院合作开办的学校，其拥有独特的资源优势——中国教育科学研究院专家团队作理论和技术指导。对教育进行科学实验研究，探索育人新途径是我校的重要特色和使命。因此在对新教师专业成长课程进行开发前，我校明确了课程开发过程和内容需科学化。

在设计培训课程之前，首先应确定采用何种课程设计模式。一般来说，课程设计有目标模式、过程模式和批判模式三种。本研究采用目标模式对新教师培训课程进行设计，主要原因有：其一，目标模式作为课程设计的经典模式，广泛应用于教师教育课程设计中；其二，当学习者的学习结果是可以预先详述且可以通过行为表现时，选择目标模式作为课程设计的模式最为适合。在界定课程适用对象之后，便可进行目标模式的课程设计。目标模式的课程设计包括课程目标、课程内容、课程实施和课程评估四大要素。

（一）课程适用对象的界定

毫无疑问，新教师专业成长课程聚焦于"新教师"这一群体，但如何界定新教师，是我们在开发课程前需要思考的问题。对教师的划分通常根据其入职的年限或职业发展阶段进行。关于新教师的划分标准，国内外学者并没有形成统一观点。伯林纳认为新教师阶段包括新手教师阶段、熟练新手教师阶段和胜任型教师阶段。他认为所有的教师都是从新手起步的，随着知识和经验的积累，经过2～3年，新手教师逐渐发展为熟练新手教师，而大部分熟练新手教师经过3～4年的教学实践和在职教育才能成为胜任型教师。经济合作与发展组织（Organisation for Economic Co-operation and Development，OECD）策划实施的教师教学国际调查（teaching and learning international survey，TALIS）将教学经历在2年以内的教师定义为新教师。连榕在综合考虑教龄、职称和业绩的情况下，把教龄在0～5年之间、职称三级及以下的青年教师定为新手型教师。综合国内外学者的观点和我校教师的实际构成，我们把新教师专业成长课程的适用对象界定为在义务教育阶段任教，且任教期在三年及以下的教师。

（二）课程目标

通过对新教师的培训，弥补新教师职前教育的不足，提高其专业素养水平，培养其实践反思能力，促进新教师快速适应和融入岗位，助力其专业发展。

（三）课程内容

1. 课程内容的依据

我校的新教师专业成长课程旨在提升教师自身内在的专业素

养，通过专业素养的提升促进新教师的专业发展。该课程的内容以专业素养为线索，因此在确定课程的内容时，应明确新教师应当具备何种专业素养，了解新教师最缺乏的专业素养有哪些。为明确上述两大问题，我校新教师专业成长课程开发者研读了相关政策文件、文献资料，结合对校内多层级教师的访谈，得出了新教师专业素养的应然和实然。最终依据政策文件、文献资料和访谈结果，科学地设计新教师专业成长课程的内容。

（1）政策文件分析。

教育部于2012年颁布了《中学教师专业标准（试行）》（以下简称《中学专业标准》）和《小学教师专业标准（试行）》（以下简称《小学专业标准》）。《中学专业标准》和《小学专业标准》是国家对中学和小学合格教师专业素养的基本要求，是引领教师专业发展的基本准则，是我校教师培训、考核等工作的重要依据。《中学专业标准》和《小学专业标准》提出了师德为先、学生为本、能力为重和终身学习四大基本理念。从"专业理念与师德""专业知识"和"专业能力"三个层面对教师的专业素养提出了基本要求，《中学专业标准》和《小学专业标准》在基本要求方面有所差异，但在整体的维度和领域的框架上差别不大。以《小学专业标准》为例，专业理念与师德这一维度包括"职业理解与认识""对学生的态度与行为""教育教学的态度与行为""个人修养与行为"四大领域；专业知识维度包括"学生发展知识""学科知识""教育教学知识""通识性知识"四大领域；专业能力维度包括"教育教学设计""组织与实施""激励与评价""沟通与合作""反思与发展"五大领域。《中学专业标准》在专业知识维度下强调了"学科教学知识"，在专业能力维度下将"班级管理与教育活动"独立成为其中一领域。

分析《中学专业标准》和《小学专业标准》中的14个领域和63条基本要求，可以发现我国现行的专业标准重视师德要求，强调专业理念；重视教师引导，强调学生主体；重视实践能力，强调教育教学；重视时代要求，强调教师发展。

（2）文献资料研读。

通过对文献进行分析，探求教师专业素养的构成要素以及新教师专业发展的困境。目前，国内外研究者对教师专业素养构成要素的理解呈现出多元视角。叶澜教授认为教师专业素养包括教育理念、知识结构和能力结构。林崇德教授从心理学的角度出发，指出教师专业素质的构成至少应包括职业理想、知识水平、教育观念、教学监控能力以及教学行为与策略等成分。唐松林、徐厚道将教师专业素养分为认知结构、专业精神和专业情意。姚念章提出教师专业素养可分为认知系统、情意系统和操作系统。基于教师专业发展的视角，饶见维认为教师专业素养包括通用智能、学科智能和教育专业精神。孟万金从校长的视角建构了教师专业素养的结构，在此结构中，教师专业素养包括专业理念、专业智能、专业情怀和专业规范。胡惠闵基于学校管理者的视角探讨了教师专业素养的结构，认为教师专业素养包括专业知识、专业技能、专业道德和自我反思与改进。我国教育部师范教育司组织编写的《教师专业化的理论与实践》一书提出，教师专业素养应包括专业知识、专业技能、专业态度三方面的内容。Grant认为尽管不同学者有不同的见解，但教师专业素养总是包括知识、教学技能和品质这三点。欧洲教师教育协会认为，教师专业素养不仅包括知识和技能，而且包括个人品质、价值观、态度、信念等。国外对教师专业素养的研究主要集中在教师的个性品质、教学能力、知识结构、教育观念等四个方面。

研究者普遍认可教师专业素养涵盖五个基本范畴："专业道德""专业理念""专业知识""专业能力"和"专业情意"。其中，"专业理念"是指教师在教育、教学实践中形成的关于教育教学、学生的观念，它统帅教育职业活动总的思想意向，是指导和影响教育教学工作的思想基础，引领教师专业发展的方向。专业理念控制个体行为，是一切教育教学活动的前提和基础。"专业情意"是指教师在对自身所从事的专业的价值、意义进行深刻理解的基础上，所形成的教师职业所必需的认知、情感和行为倾向。在《教师专业化的理论与实践》一书中，教师专业情意是指教师个体把教育教学工作当作生命的一部分，有强烈的责任感和认同感，愿意终身奉献于教育事业。教师专业情意主要包含专业理想、专业情操、专业性向和专业自我四个方面。

综合政策文件和上述学者的观点，我校新教师专业成长课程开发者把新教师专业成长课程的内容框架定为"专业道德""专业理念""专业知识""专业能力"和"专业情意"五大领域。

为了开发出更贴合新教师需求的培训课程，我校新教师专业成长课程开发者对新教师专业成长的困境进行了探究。学者周靖毅通过对国内外相关文献研究成果特别是实证研究成果进行梳理和分析，探讨了新教师专业成长的困境，发现新教师入职后主要面临课堂教学、人际交往和心理适应上的困难。学者孟璇认为，当前青年教师专业成长的困境主要表现在三个方面。其一，专业精神淡化，具体表现为理想信念模糊和职业精神淡薄；其二，专业知识不够全面，具体表现为专业知识结构失衡和教师"半专业属性"明显；其三，专业能力不强，主要表现在教师专业素养薄弱和重科研轻应用两方面。学者刘清昆以宁波市小学数学新教师入职培养为例，提出了新教师专业成长的现实困境：一是新教师的行动困境，体现在教育教学预想与实际的巨大反差和新教师专业成长需求与支持辅助的反差两方面；二是新教师入职培训的困境，表现为入职培训无法科学地帮助新教师学习教学、未能真正引导新教师进入专业角色和缺乏系统的培训课程设计三方面。

（3）校内多层访谈。

我校新教师专业成长课程开发者对校内多层级的教师进行访谈，受访者包括新教师、骨干教师和学校管理者。参加正式访谈的共有33名教师，其中新教师25名，骨干教师2名，学校管理者6名。

依照"新教师专业素养访谈提纲"实施访谈。第一，通过对新教师的访谈，了解新教师在任职初期的困境，了解其高校学习经历和实际工作实践的衔接性，了解新教师专业发展的需求。第二，通过对骨干教师的访谈，了解骨干教师在其任职初期的困境，了解其专业发展的有效途径，了解骨干教师认为新教师应具备的专业素养。第三，对学校管理者进行访谈，了解管理者认为新教师有哪些方面的欠缺以及对新教师专业素养的要求。访谈全程录音，实际访谈录音时间最短为14分钟，最长为67分钟。

访谈结束后，根据录音和笔记将内容整理成文本。对文本中提及的新教师专业素养进行编码。通过对访谈转录文本的分析，提取新教师专业素养条目，归纳合并后得到22个关键词，如表1所示。

表1 访谈文本中新教师专业素养条目出现频次统计结果

序号	专业素养	频次	序号	专业素养	频次
1	班级管理能力	30	12	人际沟通能力	27
2	教学能力	33	13	师德	13
3	学科知识	24	14	学科教学技能	15
4	学习素养	15	15	科研能力	6
5	反思能力	21	16	信息技术素养	17
6	课堂语言运用能力	5	17	职业生涯规划力	7
7	心理素养	4	18	课堂调控能力	6
8	学生发展知识	9	19	先进教育理念	4
9	对职业的情怀	1	20	终身学习意识	8
10	理想信念	3	21	爱心	5
11	突发事件应对能力	2	22	粉笔字	1

在访谈结果中，出现频次较高的新教师专业素养依次为教学能力、班级管理能力、人际沟通能力、学科知识、反思能力、信息技术素养、学习素养、学科教学技能、师德等。

2. 课程内容的设计

为使课程内容具有合理性，要按照一定的逻辑对课程内容进行设计：首先结合政策文件、文献资料和访谈结果将培训内容模块化，确定课程模块；然后根据课程模块设计课程专题，确定专题名称；最后根据课程专题确定课程内容要点。课程内容设计遵循"课程模块—课程专题—专题内容"的生成逻辑，参考新教师专业发展需求，确定了"五模块十六专题"的课程内容框架（图1）：
（1）"专业道德"模块，包括"个人修养""心理调节与压力管理""新时代师德建设"三个专题；（2）"专业知识"模块，包括"学科教学知识""班级管理知识""学生身心发展知识"三个专题；（3）"专业理念"模块，包括"课程标准解读""教育政策变迁和走向的理解""专业标准解读"三个专题；（4）"专业能力"模块，包括"沟通与合作能力""班级管理能力""学科教学能力""信息技术能力"四个专题；（5）"专业情意"模块，包括"专业发展规划""实践反思""职业认同"三个专题。

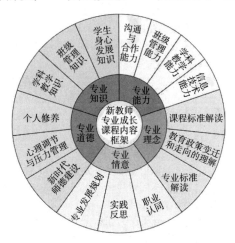

图 1　新教师专业成长课程内容框架

新教师专业成长课程内容体系如表2所示。

表 2　新教师专业成长课程内容体系

课程模块	课程专题	课程内容	学习形式
专业道德	个人修养	（1）教师职场礼仪规范及养成； （2）语言艺术赏析和语言表达技巧	互动示范、观摩案例
	心理调节与压力管理	（1）情绪调节的方法和策略； （2）心理减压和放松技术应用； （3）抗逆力培育和强化	专题讲座、心理团辅
	新时代师德建设	（1）道德修养和道德影响力剖析； （2）幸福型师德理念与培育	专题讲座、主题研讨
专业知识	学科教学知识	（1）具体学科内容教学和研究性学习的方法与策略； （2）学科课程资源开发与校本课程开发的主要方法与策略	师徒结对、专题讲座、共同体学习
	班级管理知识	（1）与学生的沟通技巧； （2）班级文化建设策略； （3）班级学生管理方法； （4）正面管教方法策略	师徒结对、专题讲座、观摩学习
	学生身心发展知识	（1）学生生理发育知识； （2）不同学段学生的认知特点、思维方式、情绪特征； （3）学生学习动机激发相关知识	专家讲座、专题研讨、案例分析
专业理念	课程标准解读	各学科课程标准研读	专题讲座、科组学习
	教育政策变迁和走向的理解	（1）国内外教育的政策变迁； （2）国内外教育趋势走向及其价值取向	专题讲座
	专业标准解读	（1）我国中小学教师专业标准解读； （2）国内外教师专业标准对比	专题讲座

（续表）

课程模块	课程专题	课程内容	学习形式
专业能力	沟通与合作能力	（1）高效沟通方式方法； （2）家校沟通技巧和合作策略； （3）家庭教育指导策略； （4）团队高效协作策略	案例分析、专题讲座、体验学习、反思分析
	班级管理能力	（1）班级组织技巧； （2）危机事件预防能力； （3）突发事件应对策略	师徒结对、案例分析、教学论坛
	学科教学能力	（1）教学设计能力提升； （2）教学实施策略； （3）教育教学评价设计	师徒结对、同课异构、观摩学习、教学诊断、教学论坛
	信息技术能力	（1）基础信息技术技能； （2）希沃平台深度运用； （3）教学资源和媒体资源的检索	专题讲座、共同体学习
专业情意	专业发展规划	（1）教师学习动机强化训练； （2）教师职业发展目标规划指导； （3）教师专业发展路径规划	师徒结对、心理团辅
	实践反思	（1）教学反思案例分析； （2）实践反思思路和写作引导	案例分析、教学论坛
	职业认同	（1）教师职业认知构建； （2）教育故事撰写与分享	分享会、心理团辅

（四）课程实施

诸多研究者在教师培训课程反馈调查中指出，培训课程实施中采用的"输入式"培训，忽视了教师作为学习者的主动建构性的同时，也忽视了培训课程的实践性。这导致大多数一线教师在培训过后难以将培训期间所学内容应用到实际教学工作中，教师在实际教学工作中遇到的难题也很难通过培训得以解决。根据一线教师教育教学工作的特点和学习特点，我校新教师培训课程采用"研训一体"的课程实施模式。"研训一体"的实施模式有以下几个特点：（1）基于"草根"问题。培训是以"草根"问题为导向的，将教师的实践问题转化为培训中教师的研究问题，"草根"问题不仅是培训要破解的目标，同时也是培训的资源和工具，贯穿于培训全程。（2）理论认知建构。教师欲解决其培训中的研究问题，就需要有专家的指导和理论的引导。（3）依托案例分析。案例分析能较好地将具体的教育教学实践问题和抽象的理论结合在一起，帮助一线教师更好地理解理论并将所学理论运用到实际工作中，提高其分析和解决教学实践问题的能力。

结合"研训一体"的特点和教师专业发展理论的实践反思取向，我校设计了包含"问题导向—理论学习—案例分析—实践体验—反思总结"五个环节的课程实施具体过程。

（五）课程评估

课程评估是依据一定的标准对课程的目标、实施等方面的价值做出判断的过程。教师培训课程评估主要包含两个方面：一是对教师培训课程本身的评估；二是对课程学习者，即参训教师的评估。

根据柯式四级评估法对新教师培训课程评估进行设计，其评估的目的一是了解新教师通过参训，在某一方面学习达到的程度和仍存在的问题；二是发现问题，以便采取相应的措施解决问题，最终促进教师的改进和发展。柯式四级评估法包含四个层级的评估：反应评估、学习评估、行为评估和成果评估。

1. 反应评估

反应评估是指新教师对培训课程的满意度的评估，可以通过满意度调查，即对授课者，进行培训课程的目标、内容、实施，培训收获和培训项目管理等方面的调查。通过新教师的反应评估，可以对后续培训课程进行调整。

2. 学习评估

学习评估是指新教师通过培训在专业知识、专业理念和专业能力上发生的变化。专业知识和专业理念主要通过网络测试的方式进行评估；专业能力通过实操考核的方式进行评估。

3. 行为评估

行为评估是指对新教师参训后在日常工作中专业知识、专业道德、专业情意、专业理念和专业能力等方面的变化进行评估。

4. 成果评估

成果评估是指评估新教师参训后是否为学校带来效益。主要可以从以下三方面进行评估：（1）学校学生的变化，学生在新教师参训后是否有更好的学习和生活方面的发展等；（2）科研成果，新教师参训后能否发表论文或进行教材编写等；（3）获奖情况，新教师参训后能否参赛获奖或能否指导学生参赛获奖。

（六）课程的具体实践

在确定了新教师专业成长内容体系后，我校实施了部分课程，主要包括启动"青蓝工程师徒结对"活动、举办"中国教育科学研究院荔湾实验学校教育教学论坛"、开展"提升教师信息素养，迈向教育信息化2.0"专题讲座、开展"新样态学校理念下'魅力课堂'建设培训"、开展"新入校教师培训"，在这些课程的实施中取得了一定的培训成效，也收获了一定的经验。

（1）启动"青蓝工程师徒结对"活动。

师徒结对是让新教师快速成长的重要途径之一，在对新教师进行访谈的过程中，每位新教师都提到希望通过"师带徒"的方式帮助其在工作上站稳脚跟，助力其专业发展。为此，我校教师发展中心策划了"青蓝工程师徒结对"活动，"青蓝工程"取意于"青出于蓝，而胜于蓝"，它采用师徒结对的形式，以老带新，实现师徒互助，共同成长。这是我校师资队伍建设的重要举措，也是我校近年践行习近平总书记提出的争当"四有"好老师的努力探索。

我校科研与教师发展中心制定了《中国教育科学研究院荔湾实验学校"青蓝工程"实施方案》，于2019年9月和2020年10月启动了"青蓝工程师徒结对"活动，学校为20位新教师配备了专属的"师傅"，制订了三年拜师计划，每位新教师规划了"一年适应、两年独当一面、三年有所建树"的个人发展目标。此外，学校还为每一位新教师分发了《青年教师培养手册》，手册规定了青年教师在指导教师的帮助下熟悉业务，提升自身教育教学能力，每学期上一节"汇报课"，写一篇教学设计及教学后记；出一份高质量试题（没有纸笔测试的要组织一次测试）；写一篇主题班会课教案（班主任），或组织一次实践活动，并有方案、过程记录（非班主任）；写一篇教育教学学习心得或论文。期末经指导教师审阅后，连同其他相关资料交至教师发展中心，作为师徒升级、评称职、评优等的业务档案资料。

（2）举办"中国教育科学研究院荔湾实验学校教育教学论坛"。

为进一步提高学校教师的教育教学能力，尤其是新教师的教育教学能力，为培养个体创新和团队合作的意识，适应不断发展、变革的时代趋势，办好让人民满意、让教师幸福的优质学校。2020年1月，我校举办了首届教育教学论坛，给教师们搭建了一个主题突出、深度反思、交流分享的新平台。首届论坛的主题为"积极转变观念，促进教育教学质量提升"。

不同学科的教师作为"坛主"在教育教学论坛上进行交流分享，如历史学科毛老师分享了"中考背景下初中历史试题的新变化与应对策略"；新教师蒋老师就"如何面对班主任工作压力，确保教学质量稳步提升"的问题畅谈了自己的感受；黄老师就"面对学生青春期心理的变化如何做好思想工作，促进学生学习质量的提升"的问题发言；汪老师通过对儿童心理学的专业研究，跟大家分享了"面对有多动倾向的孩子，如何通过人文关怀和体育运动来提高注意力"的方法和感悟；黄老师作题为"数学教学中创新思维培养的方法和策略"的演讲；新教师朱老师真诚动容地分享了她担任班主任工作的心路历程；新教师梁老师幽默风趣地讲述了她带领科校女子足球队迎难而上、一路走来的欢笑与汗水等。

　　围绕着论坛的主题和教师们教育教学实践的深切体会，"坛主"们和在场教师们相互交流，碰撞思想，这种论坛式的分享会既大大提高了教师参与的积极性，也激励了教师日常学习的主动性，更使新教师积累了许多教学知识经验和班级管理经验，是助力新教师专业能力发展的有效途径。

　　（3）开展"提升教师信息素养，迈向教育信息化2.0"专题讲座。

　　为提升教师的信息素养，学校邀请荔湾区教育发展研究院侯老师到学校开展专题讲座。侯老师为全体教师解读了相关政策文件，对信息素养的内涵进行了专业的分析，重点讲解了信息资源、学术资源、教学资源、媒体资源的搜索，分享了多种信息化工具和网站的使用方法。侯老师的专题讲座为参加培训的教师们带来了满满的"干货"，解决了教师们日常工作中收集信息时遇到的难题。这种应用式的专题讲座赢得了教师们的极大赞赏。

　　（4）开展"新样态学校理念下'魅力课堂'建设培训"。

　　我校自2018年9月开办以来，一直朝着办高品质学校的目标而努力，名誉校长陈如平博士亲自指导我校师生对顶层文化进行了规划，以"创新，永无止境"为校训，学校发展要通过育人模式创新、制度创新、课程建设创新、课堂教学创新建设新样态学校。魅力课堂是新样态我校提出的六大项目之一，我校把魅力课堂作为学校建设的核心项目，为更好地建设魅力课堂，我校2020年教师继续教育校本课程围绕课堂这一主阵地，探索魅力课堂建设新途径，通过对教师进行课程和新样态课堂理论培训，让课堂的目标更具合理性、教学方式更具丰富性、教学思维更具整体性、课堂更具趣味性，让教学场域拥有"丰富"的实践表达，让教学个性拥有"闪耀"的智慧光芒。通过教育教学实践与交流，探索让课堂回到"育人"根本，构建"有人性、有温度、有故事、有美感"的新样态魅力课堂的新途径。

培训目标主要有四点：其一是学习"新样态学校""新样态课堂"理论，了解魅力课堂的内涵，理解魅力课堂的本质是以学生发展为本，立德树人，发展学生核心素养，推动学生思维的发展的理论基础。其二是坚持教为学服务理念，构建以学为中心的课堂教学体系架构，在新冠肺炎疫情线上教学期间，组织全体教师学习"个性化学习"理论，开展线上"个性化学习"教学，激发学生学习的活力，让线上教学更具魅力。其三是通过线上、线下培训学习，开展研讨课、公开课教研交流，提高教师的专业和信息技术辅助教学水平，增强教师教学魅力，让教师拥有教育教学的幸福感，与学生建立良好的师生关系，进而实现科学育人。其四是建设一批优质线上魅力课堂，积累更多的线上教学资源。

（5）开展"新入校教师培训"。

2020年8月中旬，我校迎来了一批新入校教师，其中不乏任教时间低于三年的新教师，为使新入校教师更快地融入全新工作环境，我校开展了"新入校教师培训"。梁仲明校长作了"永无止境的创新之路，我们在一起"的主题演讲。通过梁仲明校长的演讲，新入校教师们了解了学校办学历程、发展路径、办学使命、办学愿景、育人目标和校训等，这为新入校教师快速了解学校文化提供了良好的帮助。党务政务办公室陈丽娟副主任以"结缘科校，起点是爱"为主题开展了讲座，分享了人际交往的三大法宝——微笑、真诚、宽容；德育与安全中心杨驱涛主任介绍了"基于科校文化的和谐师生关系构建"，详细阐述了科校文化视野中的德育工作目标、新样态理念下的德育工作思路和德育工作的切入点；课程与教学中心徐震琳主任阐释了"科·创课程的理念及教学观"，重点讲解了"科·创"课堂教学模式及其实施；校园服务中心吴动超主任从美学角度出发，与新入校教师交流了"我们需要怎样的校园"。新入校教师们纷纷表示自己经历了"新入校教师培训"后，对学校有了更进一步的认识，培训给初入学校的他们带来了归属感，也能更好地帮助他们在初入校阶段顺利开展工作。

8月下旬，中国教科院基础教育研究所学校发展研究室主任、我校学术校长方铭琳博士在开学之际，为全体教师开展了"创新专业发展的路径，建设使命共振的科校"主题讲座。方铭琳博士以"我是谁""我要去哪里""我怎样去那里"为主线，阐述了教师在"教育4.0时代"的专业发展方向，鼓励每一位教师探索最适合自身的专业发展路径。通过讲座，引导全体教师深入思考如何建设使命共振的科校，指导他们如何在教育教学中树立理论先行的意识，无论身处职业生涯的何种阶段都要坚持教育的本心，坚持教育的人文性。

除了听取"输入式"的讲座之外，教师发展中心还在"新入校教师培训"中设置了"学习心得分享"环节，鼓励新入校教师在学习过后进行"输出"，二十余位新入校教师分享了他们的学习所思所悟。这种"输入+输出"的讲座培训形式，有助于提升培训的效果。

如何让新入校教师的专业发展途径向自主、主动的方向发展，这是我校教师发展中心思考的问题。未来，作为教师发展学校的载体，我校将在师范生实习培养和教师职后专业发展上继续下功夫，在教师职后校本培训的科学化、规范化、系统化的道路上继续前行。

撰稿人：中国教育科学研究院荔湾实验学校　梁仲明　张洁妍梁妙仪

指导专家：华南师范大学　首批教师教育专家工作室主持人曾玮副教授

参考文献

［1］巫娜. 中国—加拿大中小学教师专业标准比较研究［D］. 重庆：西南大学，2018.

［2］叶澜，白益民，王枬，等. 教师角色与教师发展新探［M］. 北京：教育科学出版社，2001.

［3］林崇德，申继亮，辛涛. 教师素质的构成及其培养途径［J］. 中国教育学刊，1996（6）：16-22.

［4］唐松林，徐厚道. 教师素质的实然分析与应然探讨［J］. 高等师范教育研究，2000（6）：34-39.

［5］姚念章. 教师职业素质结构与高师课程改革［J］. 河北师范大学学报（教育科学版），2000（3）：63-66.

［6］饶见维. 教师专业发展：理论与实务［M］. 台北：五南图书出版公司，1996.

［7］孟万金. 教师的专业素质及其立体架构：校长的视角［J］.

高等教育研究，2004（6）：57-62.

［8］胡惠闵. 教师专业素质的认识：基于学校管理者的角度［J］. 当代教育科学，2007（10）：28-30.

［9］教育部师范教育司. 教师专业化的理论与实践［M］. 北京：人民教育出版社，2003.

［10］HOUSTON W. Handbook of research on teacher education: a project of the Association of Teacher Educatore［M］. New York：Macmillan Publishing Co.，1990.

［11］陈文心，彭征文. 教师专业发展［M］. 北京：北京师范大学出版社，2016.

［12］周靖毅. 新教师的专业发展需求与支持路径探讨［J］. 教育理论与实践，2018，38（10）：42-46.

［13］肖珑. 多层次反思：新教师专业发展的有效途径［J］. 江西教育科研，2007（10）：52-54.

［14］刘清昆. 新教师专业发展的困境与突破：以宁波市小学数学新教师入职培养为例［J］. 高等继续教育学报，2015，28（6）：63-66，69.

［15］孟艳. "国培计划"短期集中培训课程研究［D］. 扬州：扬州大学，2016.

［16］王秀丽. 培智学校教师在职集中培训现状研究［D］. 大连：辽宁师范大学，2014.

［17］罗儒国. 中小学教师培训状况的调查与分析［J］. 现代教育管理，2011（12）：83-86.

［18］田心. 中小学教师培训现状、问题与对策研究［D］. 石家

庄：河北师范大学，2016.

［19］王笑地. 实践取向的中小学教师培训课程设计研究［D］. 贵阳：贵州师范大学，2018.

［20］陆勤超. 指向教师专业素养的教师研修课程研究［D］. 上海：华东师范大学，2017.

［21］陈玉秋. 研训一体：基于县域全员培训的思考与实践［J］. 中小学教师培训，2016（8）：24–26.

［22］陈旭远. 课程与教学论［M］. 北京：高等教育出版社，2012.

［23］周娜，金星霖. 基于柯式理论的中职教师培训效果评估模型［J］. 职业教育研究，2017（8）：39–43.

［24］孟璇，柴国荣. 青年教师专业发展困境与发展路径探究［J］. 教育理论与实践，2019，39（28）：46–49.

聚焦核心能力培养，助力班主任专业成长
——以广州市增城区荔城街第二小学为例

一、导言

2014年，教育部印发《教育部关于全面深化课程改革 落实立德树人根本任务的意见》，将"研究制订学生发展核心素养体系和学业质量标准"放在"着力推进关键领域和主要环节改革"的首位，凸显了新一轮改革中"核心素养体系"的绝对引领位置。班主任作为"中小学日常思想道德教育和学生管理工作的主要实施者，中小学生健康成长的引领者，中小学生的人生导师"，在学生"核心素养体系"的培育中意义重大。因此，广州市增城区荔城街第二小学在推行"荔教育"的过程中，关注班主任核心能力的培养，助力班主任专业成长，促进学校发展。

（一）"荔教育"的由来

广州市增城区荔城街第二小学所在地——增城区荔城街，是闻名海内外的"挂绿荔枝"母树所在地。增城荔枝文化底蕴丰富，在悠悠岁月中，越发积淀得厚重与深远，在促进经济增长的同时，也为教育事业的发展提供了肥沃的文化土壤。教育需要贴近本土、贴近生活，善用本土资源，彰显地方特色。学校从与荔枝树的朝夕相处中凝练了办学本色——"荔教育"，立足乡情，尊重自然，开放

协同。大力弘扬荔文化，开发"三力教育"系列特色课程，推行荔教育。

（二）"荔教育"的主张

"荔"字下面是三个"力"字，呈"品"字排列，"品"字结构具有三角形的稳固、坚定、耐压的特点，受此启发，学校推行"荔教育"，以期为师生终身学习和发展奠定坚实的基础，让每一个生命个体真正得到成长。

（1）"荔教育"是一种体现合作理念的现代教育：寓意合作的教育。

从"荔"字的构成元素得到启迪。荔，由"艹"和三个"力"构成。"艹"，代表植物，寓意教育如植物生长，必须遵循人的成长规律。三个"力"，寓意合作的教育：中间的"力"代表学生，以学生为主；左下方的"力"代表教师；右下方的"力"代表家长。家校并肩服务学生成长。合作力的培养正是"荔教育"的核心价值。

（2）"荔教育"是一种立足"草根"的特色教育：着眼于学生、教师、家长的共同发展。

"荔"字中的"艹"也代表"草根"教育，因此"荔教育"一是关爱每个学生的成长、成人，让每一个学生都成为社会合格公民；二是关爱每位教师的成长，让每位教师都成为合格的人民教师，促进更多的教师成长为优秀的教师；三是关爱每位家长的成长，让每位家长都努力学习，为孩子的健康成长提供有利的条件。

（3）"荔教育"是一种回归生活的幸福教育：为学生的幸福

人生奠基，为教师的职业幸福助力。

苏霍姆林斯基曾经说："理想的教育是培养真正的人，让每一个人都能幸福地度过一生，这是教育应该追求的恒久性、终极性价值。"习近平总书记在2012年11月15日十八届中共中央政治局常委同中外记者见面时指出：我们的人民热爱生活，期盼有更好的教育、更稳定的工作、更满意的收入、更可靠的社会保障、更高水平的医疗卫生服务、更舒适的居住条件、更优美的环境，期盼孩子成长得更好、工作得更好、生活得更好。这十大期盼的第一个期盼就是更好的教育，获得更好的教育是获得更稳定工作、更满意收入的基础，是一个人成长得更好，工作得更好，生活得更好，获得幸福人生不可或缺的前提。幸福教育就是在教育中创造、生成丰富的幸福资源，通过教育途径实现人对幸福的追求并在追求中获得幸福。具体而言，就是让学生因享受良好的教育而拥有较高的成长幸福指数，教师因从事快乐工作而拥有较高的职业幸福指数，从而形成具有较高幸福感的学生群体、教师群体。

二、助力班主任专业成长的途径

班主任作为班级的组织者、管理者、教育者，作为影响学生品格和心理发展的"重要他人"，[①]其核心能力备受教育界的关注。例如，冯建军认为班主任的专业化核心在于班主任的教育人格和德行，而非知识、技能和理性。[②]班华认为，班主任专业劳动的核心内容是学会精神关怀，着重关怀学生的心理生活、道德情操、审

① 钟启泉. 核心素养的"核心"在哪里？[N]. 中国教育报，2015-04-01（7）.
② 冯建军. 人格本位的班主任专业化[J]. 教育科学研究，2015（6）：14-19.

美情趣等方面及其成长与发展。[①]黄正平指出班主任专业化的核心是教育信念，班主任的教育信念主要以认知为条件、以情意为核心、以理想为前提、以实践为基础。[②]北京教育学院校长研修学院教授、教育学博士迟希新认为班主任的核心能力包括三个层面：科学理念、教育智慧、人格特质。科学理念主要是对立德树人的教育本质和自身教育角色的深刻体认。教育智慧是指超越组织者、管理者、联系家庭桥梁和纽带的育人创见。人格特质则是指基于对学生真诚关爱、尊重的情感品质和教育情怀。但是无论哪种观点，都认为班主任的核心能力关乎班主任的专业道德、专业职责和专业知识与能力三个方面。我校结合班主任的实际情况，从培养班主任的自主学习力、课程领导力、合作共建力三个方面入手，聚焦班主任核心能力的培养，助力班主任的专业成长。

（一）着眼班主任个人成长，提升班主任的自主学习力

自主学习力是教师专业发展的重要力量，也会对教师的专业发展产生巨大的作用和影响。因此，我校主要从三个方面来培养和提升班主任的自主学习力。一是构建持续学习的环境氛围。主动学习，才能创造知识、才能使学校的核心竞争力得到提升。我校重点构建了持续学习的教学体系，强调全员学习、全过程学习、团队学习和全方位学习。通过构建持续学习的教学体系，全面激发与提升全体教师的学习力。二是改善学习，提高学习效率。改善学习就是鼓励教师不断改进教学方法、学习方法，引导班主任进行快乐学

---

① 班华.专业化：班主任持续发展的过程[J].人民教育，2004（15）：9-14.
② 黄正平.教育信念：班主任专业化的核心[J].教育理论与实践，2008（3）：17-18.

习、自主学习，在全校形成自由思考、自由探讨的学习氛围。三是促使班主任养成自由学习的习惯。当今时代提倡多样化、个性化的培养模式，要使学生的个性得到充分张扬，必须允许教师张扬个性，因材施教，因人而异，因地制宜，把培养学生的创新能力和创新思维放到更加重要的位置上。因此，学校鼓励教师张扬个性，发挥优势特长。具体从阅读、培训、写作三个方面提升班主任自主学习力。

1. 阅读促自主学习

知识是人类进步的阶梯，阅读则是了解人生和获取知识的重要手段和最好途径。学校一贯重视对教师阅读的引领，提升班主任自主学习力。

（1）提供丰富的阅读资源。

学校东西两个校区都设有区图书馆图书流通点，这里的图书不仅可以和区图书馆的图书通借通还，还会每学期定期更新。东校区还增设了智慧图书馆，让教师借阅图书更加便利。东校区还特意设立了教师阅览室，那里不仅有最新的教育教学杂志，还有茶点，温馨的环境吸引教师忙里偷闲享受阅读时光。每学期开学，学校都会为每一位教师征订两本教育杂志，鼓励教师关注最新的教育资讯。对于新教师，还会专门开展赠书活动。

（2）举行丰富的阅读活动。

学校每学年都会定期举行各种阅读活动，例如学期初举行优秀读后感评比活动，以此推动班主任利用假期读书学习；开学第一个月举行"好书分享会"，以此引导班主任阅读更多关于教育的优秀著作；开学第二个月举行"读书报告会"，教师们围绕所读书籍进行研讨；开学第三个月举行"优秀读书笔记"评比活动，展示班主任阅读的成果；开学第四个月举行"读书沙龙"，班主任交流自己感兴趣的书籍或是自己的阅读体会；学期末还会举行"读书演讲比赛"，班主任用演讲的形式分享自己的阅读感受。

2. 培训促自主学习

（1）成立成长学院，加强对教师专业成长的规划与指导。

教师发展成长学院依据"荔教育"特色，从课堂教学、学生管理、教师发展、科研创新等方面开设在职教师教育实践培训课程。采用教师梯级发展策略与核心能力发展策略，关注教师的发展，采取分层培养、分类指导、分阶段的方式推进教师专业发展，大力打造名优教师、骨干教师、成熟教师和合格教师，对教师专业发展愿景进行自我规划，自主实践。

学校根据本校在职教师的发展需求，分层分类分向进行专项培训，通过"请进来"、"送出去"、"内打磨"、师徒结对、课题研究等多途径给教师造平台、压担子，促其成长。教师发展成长学院坚持以教学为中心，实施素质教育，进行教育教学改革，开展教育科研和教学研究，更新教育观念，改进教学方法，采用现代化教学手段，提高教学质量。教师发展成长学院以小组为教育教学工作的基本单位。指导教师扮演小组的组织者、教育者和指导者的角色。严格执行教师发展学校教学工作常规要求，抓好课程设置、备课、课堂教学、作业批改、教研活动、教研小结等环节的管理。并执行指导教师考核制度，运用自我评价、同行评价和学员评价等方式，组织教学质量评估活动。

教师发展成长学院从不同层面促进了教师的专业发展，对不同阶段的教师成长进行指导，助力教师的专业化成长。

（2）加强班主任全员培训，提升班级管理能力。

学校除了每学期定期举行常规的师德培训、班主任培训，还对全体班主任进行了正面管教的培训，引领班主任利用正面管教的工具，为教育学生服务。学校多次邀请正面管教专家团队的教师来校对管理干部、班主任、科任教师进行专题培训。新颖的形式，特别的体验，点亮教师们的心。学校已经派出16位教师参加了正面管教的培训。学习完毕，教师回校把理论付诸实践，多次尝试执教主题班会研讨课，起到示范带动作用，收到广泛的好评。2020学年的学前培训就邀请了正面管教专家团队对班主任进行了"正面管教班会课推动建立学生自主管理的班级"专题培训。

（3）开展心理健康培训，提升班级管理能力。

学校素来重视师生的心理健康工作，区心理健康发展中心还在学校设立了心理潜能开发中心，为本区的中小学生开展心理疏导。为了更好地服务于区中小学学生心理健康工作，促进学校的心理健康工作顺利开展，学校先后派出多名班主任参加心理健康的培训。目前，我校已有5人取得心理健康A证，20人取得心理健康B证，34人取得心理健康C证。

沙盘游戏培训助力班主任成长。沙盘游戏是目前国际上很流行的心理治疗方法。它被广泛应用于儿童的心理教育与心理治疗，通过辅导，能让来访者找到回归心灵的途径。学校先后派出20多名教师参加沙盘游戏咨询师培训，其中刘映桃校长为导师，陈玉来等4

名教师为中级咨询师，其余17名教师为初级咨询师。学校的心理潜能开发中心是咨询师和学生进行心理活动的主要场所，更是学校心理健康教育的根据地。

3. 写作促自主学习

叶澜教授说过：一个教师写一辈子教案，不一定成为名师，如果一个教师写三年反思可能成为名师。从叶澜教授的话中，可以看出教学反思的重要作用和教学反思对教师成长的重要性。对于班主任来说，要提高专业素养，要提升班级管理能力，写作反思是必不可少的。学校重视培养班主任的写作反思能力。每学期不仅会举行教学论文评比和优秀教学案例征集，还会定期举行优秀教育随笔评比，并及时利用学校微信公众号平台展示。学期末还会进行育人故事分享，让教师在交流中体验班级管理工作的喜与乐，在分享中学习他人之长，提升班级管理能力。

（二）聚焦学校特色发展，提升班主任的课程领导力

在传统的思维中，教师在课程建设中的主要作用就是实施。但是教育改革需要教师具有课程领导力。在课程领导力建设中，教师的角色有了很大的变化，他们成为教育教学理念的践行者、课程创新的推动者和支持者、课程改变的自觉实践者、学生改变的引领者及合作者，以及教师之间的互助者与共进者、资源整合的利用者和人际沟通的协调者。而班主任的角色尤为重要，他们不仅在学科教学方面需要具有课程领导力，不断在教学实践中改革创新，提升教学质量，还需要在班级管理中具有课程领导力，不断在教育过程中

改革创新，提升育人效果。

为了进一步推进"荔教育"的特色，学校在校本课程与游踪课程的开发中，不断提升班主任的课程领导力。

1. 校本课程开发

为了配合"荔教育"课程的实施，学校组织骨干班主任编写了"诗·书·礼·乐"校本教材。"诗"为写荔枝的诗词与体现学校校训——立志、立德、立人的经典诗词，通过学习风格各异的荔枝诗词和修身、爱家爱国的经典诗词，学生领略中国优秀诗文的精粹，激发学习经典诗文的兴趣，提高人格修养，培养爱家爱国的情怀。"书"为《书法》，配合书法课程目标，侧重楷书和隶书的学习，培养学生书法技能和书法素养。低年级初步学会写硬笔字，掌握正确的执笔方法和写字姿势，学会临摹硬笔字作品。中年级开始学写毛笔字（楷书），能正确地执笔，学习基本笔画的运笔方法，能用毛笔描红临摹。高年级初步学会用毛笔临摹一般古诗作品，懂得毛笔字（楷书）创作的行款、章法安排。"礼"为《我有礼》，把家庭礼仪、校园礼仪和社交礼仪相互融合，贴近生活和儿童，提升学生德育素养。懂得尊重他人，学会谦让和感恩，能在各种场合按礼仪要求待人接物。"乐"为《趣味竖笛》，介绍笛子的种类、笛子的吹奏方法和欣赏笛子歌曲等，陶冶情操，提升音乐素养，让学生成为多才多艺的人，为终身音乐学习打下扎实基础。

校本课程的开发激发了班主任的创新意识，校本课程的实施则激发了班主任在育人工作中的改革意识，同时也促使班主任对课程进行深入研究，从而提升了班主任的课程领导力。

2. 游踪课程开发

为了进一步推动班主任课程领导力的提升，学校鼓励班主任开发游踪课程。班主任结合学校的情况以及学校所处位置的有利资源，积极探索，先后构建了校园游踪课程和校外游踪课程。

校园游踪，是学校班队会课特色项目。它让班主任在开发课程、整合资源、研究教育、创新设计过程中提升了专业素养。通过课程开发，班主任不仅提高了课程驾驭能力，还提升了课程研究能力。校园游踪课程的资源取材于校园的每个角落，都是随性的、自然的。在活动前，先定好若干个学习点，给每个学习点设置好问题。学生以小队形式参加活动，拿到任务单后，在小队长的带领下先讨论路线，在志愿辅导员家长的陪伴下寻找学习点。每找到一个学习点，队员们都兴奋地拍照留念，然后根据问题找答案。整个活动过程中，队员们的脸上洋溢着快乐的笑容。队员在体验、探究、合作、分享、感悟中不知不觉地实现了品德的内化。他们不仅对校园更加熟悉，增长了知识，还学会怎样与人交往、合作、思考，家长的加入更是增强了家校合作的关系。如"我是文明小学生"游踪活动主题，让学生在实践中理解文明的内涵，学会如何做一名文明小学生。为探寻荔文化，推行"荔教育"，增强少先队员的组织归属感，浸润学校精神，学校分别开展了以"走近荔园"和"校园新知"为主题的校园游踪课程。

知识无境界，除了在校园、课堂获得知识外，班主任还开发了校外研学游踪课程，引导学生放眼校外学知识。学校定期组织队员开展研学活动。2018年，集团少先队大队部分年级组织队员们徒步到增城城市馆学习，队员们不仅在徒步前进中锻炼了吃苦耐劳的品格，更在城市馆的参观学习中增长了见识。2020年重在学习"户外生存技能"，队员们在活动中进行大脚板拓展游戏、自制简易过滤器、钻木取火、搭帐篷、抓鱼、做手工、射箭、攀树等，真正做到学在其中，乐在其中。我们不仅限于在当地学知识，还到广州其他地方开展研学游踪课程，甚至走出广东，到香港、澳门、北京开展研学游踪活动。队员们通过研学游踪开阔了视野、增长了见识，更重要的是在体验、探究、合作、分享、感悟中不知不觉地实现了品德的内化，提升了综合素养。

（三）助力教师职业幸福，提升班主任的合作共建力

班主任的角色具有特殊性，在教育教学中起着与一般教师相比不同的重要作用。在班级管理中班主任不仅需要共享经验，还需要互相学习。同时，对于学生的教育还需要班主任联合科任教师、家长进行共建，甚至有时候还需要联合更多的部门，合理利用有利资源达到共同育人的效果。

1. 师徒结队提升班主任的合作共建力

学校充分利用骨干教师的丰富教学经验和教学优势，组建师徒结队小组，发挥其对新进教师的教学指导作用，促进新进教师迅速成长，增进教师间的业务交流，实现相互学习、共同促进的目标，从而提高学校师资的整体水平，提高教学质量。学校明确规定师徒的职责，并严格执行考核制度。师徒结队小组的形式为班主任的日常班级管理工作指导提供了便利，年轻班主任在跟随指导教师进行日常学习的过程中，能够快速了解班级管理的常规，并且可以学到

更丰富的班级管理经验。当在班级管理中遇到困难或困惑时，他们也可以及时向指导教师请教，指导教师会第一时间为年轻班主任的发展提供帮助。

2. 月份分享提升班主任的合作共建力

为增强师生荣誉感，提升师生综合素养，及时总结学校各项教育教学活动的开展情况，学校大队部每月月底举行一次"月份总结、分享、颁奖会"。整个活动的流程如下：首先由值周校长对本月队员们的情况进行小结，表彰做得好的行为，提出需要努力的建议；然后由收到大队部邀请函的优秀辅导员或优秀队干部与全体队员进行故事分享；最后是颁奖环节。此项活动，主要是把教育目的融入故事当中，做到"润物细无声"，把队员每月在教育教学活动中获得的奖项集中颁发，起到表扬、激励作用。其中故事分享环节，不仅为班主任提供了展示的平台，也为年轻班主任的成长提供了锻炼的平台。每一位班主任要从在班级内分享走向在全校师生面前大胆分享，这也是一种历练。在这个过程中，班主任由写稿到修改稿件，再加上反反复复的练习，必然离不开同年级其他班主任的帮助，离不开学校班主任研究团队的指导，也离不开学校德育干部的引领，因此，每一位发言的班主任在这个准备的过程中，势必要与各方沟通协调，提升了班主任的合作共建力。

3. 教育沙龙提升班主任的合作共建力

教育沙龙形式自由，班主任可以畅所欲言，其发言内容源于班主任日常工作中的真实经验，这种形式的培训是最具参照力、最具模仿力、最接地气的培训。每学期学校都会举行各种主题的教育沙龙，这些主题关注了班主任日常工作中的困难或困惑，不仅能够为年轻班主任提供可供借鉴的成功经验，还可以引领班主任集中就班级管理的某一个方面进行深入研讨交流，有利于提升班主任的合作共建力。例如2020学年上学期，我们开展了主题为"班主任，这样做……"的沙龙活动，各班主任积极发表了自己的工作感悟，其思维得到碰撞。还开展了班主任沙龙——育人小故事分享。育人小故事反映的是班主任用心、用情、用智慧全力以赴做好班主任工作的精神，不仅能给人以感动，更能给人以启迪。

4. 年级德育大课提升班主任的合作共建力

近年来，学校经过不断地探究、摸索和创新，基本形成了有效的德育系列课程。例如每月四节班会课：第一节是由班主任结合教育点用正面管教的方式进行的班会课；第二节是结合教育主题以校园游踪的方式进行的少先队会课；第三节是年级的德育大课，可以是由本年级的级长、干部或邀请具有专业技能的校外辅导员、家长来为学生上的德育课程；第四节是由学校德育处组织的月份总结、分享颁奖会，通过干部、教师或学生分享的德育小故事引出教育的道理。

年级德育大课是每学期开学初，大队部以年级为单位，让年级级长根据本年级队员的思想动态、行为习惯训练需求、存在的不足等方面，确定每月年级德育大课堂的活动内容，并按计划开展德育活动。德育大课内容丰富，其结合学生的年龄开展，涉及法律知识、卫生健康知识、安全教育、思想品德教育等方面。德育大课的授课人安排也比较灵活，可以是校长、大队辅导员、级长，也可以是具备专业知识技能的校外辅导员、家长代表等。德育大课的授课方式也比较多样，根据内容有时候选择专题讲座，有时候选择视频分享，有时候选择辩论，有时候选择知识竞赛，有时候选择游戏体验等。年级德育大课，要求班主任要与不同层面的人一起研究对学生的教育，提升班主任的合作共建力。

5. 心理微课提升班主任的合作共建力

为了有针对性地对全校师生或是家长开展心理健康教育，学校每周推出一节微课，以新时代信息技术为载体，更为便捷、广泛地向学生、家长、教师普及心理健康教育。

例如新冠肺炎疫情防控期间，开学推迟了，亲子冲突与线上学习的问题尤为突出，针对这一系列问题，校长指导学校的专职心理辅导老师撰稿、录制了系列微课，发布到学校公众号，让学生、家长、教师共同学习。一周一微课从推出至今，已经收到无数家长、学生的一致好评，其内容具有指导性与实用性，切实关注孩子与家长最关心的问题，及时解决师生及家长在心理方面的困惑。心理微课提高了心理健康教育的影响力。在推广心理微课的过程中，提升了班主任对学生进行心理健康教育的能力，也为班主任自身的成长发展提供了一定的帮助，同时要让心理微课作用更加明显，班主任还需要联合家长一起共同提升对小学生的教育能力，从而提升了班主任的合作共建力。

6. 幸福教育提升班主任的合作共建力

幸福教育有助于减少教师的职业倦怠感，职业幸福感会为班主任的专业发展注入活力，促进班主任的成长。

（1）环境打造幸福教育。

良好的校园文化，具有催人奋发向上、积极进取、开拓创新的教育力量。学校以荔枝为主角规划建设校园文化，构建"忆荔""育荔""赏荔""品荔""颂荔"五个模块，每一个模块表现不同的内容。"忆荔"：了解学校历史和增城的发展史，增强归属感。"育荔"：培育荔枝，增强劳动意识和实践能力，建立强烈的责任感。"赏荔"：欣赏荔枝，了解各种荔枝的特性，增长知识。"品荔"：品尝荔枝，分享劳动成果，品味践行荔枝精神。"颂荔"：称颂荔枝品格，宣扬荔枝文学，促进学生多读书，读好书，提高文化修养。"荔"教育就是要让师生在了解增城本土文化的基础上，受到熏陶，受到激励，增强师生对自我身份的认同感，为自己是增城人而骄傲。

每当蝉鸣荔熟，走进广州市增城区荔城街第二小学，都会被鲜红的荔枝吸引，每棵荔枝树都果实累累。桂味、糯米糍、妃子笑、甜岩、挂绿……16 种荔枝各显特色，让这个有着百年历史的校园更加绚丽多彩。校园处处有荔影，校园处处有书香。学校设有读书休闲站，每个走廊都有书柜，每个教室都有图书角，学生读书画面随时随地可见。百年古榕枝繁叶茂，鸟儿喜欢在树上栖息，师生喜欢在树下活动。人与植物，人与动物和谐相处，绿色与红色相辉映，动与静相交错。校园舒适整洁，鸟语花香，洋溢着清新、朝气蓬勃的气息，呈现出一幅生机勃勃的画面。

（2）爱心孕育幸福教育。

教师有爱心。对于学生成长来说，教师的爱心如同阳光、雨露，时时滋润学生的心田。著名教育家陶行知先生奉行"爱满天下"的宗旨，与学生打成一片，与他们同甘苦共患难。教师只有诚心诚意地爱护自己的学生，才能诲人不倦，教好学生。教师的爱要理智公正，要真诚严格。要用爱去对待学生，影响学生，关心他们的成长。让每个学生在师爱中健康成长。家长有爱心。家长的爱是愿意学习，愿意进步，愿意做孩子的学习伙伴、生活的引路人。爱不仅仅是给予孩子物质上的满足，更是陪伴与鼓励，是一起学习一起成长。学生有爱心。爱是对人或事物最深的情感，可形成一种动力，表现为一种倾向行为。首先要培养学生对生命的热爱。没了生命，爱就没有了载体，爱就无法表现。

（3）赏识促进幸福教育。

被人赏识是幸福的。教师、家长要经常捕捉学生的闪光点，一句简短的话语、一个小小的举动有时都会令人感动不已。当发现闪光点后，迅速把它写下来，并及时宣传，以此对学生加以肯定，同时更表达对他们的赞赏。学生在赏识教育中更加出类拔萃。

不仅学生需要被赏识，教师也同样需要得到尊重和赏识，让教师感受到自己的重要。学校一贯强调：每一个人都很重要，并且将此理念落实于平时的管理之中。在管理中学校坚持做到四个"一点一多"：柔一点，多一些春风化雨；文一点，多一些生命关注；粗一点，多一些个性张扬；活一点，多一些兼容并包。真诚地欣赏每一位教师，不吝啬对任何一位教师的鼓励与赞美，乐于为教师的成功喝彩，让每一位教师都感受到自己是重要的，在校园生活中是有尊严的，让每位教师感受到学校因他的成长而骄傲，让教师在校园里感受到心灵的自由、灵魂的安宁、理想的放飞和奋斗的快乐。

（4）研究促进幸福教育。

苏霍姆林斯基说："如果你想让教师的劳动能给教师带来乐趣，使天天上课不至于变成一种单调、乏味的义务，那你就应当引导每一位教师走上从事研究这条幸福的道路上来。"因此，学校十分重视引领教师进行教育教学研究。一线教师的教育研究不是外在于教育教学活动的，而是与教育教学活动紧密结合的研究活动，旨在改善教育实践，提高教育教学效果，探索自身的教育实践问题，主要研究具体的教育教学情景，研究教育教学中存在的现实问题，以便解决现实问题。教育研究是教师的一种教育、教学、研究、学习合一的专业生存方式；可以改变教师的生存状态、克服职业倦怠，使教师找到安身立命之本，体验到职业幸福感。

7. 示范引领提升班主任的合作共建力

学校充分发挥名班主任带头人的作用，在区域内发挥引领示范作用。目前，学校有名班主任工作室1个，另外有区名班主任1人，骨干班主任6人。名班主任工作室成员不仅有本校的骨干班主任4人，还有来自区内其他学校的骨干班主任7人，工作室结合学校特点，定期召开经验交流、展示会，推广优秀班主任班级管理、教育教学先进经验和做法，起到引领、示范、推动作用。每个名班主任工作室成员经过三年努力，要实现"三个一"：一节优质班会、一项班级文化建设成果、一项班主任工作课题研究成果。名班主任组建了新教师实践学习小组，带领区内其他学校8位新教师开展班级管理的实践指导和研讨活动。通过骨干班主任的示范引领，助力区域的班主任专业成长与发展。

三、结语

"荔教育"中班主任的核心能力是指自主学习力、课程领导力、合作共建力，三力的形成与提升需要内外共同合力。在学校管理部门的层面，要着重规范班主任的专业要求，探索更科学的班主任评价标准与体系，发挥科学评价班主任工作的指引作用。但从实质上，班主任专业核心能力主要依靠其自身的自主学习力来获得提升。学习型组织理论创立者彼得·圣吉认为唯一持久的竞争优势，是具备比你的竞争对手学习得更快的能力。"荔教育"班主任核心能力培养体系能在一定程度上保障班主任专业能力的培养与成长，但更有效的途径仍是班主任自身自发去不断学习，而且要比别人更快、更高效地学习。

撰稿人：广州市增城区荔城街第二小学　刘成燕　刘映桃　李惜爱　郭胜文

指导专家：华南师范大学　首批教师教育专家工作室主持人王清平副编审

参考文献

［1］班华.专业化：班主任持续发展的过程［J］.人民教育，2004（15）：9-14.

［2］黄正平.教育信念：班主任专业化的核心［J］.教育理论与实践，2008（3）：17-18.

［3］迟希新.以育人为旨归的班主任核心素养［J］.中小学德育，2016（5）：9-12.

"四位一体"校本研修推动学校高位发展
——以广州市越秀区东风东路小学为例

一、学校概况

东风东路小学始建于1948年，目前学校分设东风东校本部、锦城、东风广场、天伦四校区，共有77个教学班，3415名学生，173名教职工。四校区资源共享，优势互补，形成现代化、集群式创新发展的办学规模。近年来，东风东路小学秉承传统，争创优势，彰显特色，提升品牌，追求卓越，硕果累累。2010年至今，学校共获奖9258项，其中国际奖20项、国家级1799项、省级2574项、市级1395项、区级3470项；集体奖405项、教师奖2427项、学生奖6426项。

在学校的发展中，教师是第一资源，教师队伍建设是第一要务。因此，打造一支理念先进、素质全面、技能过硬的教师队伍是学校高位可持续发展的有力保障。自2000年至今，东风东路小学从一个校区发展为一校四区，随着扩校区、扩班，学校每学年均吸纳来自全国各地的新进教师。从2010年的148名教师发展到173名，其中研究生学历的教师从3名增加至12名，本科及以上学历的教师占总人数的95%。依托稳定科学的制度、系统创新的措施和多元适度的平台保障，在"四位一体"校本研修的支持下，学校促进了教师的专业成长，教师团队实现高位均衡发展，涌现出一大批各级优秀教师、骨干教师。学校有1名全国优秀教育工作者、1名全国优秀教师、4名省级特级教师、6名广东省南粤优秀教师、17名广州市优秀教师、12名市级骨干教师、23名越秀区教坛新秀、12名区名师和名班主任。

二、校本研修溯源

校本研修包含校本培训和校本研究两方面含义，具体是指由学校根据本校及其教师的需要，以问题为中心，充分利用校内外各种培训资源，组织指导教师从事适合本校教育教学需要的研究活动，促进教师专业可持续发展的一种继续教育活动。校本研修的目标是让教师从教书匠发展为研究者，实现教师的专业化发展，使教师成为终身学习的先行者、探索者和示范者，使教师群体率先成为优秀的学习型组织。

从校本研修的问题出发，多年来，东风东路小学立足学校的高位均衡发展，围绕凝聚教师团队文化、推动学校特色项目、拓宽教师视野、培养梯队人才四个方面开展校本研修的实践和反思。

三、校本研修策略

（一）资源的开发与应用

1. 挖掘校内资源，充实校本研修的基本力量

校内的名师、骨干教师是学校开展校本研修的重要资源。建立校内专业引领制度，充分发挥学校内部的教育智慧，鼓励有一定的专业意识、专业水平、专业精神和专业威望的教师主持开展多种形

式的校本教研活动，在工作推进过程中逐步发现和培养一批骨干教师，充实校本研究的基本力量，储备后续资源。

学校建立教师专业成长培养制度，成立了"班主任工作室"，打造优秀班主任团队；成立了"名师工作室"，助力青年教师成长；要求骨干教师、教坛新秀每周听前辈教师一节课，努力形成教学风格；针对青年教师开展"智慧联盟"或"师徒结对"的"一帮一"活动，以提高青年教师课堂教学技能和运用理论指导实践的能力。

2. 院校协作，搭建专家教师的成长阶梯

进入21世纪以来，在不断深化的教育与课程改革的牵引下，为了让更多的教师突破已有发展局限，成长为专家教师，不少学校选择走院校协作之路。院校协作，是高等院校与中小学、幼儿园建立"伙伴"关系，并以合作方式深度开展各种教育及研究活动的一种理论与实践。东风东路小学在近年来的实践中，逐渐超越了以往仅仅请专家来校开展讲座等粗放化、形式化的协作方式，探索出一套精细化、个性化的协作方式。主要组织策略为：

（1）树立课题意识，建立网状结构的合作活动探究共同体，形成了"总负责人—执行总负责人—科研组组长—子课题组组长—子课题组骨干—子课题组成员"合作活动的组织体系。针对学校教育教学过程中遇到的问题、难题，邀请高校专家进行诊断式教研，形成课题。共同体中的每个成员都各尽其职，朝着共同的愿景而努力。特别是执行总负责人，要落实与大学的联络工作；科研组组长，要做好上情下达、下情上报，及时收集、整理、移交和落实各种材料。

（2）构建丰富的协作形式。除了现场讲座和面对面交流互动，我们充分借助各种网络平台落实了贴身式、个性化的协作指导活动。

（3）要求参与教师定期撰写引导型日志，分别对教师对协作活动的满意度、自己有待提高的方面、困难与建议等进行调查，并由专人统计分析，形成日志分析报告，反馈给协作双方，据以改进相应的工作，从而使教师系统理解"教学"与"研究"的深层次关系，深刻感受以研究促进教学的发展趋势和重要价值，真正开始踏上专家教师成长的阶梯。

（二）以问题为切入点促进学习提升

教师如何实现专业化？一靠学习，二靠践行。在具体实践过程中，我们深深地体会到，学习型管理中的"学习"，不是"适应型学习"或"维持型学习"，不是仅仅学习一些理论，不是仅仅通过学习维持一些活动的顺利运作，而是"产生型学习"或"变革型学习"，是通过学习产生新的革新型行动的学习。我们提出了学习型管理不是以确立目标、制订计划、过程检查、评估督导和实施奖惩等为基本管理流程，而是以解决某一问题为切入点，以具体的学习任务为聚焦点，支持师生行动体验、学习反思、思考探究、改革提升、创新发展。

1. 个体思考

教师个体专业成长的关键是要有开放的心态和改变自我的意愿。当教师身处专业发展的一定阶段，既有的教学经验和教学业绩就可能成为进一步发展前行的桎梏。因此，教师的个体学习很重要：阅读身边的同伴经验、阅读优秀的名师经验、阅读理论经典，让自己成为有思想的实践者。其中，具有元认知评价的意识与能力尤为重要，每一位教师的发展与成长都是独一无二的，教师发展没有固定的规律，它是一个生命体持续不断追求进步的过程，更需要教师自身的"发展自觉"。具体做法是：每年9月开学伊始，学校每位教师会针对自身教育教学工作中出现的问题进行思考，制订个人的小课题研究计划，并在理论学习与实践反思中进行研究，最终提升个人教育教学水平和科研能力。

2. 团队研修

要保证校本研修的有序进行，还要组建适合教师自己的研修团队，进行合理的分工。可以是几个有相同研究目标的教师自愿组合成研修组，也可以是同学科组式、年级组学科式、年级组式，大家为破解同一问题进行分工、合作。学校采用"完全组阁制"方式，让教师们在团队中彼此各尽所能，各展所长，工作上相互配合、相互支持，既减轻了各自的工作负担和压力，又有利于调动每个教师的积极性，使研修系统的工作有序地运转。

四、校本研修路径

（一）专家引领，助推教师专业发展

专家引领是教师专业发展的助推器。多年来，学校与华南师范大学、北京师范大学等院校协作，得到了专家团队在信息技术与学

科深度融合、教学研究、多维课程建构等方面的高位引领，有效地促进了教师的专业发展。

例如，鉴于一线教师教学技能较强而教学研究技能较弱，特别是研究成果表达技能较为欠缺的状况，学校与华南师范大学的协作主要聚焦于书稿撰写技能和论文撰写技能的提升，操作流程为：

（1）院校建立协作关系。考虑地理条件等各方面因素，我们创建了"互惠型院校协作共同体"，协同进行教师发展"学训研"基地建设。

（2）制定院校协作的详细方案。达成协议之后，双方制定了阶段式的协作方案，第一阶段主要提高书稿撰写技能，第二阶段主要发展论文撰写技能，并明确了研究任务完成的时间节点和达标程度，全体成员按相应的工作进度表严格执行及落实各项工作。

（3）开展分解式、贴身式与个性化的院校协作式指导。在协作过程中，我们开展了一系列实质性的指导活动。以学校书稿撰写阶段为例，先将双方的协作主题分解为研究动员、提纲研制、资料准备、初稿研讨、二稿研讨、三稿研讨、四稿研讨和终稿研讨等，再进一步明确每一次协作指导的具体流程、目标和任务，并按计划进行具体指导。

实践证明，专家的高位引领使我们的教师少走了许多弯路，教学理论素养和教学研究水平都得到较快提升；使科研的根基更深厚，教研的空间更广阔，促进了教师的专业成长！

（二）平台搭建，让教师在学习中成长

校本研修是提高教师培训实效的选择，它旨在加强教师培训与

教育教学研究的联系，在帮助教师解决教育教学问题的过程中进行师资培训，促进教师成长。没有与教学实践研究紧密结合的培训活动，就无法检验培训的效度；没有借助研修平台组织交流与推广的教学实践研究，就无法产生积极的辐射效应。为此，学校搭建多元化的平台，组织团队教师进行教学研讨、素养展示、跨界学习，提升校本研修的实效，激发教师主动参与研修，开阔视野，获得成功的体验，引领教师团队均衡发展，不断前进。

1. 搭建展示平台，为教师输出式学习提供可能

在校本研修中，如何使高深的理论学习落地？如何将理论创新应用到教育教学当中？这是检验研修效果的关键问题。因此，每次的校本研修首先采用"学、练、测"的方式开展集中培训，借助课例研讨跟进研修的实践应用，搭建"校际教师素养大赛"等平台，展示教师的研修成果。值得一提的是，每次的展示活动亦是二次研修，让团队中的成员互相学习、交流、借鉴，将研修的成果进行推广，产生积极的辐射效应。

譬如，在2014年7月，东风东路小学以"学技术·用技术·促发展"为主题开展校本研修活动，引导教师们走向新技术支持下开放、创新的课堂。在培训中，围绕互动一体机和平板电脑的教学应用这一内容，由学科行政和骨干教师担任主讲老师，采取"学、练、测"的方式开展培训活动。首先，学校邀请专业的技术人员给学科行政和骨干教师上课；接着，由主管教学的8位学科行政作为主讲老师，他们结合之前的学习和思考，以一个个鲜活、生动的教学实例来展示一体机的各项功能。参与培训的教师们在自主练习之

后逐一展示，通过互相交流和学习，教师们纷纷赞叹："这个功能真好！""原来互动一体机还可以这样用啊！"这种"学、练、测"结合的培训模式让大家感受到新技术的学习并不是那么难，激发教师创新应用的意识，强化了培训的现实意义。

又如，2019年学校分别开展了"东风杯"青年教师赛课活动和骨干教师教学风格课例展示活动。在这一系列的活动中，不管是青年教师，还是骨干教师，在"智慧教育"和"思维课堂"等教育方向的引领下，通过深度研究、磨课、试讲不断优化课堂内容，呈现了一堂堂精彩高质的思维课堂。以青年教师赛课活动为例，选手为40岁及以下的青年教师，由其参与的"名师工作室""智慧联盟""师徒结对"等形式的教师团队组成研课集备组，充分发挥名师的辐射引领作用，带动青年教师快速成长。这次的系列活动不仅加深了教师对信息技术支撑下的TRSP课堂的研究，提升了青年教师的教学教研能力，让课堂成为能够培养和发展学生思维的课堂，而且也让教研成为一种常态，让这种常态化教研成为我们日常的工作习惯和工作态度，全面地打造一支高素质的教师队伍。

依托各级各类平台，看似展示参赛教师个人风采，实则通过科组合力打造，促进教师专业发展，储备优秀人才，让教师团队更加具有凝聚力。

2. 跨科组协作，打造异质交融的教研形态

在学校里，开展科组教研是常用的校本研修方式，能发挥"以研促教"的强大引领力量。一般常见的教研是科组内教研，这种教研形态具有易于生成研究主题、便于直接借鉴模仿等特点。为了进

一步提升学校的教研质量，我们尝试打造异质交融的教研形态——跨科组协作教研，即由不同科组的教师结成教研共同体，共同开展教研活动。这种形态的教研，既回应了新课程改革所强调的课程整合、教师具有跨学科意识等要求，也便于校内教师在更大范围内交流经验、激活思维、生成教学智慧，更践行了化"异"为"优"的大包容、大超越的文化心态，顺应了文化经由互渗融合而发展进化的基本规律和必然趋势。

如2014学年，学校坚持每月推选一个学科的一位教师展示优秀的现场公开课，全校所有科组教师都到场观摩并参与研讨。跨科组协作教研主要包括三个环节：第一，学科组集体备课试教。学科组鼓励组内教师自愿报名进行公开课展示，先由教师自行设计预案，完成第一次试教，然后整个科组合力打磨，进行第二次试教，研讨反思修改之后，才正式在校内展示。第二，开展教研观摩活动。学校将每月最后一周的周五定为跨学科教研日，一学年内艺术科、数学科、英语科或语文科的教师轮流展示公开课。第三，跨学科评课。先由任课教师简要介绍教学设计并进行课后反思；再由不同学科教师构成"跨学科"小组，就这堂课的教学理念、教学方法或教学资源等进行"主题式"讨论，小组内将发言进行整理并派代表现场分享；最后每位教师在学校"校本教研网"内自己的教学博客上，发表此次活动的教研心得，汇集成深刻而切实的协作教研成果。

跨科组协作教研突破了科组内教研的局限性，促使教师从不同的视角去审视自己的学科教学，促成学科教学方式、方法之间的大融合，进而帮助教师"取众科之长"，开辟出教学的新天地。

3. 跨界学习，延伸校本研修的宽度

跨界学习，是跨越自己日常工作的边界，向外界学习并寻求多元素交叉的学习方式。更确切地说，跨界学习是一种学习思路，通过一系列有针对性的跨界交叉活动，来获取创新灵感。学校的校本研修借助跨界学习拓宽眼界、激发灵感、挖掘潜力、提升能力的特点，打开教育教学的视野，激发灵感与热情，让教师结合自身工作，探索出创新性的问题解决方案，从而为教育教学创造新的价值。这些学习活动有结合教育工作的心理学、急救常识学习，也有促进教育创新的参观学习等。

2014年5月，学校组织学科行政和骨干教师们开展了一次"观摩高新科技——跨界学习"校本研修活动。在这次研修活动中，教师们来到中国电信客户体验云中心，参观了10个展区，体验了100多项信息化应用。在这个目前世界上最高水平的信息化体验中心里，特邀的电信专家详细介绍了广东电信在"互联网+政务、制造、教育、医疗、物流、商贸"等六大行业的创新应用。通过丰富的科技互动体验终端、前沿的展示方式，研修团队的教师不仅深入了解了通信历史的发展、通信设备的变革，而且享受了一场集实时数据展示、大数据应用、云计算，以及前沿的3D打印技术和物联网应用于一体的信息化盛宴。同时，教师们也深受启发，有的教师提出"我们的课程超市，如果能运用大数据，收集、整理、分析、归纳出学生喜欢的课程、学习内容、学习形式，并对学习效果做出评价等，那将会为课程改革提供科学的依据，对课程超市的开展有方向性的指引"。

通过这样的跨界学习、跨领域寻求多元素交叉，参与研修的教师深入了解了"互联网+"时代信息技术在重点行业的应用。这样

的研修开阔了教师的视野，有助于融合新理念、新技术，进一步推进智慧课堂的开发与应用，推动学校的内涵发展。

如今，跨界学习正逐渐成为学校全体教师的共识和新常态。通过跨界学习，了解社会发展，有利于我们的教育教学与社会需求接轨，因此全校上下的精神面貌和工作积极性得到了极大的改善和提升，学校的各项事业取得了意想不到的长足发展。

（三）同伴互助，促进教师在互补共生中成长

同伴互助是校本研修的一种重要形式，更重要的是，同伴互助有助于改变学校中教师之间的相互隔绝的状态，加强合作交流，形成一种相互协作、相互支持、相互促进的新型的学校文化，而这种新型的学校文化又能有效地促进教师在互补共生中成长。

学校在"以人为本"的民主管理核心引领下，确立了"规范+信任、激励+奉献、创造+服务"的管理思路，采用"完全组阁制"的方式，实行目标管理，各学科从行政到骨干教师组成研修团队，确保教学管理工作有效进行，提升科组核心发展力。同时，成立各类工作室，如特级教师工作室、名师工作室、名班主任工作室等，通过同伴互助，实现教师持续主动地自我提升、相互合作并共同进步。

例如，语文学科组的管理组织架构如图1所示。

在这个组织架构下，纵向，每位科组长负责自己分管校区的科组全面工作，并参与听、评本校区教师的研讨课；横向，每位科组长负责自己分管年级的课堂教学质量监控，确保分管年级各班均衡发展。而集备组长则负责组织本年级教师集体备课，本年级单元检

测和期末检测质量分析及本年级周例课统筹安排。厘清了科组长与集备组长各自的职责与其间的联系，才能提高一校四区的科组管理效率。

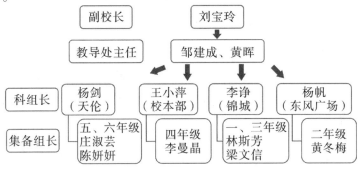

图1 语文科组的管理组织架构

科组工作的每个项目分别由四位科组长分管，科组工作需要征询科组长意见。根据语文教师所长，分别将其组建到团队中，让每一项工作都有主要负责人员，让更多教师投入到科组的组织管理中，使教师在为团队的发展服务的同时，获得更多的价值认同。语文科项目组织架构如图2所示。

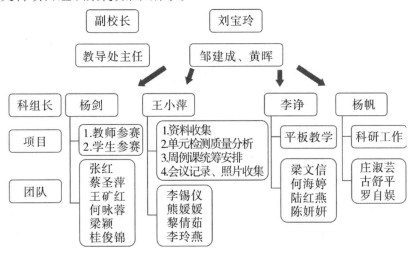

图2 语文科项目组织架构

根据木桶原理，团队中需重点关注新教师的校本培训。为了让新教师尽快地学会有效地管理班级的方法，尽快地掌握教学的基本套路，融入集体，汲取和传承东风东路小学教师的爱岗敬业、默默奉献的精神，尽早从稚嫩走向成熟，争做一名优秀的教师，学校聘请了2016年8月荣退的广东省优秀班主任朱建社老师，在学校开设"朱建社工作室"，工作室成员为近几年新入职的8位年轻教师。在朱建社老师的引领下，工作室成员在班级设立"荣誉卡"和"荣誉卡奖罚条例"，发挥激励性评价机制，有效地进行班级管理，有计划地开展听课、评课活动，朱老师还根据不同的班情亲自为徒弟们上示范课，工作室每月进行班级管理和语文教学工作总结，每学期进行期末考试分析会及家长会集备，而搭建工作室的微信平台则成为新进教师团队分享、提问与解惑的平台。"朱建社工作室"成立至今，引领着青年教师稳步发展。

（四）自主学习，教师专业持续发展之本

校本研修的最终目的是实现教师的专业发展，其中激发教师形成自觉、主动学习的习惯尤为重要。自主学习是对校本研修的拓展，或者说更体现了教师专业发展和学习的本质。在校本研修中，学校围绕"学校价值文化""核心素养""主题研究"的方式组织自主学习，主要有网络研修、文本阅读、撰写心得这三种方式。

1. 网络研修打破学习时空

在信息技术的支持下，越来越多的学习转移到了网络之中。在以往使用的各级继续教育网、学校校本教研网、中国期刊网、百度

文库等网站的基础上，学校还向教师推送有学习、实用价值的微信公众号"人民教育""中国基础教育""中小学数字化教学"等，引导教师们以泛在学习的方式汲取知识、思考和创新。

2. 文本阅读促进教育行为渐变

教师是与书本打交道的职业，读书是教师的本分。学校倡导教师们读有用的、感兴趣的书，推荐三大类型的书——"生活智慧类""教育新理念类"和"教育散文类"。如2019年校本培训结束后，学校为每位教师送上一本顾明远先生的《站在孩子的视角谈教育》，用阅读促使教师改进观念，使教育教学行为渐变，逐步打造学习型团队。

3. 撰写心得反思前行

教师实践性知识理论的积累和行为方式的转变，都是在教育教学实践过程中实现的，反思是获得实践知识和改变教学行为的重要方法。通过执笔撰写，倡导教师们与文本对话，与自己对话，内化对理论的理解，表达对教育的思考，梳理实践所得。在此过程中，促使教师形成深入探索、自觉反思的习惯，找到自己的人生信仰和教育追求。

"四位一体"校本研修推动学校高位发展，2003年以来，学校先后被确认为"全国教育信息化试点学校""全国少先队先进集体""全国艺术教育先进单位""全国绿色学校创建活动先进单位""广东省信息化示范单位""广东省优秀现代教育技术实验学校""广东省首批安全文明校园""广东省小公民道德建设实践基地""广东省体育特色学校""广东省首批中小学校长培训实践基地"等；学校的英语科荣获广东省示范教研组称号，语文科、数学科、体育科、品德科、信息技术科均获广州市优秀学科组称号。在教育教学改革与发展乘风破浪的今天，东风东路小学勇立潮头，以教育创新为实现"两个一百年"奋斗目标而努力。

撰稿人：广州市越秀区东风东路小学　刘宝玲　卜晓薇　王洁华

指导专家：华南师范大学　首批教师教育专家工作室主持人华年副教授

参考文献

［1］王又新，李仕魁.校本研修研究综述与再思考［J］.新课程导学，2020（22）：28-31.

［2］周文胜.试论教师专业发展与校本研修［J］.中学教学参考，2018（9）：3-5.

［3］杨甲睿，黄甫全.院校协作的互惠原理［J］.教育发展研究，2013（4）：48-52.

［4］李云会.普通中学基于问题解决的跨学科校本研修的实践［J］.基础教育参考，2020（9）：33-34.

［5］杨鹏.让网络研修与校本研修相得益彰［J］.贵州教育，2014（12）：28-30.

沐一方书天地　享一道心灵光
——广州市第二中学以阅读促进教师成长二维阶梯模式的思考

　　自党的十八大倡导全民阅读以来，图书的阅读推广活动如火如荼地开展起来，全民阅读时代逐渐到来。作为推广阅读的主要阵地，书香校园成为学校发展、教师发展的有效途径。在各种广泛开展的阅读推广活动中，一种注重面对面线下交流和不同专业教师互动分享、思维碰撞的集体阅读形式——读书会，成为越来越多教师的选择。广州市第二中学鸣蝉读书会，是在学校图书馆的组织下，学校工会及各行政部门的大力支持下，由喜欢读书与交流的教师们发起成立，旨在鼓励教师们一起读书交流，一起分享，一起学习的群众性组织。现在读书会有成员114名（以加入读书会QQ群的人数统计）。读书会自2016年5月11日成立以来，组织和策划了不少别开生面的文化活动，不断丰富师生的校园文化生活。读书会用一种纯粹的阅读方式去思考、感悟生命的美好，以阅读不断促进教师的发展。本文基于鸣蝉读书会活动开展的实践，梳理和总结读书会在以阅读促进教师发展方面的一些经验。

一、鸣蝉沁心——以名促心，专业发展的精神动力

　　中国人讲名正言顺，"名"大致能反映人们对事物的一种认识

与判断。自发成立的读书会，成员之间在读书方面大致有着相同的爱好与追求。起码在精神层面，应有自己的诉求。在表达大家共同的价值观方面，读书会的命名起着十分重要的作用。田程老师在读书会成立时，解释了读书会"鸣蝉"之意：

以"鸣蝉"为读书会之名，大致归为三种追寻：一是取意蝉的生活习性，餐风饮露，有高洁的品行；二是取意蝉的叫声，"知了"——了却俗世俗气之事物，求心灵的一方净土，在阅读与交流中体悟和觉悟，在文字世界里漫游，获得生命的充盈和慧觉；三是取意蝉的生命特性，象征复活和永生。

虞世南《蝉》："居高声自远，非是藉秋风。"文学是最接近灵魂的，文学能使我们的灵魂变得高贵，铸就读书人高洁的人格魅力。而读书会的成立，便是期望能在喧闹繁杂的生活之外，给灵魂一片孤独的境地，用一种纯粹的阅读的方式去思考、去感悟生命的美好、去成就生命的高贵。

辛弃疾道"清风半夜鸣蝉"，没有雕饰，平平淡淡，却有一脉清幽之气扑面而来。这背后是深爱，这背后是深悟。书中的世界奇妙而美好，我们读书会组织一切关于纯粹阅读和纯粹思考的活动，便希望能在平淡的、质朴的阅读里，在静美的心的交流中，求得一片心灵的净土，然后分享，最后，我们每一个读者都在觉悟中获得真愉悦，知了真境界。

在很多人呼喊"文学已死，阅读破碎"的时代，在很多人高呼"娱乐至上，图解为王"的时代，我们在校园成立读书会，集一众真的爱书者、爱思者，用我们的手捧起纸质书本，不疾不徐地品读，用这样的真阅读的方式拓宽我们的生命视野。让贴近生命的思考在旷古的时空中永恒着新鲜，在每一次新鲜的品读里新鲜着永恒。

由此可见，基于一种诗性的命名方式，读书会沉淀了教师阅读的精神底色，让教师的阅读带有诗性的光辉。当然，也表达了一种阅读的期盼。人总是需要彼此的精神关照，鸣蝉以一种平淡的方式，等待着更多人的加入。或许山间的清风、明月，总能映照着这份悠闲，我们不必着急，万千书卷定会藏着一处又一处美好的风景，当然也会遇到一个又一个有意思的人。对于专业成长的追求，应当建立在这样诗性的阅读基础上，唯有如此，专业的发展才不会带有功利或工具色彩，才能内化为个人发展最为持久和有效的精神动力。

广州市第二中学阅读促进教师成长的二维阶梯式模式如图1所示。

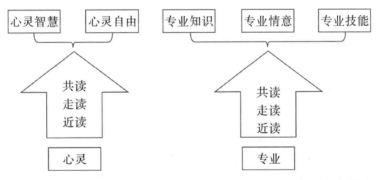

图 1　广州市第二中学阅读促进教师成长的二维阶梯式模式

二、鸣蝉雅心——以实为虚，专业发展的文化底色

读书会源自书友们的爱读书、愿意分享交流、形成共同体的愿望，热情何以持续？并且可以在多大程度上，推进书香校园建设及

教师专业发展素养提升？答案无他，只能是读书会开展的一个又一个扎扎实实的活动，并逐渐形成共读、走读、近读的阅读方式。2016—2020年读书会开展的活动如表1所示。

表 1　2016—2020 年读书会开展的活动

序号	活动时间	活动主题	活动内容
1	2016年5月11日	鸣蝉读书会成立，大家谈读书	南方都市报文化副刊部主任、书评编辑戴新伟老师读书讲座与交流
2	2016年7月	共读一本书	共读一本书：梁漱溟的《人心与人生》
3	2016年10月28日	迟到的成熟——关于岭南文化若干问题的分析	广州市社会科学院岭南文化研究中心主任、研究员、一级作家，广州市文艺评论家协会主席，广州市第二中学80级校友梁凤莲博士讲座
4	2017年3月20日	走进心理咨询	沈家宏老师家庭咨询心理沙龙
5	2017年5月23日	陪孩子一起成长	王小玫老师、曾光老师、曾小鸿老师的子女教育、成长分享，大家一起探讨孩子的教育与成长
6	2017年7月	共读一本书	共读一本书
7	2017年10月	思人生，思教育	读书交流会
8	2017年12月	书评撰写	书评征集、合集出册
9	2017年12月	电影欣赏	电影观影活动
10	2018年5月16日	心随"走路的云"	新加坡作家尤今女士和教师们一起讲述旅行中的所见所思
11	2018年6月2日	"诗意童年，亲密无间""六一"亲子诵读活动	读书会20个教师家庭的小朋友们陆续登台"秀"才艺，或诵读或演唱经典诗歌，在书香悦读中欢度诗意儿童节

（续表）

序号	活动时间	活动主题	活动内容
12	2018年10月30日	读一本《茶经》，品一杯香茗	国家一级评茶师、柏莲堂品牌创始人冯雪莲老师的读书茶艺分享
13	2018年11月21日	聆听天籁，追逐梦想	中央人民广播电台主持人小马哥在学校图书馆四楼读者之家，与广州市第二中学喜欢读书的教师们一起分享他的书和他的经历
14	2019年11月1日	茶秉天地清之气，秋日客来品香茗	邀请国家一级评茶师、柏莲堂品牌创始人冯雪莲老师作茶叶的专业审评讲座
15	2020年	寒暑假读书活动	《虚拟》《中国文化课》《哲学 科学常识》共读共写活动

不难发现，鸣蝉读书会开展的活动，具有如下特征：

（一）共读、术实：读、写、议三者相结合，逐渐提升专业发展所需之能力

读书会由不同学科的教师组成，基本上涵盖了学校的所有学科和职能部门。因此读书会举办的活动，选择交流分享的书都不能局限于某一个专业，而是应该上升到对教育的整体和宏观思考。从专业发展的角度而言，应该将重点放在教师的视野与文笔上。因此每一次读书会的活动，都会安排教师们将自己的所思所想形成文字，进行总结和提炼。

教师们在集体的思想交流中对小说有进一步深刻的认识，升华对人与事的理解和感悟。共读共写活动，形成了一个自主学习发展的自治模式。正如南京师范大学附属中学"地平线"读书社卢元伟

老师所言：一个文本诞生后，作者已经无法对它说三道四，剩下的只是一个个读者与之遭遇的独特感受，就算是"误识"也是阅读中宝贵的经验。因此，我们不期待高人一等的见解，也不需要精彩华丽的发言，我们期待通过分享彼此在阅读中质朴甚至粗糙的感受，让我们可以在困惑中谦卑成长。正是这样有感而发、不太强调形式的交流，在个人角度选择、阅读方法、专业写作方面不断碰撞的自由氛围，潜移默化地提升着教师的教育科研能力。教育科研并非神秘和"高大上"，只要求教师有努力发展成长的期望，有提高专业水平的强烈愿望，坚持基本的观察、思考、交流、书写，这些无非都是从教学的最基本的环节出发，就如同备课、上课、反思、交流等，这样其实就已经开始进入教育探索的状态和情境了。这才是最为基本的，当然也是最为有效和实用的教育科研模式。所以，读书会为教师们提供了一种教育科研的早期路径，不断地训练和书写，终将走向更为专业的思考与书写。

（二）走读、情实：以思想交流、情感抒发为主，不断拉近书友、同事之情

读书会希望构建一个以读书会友的亲密共同体，任何组织倘若没有情感的基础，都很难坚持下去。特别是如鸣蝉读书会这样的非强制性的民间群众组织，我们奉行：来者不拒，去者不追，完全自由参与。没有强制性，就需要营造共同的情感来联结大家。因此，读书会也会选择很多大家共同关注的情感类主题，开展很多能引起大家共鸣的活动。比如亲子关系方面，每年开展以儿童节为主题的活动。

2017年"六一"前夕，举行主题为"陪孩子一起成长"的教师读书沙龙活动。一群家有"灵童"的教师相约图书馆的读者之家，品尝着水果、茗茶，一同分享与交流家庭教育心得，相互学习取经。王小玫老师回顾了这些年在学校关心辅导教工子女的工作和培养女儿的历程。其建议大家通过听英文歌曲、看英文电影和电视剧等方法尽早帮助孩子进行语言学习，为以后的外语学习打好基础；告诉大家为人父母者要有平和的心态，父母和孩子都是平凡的社会一员，孩子能快乐生活、父母能快乐工作就已足够；也提醒大家：父母对孩子的成长影响甚大，你是什么样的父母将决定你的儿女成为什么样的人。语文科曾光老师和大家分享了"那些年，我和孩子一起读过的书"的主题演讲。她分别从故事类、科普类、益智类介绍和推荐了总计近60种单册或丛书系列的优秀童书。她强调了"一起"阅读的重要性：一起和孩子探讨读过的一个个故事；一起分享阅读的快乐；通过一起阅读，从行为习惯、智力、知识及理解力，甚至审美观等方面有意识地去引导孩子的成长。她和孩子读书之多，深深地感动了在座的教师们，让大家也充分地认识到了亲子阅读在孩子成长初期的重要性。数学科曾小鸿老师以"摸着石头过河"为演讲主题，言说培养孩子的不容易。他以身边一个优秀的小孩成长为例，同时结合他陪伴自家孩子的成长过程，总结了培养优秀孩子的几条定律：第一，认识早教的重要性，趁早识字，开发语言功能，培养兴趣爱好，通过发现兴趣来培养专长。第二，多与孩子沟通，多带领孩子看世界，如公园、博物馆、图书馆等都是很好的学习场所。第三，培养孩子的专注力和独立性，在孩子面前要"说一不二"。

　　这样家长里短、敞开心扉的交流，让会员们的关系更为密切，读书会倡导的理念、价值更能得到大家的认可。2018年"六一"儿童节，"诗意童年，亲密无间"亲子诗歌朗诵会，继续这一做法。来自读书会20个教师家庭的小朋友们陆续登台"秀"才艺，或诵读或演唱经典诗歌，在书香悦读中度过了一个欢乐诗意的儿童节。也让参与活动的教师们更加喜爱并珍视读书会这一大家共同的精神家园。

　　读书会的活动，也会从大家共同的爱好出发，与阅读结合。比如邀请茶艺师冯雪莲老师的两次文化品茗活动，既彰显了文化的高雅，又体现了彼此的情深。如2018年"读一本《茶经》，品一杯香茗"活动，不仅有选茶、买茶、储存茶等茶叶基础知识的分享，冯雪莲老师还指导大家一起泡茶、品茶，并探寻茶于日常生活背后的文化意义。所品之茶，淡淡茶香中如何不引发思古之幽情，如何不有世俗之烟火气。冉冉檀香、悠扬琴声、阵阵笑语，一身素雅古装的冯雪莲老师，颦笑与茶香无不带给教师们雅与美的启发与享受。学海作业，工作繁忙，在这匆忙的奔跑中，何不稍微停顿？捧一本书，泡一杯茶，书香与茶香微微荡漾，则可散郁气、养生气。当然，师者，道之传承，文化之传承。师者若能爱茶，那么茶背后的文化又多了一份传承。因为茶，既充满生活之气息，也见证人间繁华寂寥，承载道与文化。正如茶所体现的朴素哲理：人在草木中。

　　2019年11月1日，时隔一年之后又一次举办茶文化读书活动，依然邀请国家一级评茶师、柏莲堂品牌创始人冯雪莲老师，为读书会的老师们作茶叶的专业审评讲座。把盘、开汤、嗅香气、看汤色、尝滋味、评叶底。"纸上得来终觉浅，绝知此事要躬行"，评审活动自然离不开实践，于是教师们煮水冲茶，各自展现功夫来"斗茶"。雪莲老师一一点评，并带着大家一起观察、品尝。有些时候，你总得暂放暂忘。就如同，在繁忙的工作之余，于茶水青烟袅袅之间，打开一本书，随心而动，辗转年华。如此，人也刚好，书也刚好，茶也刚好。

（三）近读、人实：以文化名人的分享沙龙为主，近距离感受名家专业素养

读书会的活动得到学校各级部门的大力支持，特别是在经费上有保障，可以邀请众多的名家与教师们近距离交流。因为时间安排的原因，每次活动参与的人数都保持着小众状态，可以使教师们与名家的交流更为充分。

在"迟到的成熟——关于岭南文化若干问题的分析"活动中，梁凤莲博士说："文化是人为的结果，是生活方式与精神价值的总和"。她回忆自己曾经信步在北京路看古道遗迹，叙说自己留心惠福路仙观寺庙香火不断时的惊疑，申诉自己不敢苟同陈扬先生对西关小姐的论断。她说广州人见佛就拜的生活态度恰恰折射着岭南文化的点点滴滴，不管你是土生土长的广州人，还是后续迁入的新一代广州人，对于广州这个城市都会自觉不自觉地有一种感应，就像我们见佛就拜，佛也在护佑着我们每个人一样。回顾几千年文明的脚步，她不无遗憾地说，岭南文化缺席了中华诗词歌赋艺术的高峰；但看近代文化发展，她也不禁自豪地说，岭南文化扎根在市民生活最深处的衣食住行里。这些温和的言语中时时透露着文化的现在与过去，让每一个在座的听者都回想起初到广州的所见，静静感

受一个岭南文化人的骄傲与忧伤。

在"心随'走路的云'"活动中，尤今女士用16个故事，带着我们回顾她走过的一些地方以及从中获得的思考。缅甸的僧侣与猫，令尤今女士思考目标的重要性；游伊朗肯多文村的穴居人家和越南的沙坝，令她思考发展旅游业及保护和尊重当地的文化与隐私的矛盾冲突；游柬埔寨和意大利的经历告诉我们，只要一出国门，每一位国民都是国家的隐形大使；阿尔巴尼亚首都地拉那市建筑的多彩缤纷与发罗拉海滩岩石上刻意涂上的色彩，说明创新切莫东施效颦；罗马尼亚的快乐墓园，让人不禁思考死亡的意义；游南非野生动物园，悟出永远不要被假象迷惑的道理；沙特阿拉伯的带刺的仙人掌果实、南斯拉夫的儿童火车、巴基斯坦的骆驼集市、毛里求斯一颗一颗卖的荔枝等，每一个地方，每一次经历，都引发了尤今女士的思考。听君一席话，胜读十年书。尤今女士的讲座，为我们提供了一个极为广阔的地理空间和丰富的人文世界。正如语文科刘细细老师所说，每一个故事都充满着真善美，充满着尊重与珍惜。

在"聆听天籁，追逐梦想"活动中，讲座中小马哥讲述他的追梦故事。16岁辍学，做了10年汽车修理工。26岁去北京，追逐自己的广播主持梦，30岁进入中央人民广播电台，后几经周折，坚持梦想，拼搏奋斗，终于成为中央人民广播电台的优秀主持人。关于读书，小马哥认为忙碌的生活、丰富便捷的电子阅读方式、海量的资讯信息，让人们越来越多地淡漠了纸质书的阅读，也不愿花时间深入思考。小马哥认为培养一个良好的阅读思考习惯，对于提高一个人的人文素养是非常重要的。尤其是孩子，在这一点上的培养更为重要。小马哥说多读书、读好书会给你指明前进的方向，也会让你有一个退守的地方。小马哥以其亲切的言语，真实的经历，广泛的阅读，独到的见解，加之特有的磁性嗓音，不时引起了教师们的广泛共鸣。诚如小马哥所说："生活可以廉价，但梦想不可以。扇动梦想的翅膀，与那命运'死磕到底'"。这句话也让教师们叩问和思索：自己心中的梦是否还在？或许现实有太多的平凡与平淡，或许命运总要将我们拉向尘埃，不过倘若我们还能坚持心中的梦想，坚持奋斗，坚持阅读，那么一定也可以收获属于自己的完美人生。

三、鸣蝉乐心——以精神之愉悦，坚持走阅读思考的专业发展之路

读书向来是最为个人的事情，无须强制，更无须提点，若想读则"马上、枕上、厕上"皆可读之。在这个人人捧着手机的时代，静下心来读书确实已经成为一种奢侈。独乐乐不如众乐乐，读书会，目的在于聚集一帮热爱读书的人，共读促进。在烦琐的工作与生活中互相提醒，还有一本未曾读完的书。读一本书后，各人观感不一、角度多样，各自从自己的学术专业出发，或诉诸文字、或讨论争鸣、思想碰撞，何尝不是一件雅事、幸事。当然读书更重要的是带来知识的更新，就如同人的身心健康和发展不能离开新陈代谢。人要自我发展，专业成长，在意识上、精神层面同样需要不断地充实、更新、调整、完善。倘若没有精神上的代谢，人也会走向枯竭。

"独学而无友，则孤陋而寡闻"，读书会提供了这样一个平台，通过共同阅读、语言交流，在情感共鸣的基础上，实现彼此精神的愉悦。特别是阅读讨论中的自由氛围为教师们提供了一种不同

于传统教育培训的学习方式，参加者可以在规则范围内直接与他人平等互动，能够实现话题轮转，每个参与者可以基于自身的经历和观点，一起探讨问题和构建知识，从而使每位教师作为一个独立的个体，积极、有效地参与到学习中。

对于成人而言，强迫是最糟糕的学习形式。所以，对学校建立的阅读组织而言，重要的是避免读书会组织的行政化与科层化。要确保参与活动者，无论是校长、主任、专家还是普通教师，大家都是平等的，都是基于对读书的热爱而走在一起，目的在于追求一种相对自由的读书生活，而非专业的培训。活动的组织者和设计者还要明白，所有活动的设计是基于对读书的热爱，而不是为了功利性的目的。同样，这也需要领导们的大力支持，读书会更重要的是一种精神生活而不是强制性的教育培训。幸运的是，在广州市第二中学，领导们的胸襟和非凡气度，给予了读书会极大的物质支持与自由空间，使读书会可以沿着为老师们谋福利，特别是精神福利的方向，不断前进，不断壮大。这样也使教师阅读的火种不断蔓延，也会促使教师不断思考，逐渐走进教育科研。从而有助于克服职业倦怠带来的因循守旧，激发新的教育创新热情；也有助于变被动为主动，让工作生活中的那些琐碎、无聊、无趣，逐渐变得丰富、温雅、活泼；同时这还有助于提升教师职业幸福感，让生活充实、内心丰富、思想深刻，远离"重复每一天不变的旋律"，而不断享受教育教学中的美妙动情，让专业发展之路五彩斑斓！

总之，读书会为教师专业发展提供了一条路径。朱永新教授说："教师的幸福不仅仅是学生的成功，同时也应该是自己的充实与成功。教师可利用的时间与空间决定了教师是一个幸福的人。他完全可以进行自我的设计与武装，让自己多才多艺，让自己的精神世界更加丰富，让自己脱离庸俗。教师达到上述境界，最重要的途径就是读书。"那么，由一个个热爱读书的教师组成的读书会，应当是学校的一座精神家园。在这样的家园中，可以高谈阔论，指点江山，也可以用心倾听，默默点赞；可以有思想观念的碰撞交流，也可以有精神情感的联络交汇。在这里，每个人的发言都值得尊重与理解，即使是反对的声音，也要珍视与尊重，因为你会发现你从未想过的角度。如此，我们何尝不是在这平凡琐碎的生活中，留给自己一份淡雅与新奇。

　　撰稿人：广州市第二中学　代斌
　　指导专家：华南师范大学　首批教师教育专家工作室主持人王建平研究员

参考文献

　　[1]虞世南.虞世南诗文集[M].胡洪军，胡违，辑注.杭州：浙江古籍出版社，2012.

　　[2]王昶.诗词曲名句赏析[M].北京：商务印书馆，2015.

　　[3]梁凤莲.应愿之地[M].广州：花城出版社，2016.

　　[4]尤今.走路的云：用脚步丈量世界，品味生命[M].深圳：海天出版社，2014.

　　[5]朱永新.读书与教师成长[J].青年教师，2007（9）：59.

以课题研究促教师专业发展
——广州市培正中学研究型师资队伍建设纪实

一、导言

教师是学校的生力军，一所学校的发展离不开一支优秀的教师队伍。学校应将教师的成长放在至关重要的位置，而科研正是教师专业发展的助推器。苏联教育学家苏霍姆林斯基说："如果你想让教师的劳动能给教师带来乐趣，使天天上课不至于变成一种单调、乏味的义务，那你就应当引导每一位教师走上从事研究这条幸福的道路上来。"课题研究可以促进教师的发展，使教师由经验型教师向科研型教师转变，从而使教育成为一个有着丰富创造力和生命活力的职业。

一直以来，广州市培正中学各届领导班子均清醒认识到，没有教学质量，就没有学校的现在；而欠缺教科研，学校将没有未来。有效的教科研，不仅能让教师们享受教育的愉悦和美好、促进教师的专业化成长，还能进一步优化教育教学，促进学校办学质量和水平的持续提升。

学校以课题促进教师专业发展成果丰硕。近年来，学校致力于打造一支学养精深、师德高尚、具有高效课堂教学能力、适应未来教育发展的研究型、学术型、专家型师资队伍。注重以课题引领，搭建名师成长平台。在学校的鼓励、支持和引领下，广大干部和一线教师积极申报各级课题，课题不仅数量多、题材广，而且主旨鲜明、针对性强，多个项目获各级各类科研部门批准立项。学校真正实现了以课题研究促教师专业发展的目标。

目前，学校拥有70多项国家级、省级、市级、区级的规划立项课题，其中95%以上已顺利结题，包括已立项研究的国家级课题4项、省级课题4项、市级课题15项、区级课题40多项。学校从课题"立项大户"变成"结题大户"。

持续和系列化的课题研究和实践探索活动，极大地锤炼了学校的师资队伍，广大教师的专业水平得到了有效提高，越来越多的教师被评为省、市、区优秀教师，名教师，骨干教师，教坛新秀。近年来，学校涌现出一大批研究型、学术型、专家型名师，包括广东省特级教师1人、正高级教师2人、广州市名教师3人、广州市骨干教师近30人等。吕超校长被选为广州市首批教育家培养对象；林健书记、具惠兰副校长、梁青主任、沈红娟老师被选为广州市教育专家培养对象。在"首届广州市中小学青年教师教学能力大赛暨第二届广东省中小学青年教师教学能力大赛初赛"中，江帆、周肖红老师获得市级比赛一等奖，菅晓丹、杨雅仪、潘洁敏老师获得市级比赛二等奖，曹园园老师获得市级比赛三等奖。江帆老师以市级比赛一等奖第一名的优异成绩，被推荐参加省级比赛决赛，最终一举摘取了第二届广东省中小学青年教师教学能力大赛桂冠。邓小华、邓艳华、何洁茵、赵小英、黄志权、何秀红、黄碧莹、曹园园、尤枝亮九位老师先后获得"一师一优课、一课一名师"活动部级或省级优课。

以上成果的取得，正在于广州市培正中学秉持以课题研究促教师专业发展的理念，切实鼓励和引导教师开展课题研究，紧跟教育教学热点，把握教学重难点，全面提高教师综合素质。一个个奖项和荣誉称号，是广州市培正中学广大"红蓝儿女"努力拼搏、辛勤付出的回报，也是学校坚持以课题研究促进教师专业化发展的充分体现。

二、重视课题申报与指导，成功调动师资队伍教科研积极性

为了更好地促进全校教师开展课题研究，广州市培正中学利用多种途径对全体教师开展科研工作给予鼓励和引导，统一思想，营造氛围，明确课程研究对专业发展的重要性，在全校掀起一个又一个课题申报的高潮。

（一）培养教师对学校倡导的科研文化的认同

学校发展的直接决定因素在于师资水平，本质因素则是学校文化。文化孕育教育、涵养学校、铸造师魂、润泽学子。具有130多年历史的广州市培正中学历史底蕴丰厚，校园文化独特。为了深入认识与理解学校文化，更好地传承培正精神，同时与学校当今倡导的科研文化相结合，广州市培正中学于2009年成功立项了全国教育科学"十一五"规划教育部重点课题"学校文化继承与创新研究"。以课题的形式开展了对培正文化的深入挖掘，在梳理、凝练系统化的培正文化的同时，强化了学校的科研文化氛围。

为了培养广大干部、教师对学校文化的认同感，广州市培正中学致力于开展对学校文化课题的全员研究。学校召开了全校教师参

与的隆重的开题仪式，围绕这一国家级重点课题，鼓励本校教师结合自身的教学实际及专业需要，针对课题覆盖的各个方面，积极申报各类子课题。尤其是鼓励各学科的学科带头人、管理教学双岗的优秀教师等骨干教师积极参与子课题的研究，最终有15个子课题取得了一定的研究成果，并顺利结题。子课题覆盖语文、数学、英语、政治、地理、美术、综合等学科，参与教师达95人。（"学校文化继承与创新研究"子课题结题情况见附件1）

经过教师们几年的努力，学校总课题于2014年顺利结题。一部近20万字的专著《春风化雨，润物无声——广州市培正中学学校文化的继承与创新》正式出版，广州市教育局原局长屈哨兵作序。学校通过该课题的研究，把深厚宽广的培正文化整合成"善正"学校文化体系（图1）。

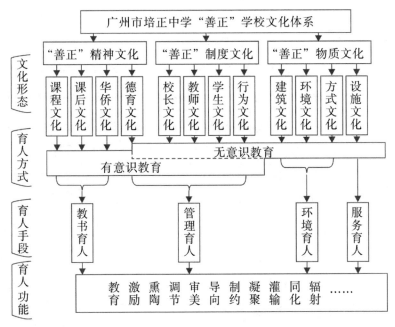

图1　"善正"学校文化体系

"善正"学校文化体系，以"至善至正"校训为核心，物质文化、制度文化、精神文化各文化层面各司职能，相互促进，形成强大合力，把育人寓于各种具体可感的情境之中，春风化雨，润物无声，最终达成育人的目标。"善正"学校文化体系的构建，正是学校广大干部和教师继承和创新"善正"学校文化的成果，体现了培正人执着与坚韧的理想追求以及对人才培养的理想目标，从而使"善正"文化更具特色和富有影响力。

正如在该课题的成果公开报告会上，课题评审专家组对这一课题的研究和实践成效的评价所言："本课题通过对百年老校传统文化的继承和创新，构建了精神、制度、物质三位一体的学校文化体系，文化立校、文化育人的功效显著，对解决当今基础教育实践问题有一定的创新性和指导意义，有较广泛的应用与推广价值。在学校总课题下，发动和鼓励一线教师申报子课题，并对子课题实施有效的指导和管理，拓展了课题的宽度和深度，有助于营造学校良好的教研氛围，促进教师的专业成长。课题通过行动研究，有效实现理论与教育教学实践相结合，依据社会学与教育学先进理论引领教育教学改革，以教育教学实践体验反证现代教育理论。充分利用学校各种资源，开展丰富多彩的校园活动，提升广大师生对学校文化的认同感和归属感，使课题研究起到凝心聚力的效果。"整个课题研究过程，教师积极参与展开教研，将"善正"文化与本学科的教学实际相结合，对自己的教学实践加以提炼、反思，通过各类子课题的深入研究和实践，自觉凝练学校的"善正"文化，创新"善正"文化，并进一步更新教育教学理念，完善教学策略和方法，从而有效促进了他们的专业化成长。

（二）通过面向全员的课题研究与实践指导，提升教师教科研意识与能力

教育科研是促进学校改革和发展的第一生产力，是教师自我提升的关键，更是提升教育发展内涵的有效保证。为提升教师们的教育科研水平，使教师们树立和强化课题研究意识，促进教育教学质量的提高，学校经常组织有关课题研究的培训活动，如举办课题立项培训及课题研究经验交流会等。一系列的培训和交流活动，不仅给教师们提供开展课题研究的动力，让教师们明晰课题研究的流程及需要注意的关键事项，也让教师们充分认识到"问题即课题，目标即方向，方法即道路，预期有创新"的课题研究思路。

学校经常组织课题研究培训交流会，充分加深了教师们对课题研究的认识，同时也为教师们从事课题研究厘清了思路，提供了方法，明晰了策略，积累了经验，唤醒了教师们进行课题研究的热情。培训也让教师们越发明确，课题应当来源于实践，紧跟时下热点，立足自己在教育教学中遇到的问题。这样必将使学校的课题研究更具针对性和实效性。

广州市培正中学在开展面向全员的课题研究时，还注重实践指导。课题研究不仅仅停留于理论研讨的层面，更注重在教学实践中加以总结和提炼。如广州市培正中学在全体教师中大力推广"生命化课堂"课题研究，在学校申请立项的市级规划重点课题"重知识探究教学的生命化课堂建构研究"的带动下，广大教师积极投身于教育科研中，积极申报个人课题，将对生命化课堂的探讨推向深入。教师积极参与生命化课堂的教学实践，围绕生命化课堂的理念

推出了一系列质量高、研讨性强的优质课，在实践中研讨，在实践中反思，使教师的教学技能和理论研究能力得到更长足的发展。

通过课题研讨，广州市培正中学教师认识到，生命化课堂，即通过开展知识探究教学的研究和实践，促进学校生命化课堂研究目标的有效达成，主要包括：探索出适合广州市培正中学实际的学校高效课堂教学模式和课堂评价体系；建构并丰富各学科教师的学科教学知识，使课堂成为教师专业化发展的平台；探索有效的课堂教学组织形式，最大限度地发挥学生的主体作用，使学生积极参与、乐学、会学，从而提高学生的综合素质，实现"以学生发展为本"，达到提高课堂教学"高效性"的目的；通过优化教学过程和教学策略，提高课堂教学质量与效益，实现"轻负优质高效"的目的；提高以课堂教学为中心的教育质量和办学水平，进一步彰显学校务实型研究性的办学特色，实现可持续发展的目标。

广州市培正中学的"生命化课堂"，就是以"生命"定义课堂，追求知识的生命力，激发学生情感的活力，挖掘学生素质发展的潜力。让课堂有生命，让课堂有快乐，让课堂成为生命延续的地方。让课堂有生命，就是要让课堂"动"起来，让学生自主建构学科知识结构，自主分析和解决问题。让课堂有快乐，就是要让课堂有情感，培养学生积极向上的情感、态度和价值观。让课堂成为生命延续的地方，就是让学生的潜力在课堂上得到充分的挖掘。三者相互促进，相辅相成，循环往复，让课堂激扬学生生命的活力。广州市培正中学的"生命化课堂"如图2所示。

通过对"生命化课堂"这一课题的研讨，广州市培正中学的教师们在教学中更注重以问题为导向，以实效为追求，以生成为目标。教师们的课堂更符合教育教学的规律，教学水平有了显著提高。

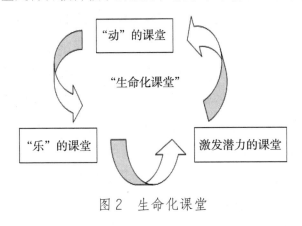

图2　生命化课堂

三、组织课题开题与结题报告会，营造良好教科研氛围

积极组织召开各级课题的开题、结题报告会，营造学校浓厚的学术研究氛围，是广州市培正中学开展课题研究的一大特色。近几年，广州市培正中学教师成功立项的各级各类课题达70多项，部分课题按相关规定，可由学校自行组织开题和结题报告会。每次举办课题的开题、结题报告会，学校都非常重视和支持，邀请省、市教科研部门的领导、专家以及相关领域的高校学者担任课题评审专家，让广大干部和教师，近距离直接聆听专家们的指导和点拨，使其受益匪浅。下面以课题的结题和开题为例，简单介绍广州市培正中学营造科研氛围的做法。

案例一：让科研为学校发展注入新生活力——广州市培正中学成功举行 2018 年广东省教研院课题结题会

广州市培正中学继2018年1月2日在广东省省级课题结题会上

顺利通过了5个课题的结题之后，2018年11月20日，在学校至正室再次成功举行广东省教研院课题结题会。参加结题会的两项课题分别是：英语科沈红娟老师的课题"预制语块理论应用于高中英语写作教学的行动研究"、历史科张锦标老师的课题"基于学习结果分类理论下高中历史教学策略优化的研究"。评审专家和学校领导的殷切厚望，为结题会画上了圆满的句号，也为广州市培正中学2018年的科研之路画上了句点。相信广州市培正中学的科研骨干们能够不忘初心，不负期望，共同开启2019年的科研新篇章，为培正中学未来的教育发展源源不断地注入新生活力。

案例二：百年培正隆重开题，为湾区建设勾勒教育蓝图——记广州市培正中学粤港澳大湾区教育发展专项研究课题

2020年6月16日下午，广州市培正中学粤港澳大湾区教育发展专项研究课题"'港澳子弟班'校本特色课程的开发和实施研究"开题报告会在学校至正室隆重召开，全校教师近两百人热情参加了此次报告会。专家和领导的点评总结，充满了对课题前景的殷切期望，也勾勒出了一幅湾区培正教育的美丽蓝图。相信有了专家的引领与指导，有了上级领导的关心与支持，广州市培正中学一定能够充分发挥自身优势，积极开发和利用校本资源，对"港澳子弟班"的特色课程展开深入研究，为湾区教育作出应有的贡献。

四、举行课题成果评比，提升一线教师的理论水平以及专业素养

为推进学校各级各类课题的研究进程，规范对课题研究的管理，广州市培正中学经常举办基于课题研究的论文评奖活动、公开

课展示及评比活动、课题成果展等，既激发学校教师撰写论文的自觉性和积极性，提高教师们的论文写作能力和水平，又让教师们在赛课中检验自己的课题研究成果，在展示与交流中互相促进，互相激励，从而提升一线教师的专业理论水平。

如：2018年7月，学校组织了培正教育集团教学论文评比活动。本次论文评比的主题是"如何在学科教学中进一步深化素质教育，培养学生的创新和实践能力"。在集团各成员学校的积极发动和共同努力下，本次共征集论文101篇。特别邀请了广东省知名刊物《课程教学研究》编辑部王际兵主任担任主要评委。最终评出一等奖10篇，二等奖25篇，三等奖49篇，表扬奖17篇。（具体获奖情况见附件2）

学校通过论文评奖活动，有效搭建起优秀教学交流平台，进一步推进了课程改革的深入实施，总结和展示了教师在课题研究和课程教学实践中取得的宝贵经验，引导和激励了广大教师积极进行教育教学理论的学习、研究与实践，有效促进了学校的教育教学改革与发展，促进了教师们理论素养和专业水平的提升。

五、新增课题立足教改热点、难点，教师教科研能力促进教学质量持续高位发展

把教育教学遇到的难题作为课题进行研究和探索，立足教育教学瓶颈问题申报课题，实现学校教学质量持续高位发展是广州市培正中学教科研工作的基本思路。近几年，在教师们申报立项的课题中，反映教师们着力解决教学难点的课题比比皆是，例如，信息化与学科教学如何有效整合、如何让课堂教学充满生命的张力、如

何有效实现教学的"轻负高质"、如何提高毕业班复习课的教学效率、如何破解中高考学科各类型压轴题等。再如，为了整体提高我校数学学科的教学质量和水平，数学科组全体教师，在科组骨干教师、名师的引领下，针对教学中的重点和难点问题，以课题研究的方式和途径，开展了系列化的化解学科教学瓶颈问题的研究。（广州市培正中学数学科申报立项课题选录见附件3）正是通过这类课题的研究和实践探索，我们惊喜地看到，学校一个个教学难题得到了有效的解决，在一定程度上优化了课堂教学，提高了教学效益，从而整体提升了学校的教学质量和水平。

通过相关课题研究，教师们不仅关注到数学教学的变式教学、探究式教学、课前预习学法指导这类教学难点，还注重对毕业班教学效益的研究，探索出了有效提高教学效益的相关策略和方法。例如，关于数学中考复习课的教学策略，教师们发现应紧扣中考复习课的特点，在复习课上以题（图）带点，顺藤摸瓜，帮助学生厘清知识的脉络；以纲带目，知识串联，加强知识之间的联系；以错示警，缜密思维，提高学生思维的严谨性；以线带面，整体推进，提升学生的综合能力；以变促思，深化发展，增强学生的应变能力；以活带实，提升能力，夯实学生的应试能力。又如，教师们梳理出数学中考压轴题各类型题目的各种解题策略，引导学生理解数学中考压轴题里蕴含的规律。教师如能抓住这些核心思想和核心方法，并有效引导，在教学过程中不断向学生渗透，让学生在头脑中慢慢形成这些数学思想，则可在解决压轴题的过程中少走很多弯路，争取拿到高分。具体解题策略主要包括：①用数学思想解题，站在更高的角度来解题，如方程思想、函数思想、类比思想等；②利用多媒体制作动画突破教学难点，优化教学效果；③创设情境，激活已有的认知；④比较归纳，及时梳理总结；⑤循序渐进，强化思维训练；⑥真题操练，力争熟能生巧；等等。

数学中考压轴题是为了考查考生综合运用知识的能力而设计的题目，其特点是知识点多，覆盖面广，条件隐蔽，关系复杂，思路难寻，解法灵活。所以解数学压轴题，一要树立必胜的信心，二要做到：数形结合记心头，大题小作来转化，潜在条件不能忘，化动为静多画图，分类讨论要严密，方程函数是工具，计算推理要严谨，创新品质得提高。

除了数学科之外，学校层面和其他学科的课题研究，也越来越聚焦关系学校办学质量和教育教学水平的研究，真正发挥出课题研究促进教育教学的作用，充分体现了课题促教研，教研促学校发展。（广州市培正中学干部教师近年主持的国家、省市课题选录见附件4）

六、健全教师综合素质评价机制，全面提升师资队伍专业化水平

基础教育课程改革要求教师由"教书匠"转变为"研究者"，由"传授者"转变为"促进者"，由"管理者"转变为"参与者"，由"执行者"转变为"创造者"，由"组织者"转变为"开发者"。教师已不应满足于"完成教学任务，实现教学目标"，还应充分发挥积极性、主动性与创造性，学会反思、创新，主动成为教学的研究者、创造者。

为促进广州市培正中学教师向研究型、学术型、专家型教师发

展，近几年，学校着力建立健全教师综合素质评价机制，以促进教师的专业化成长。其中明确规定，教师在学校的日常工作包括教育教学、教研科研以及参与培训三大部分，教师的教研科研活动是教师日常工作的重要组成部分，不可或缺。学校对各级各类课题的研究和探索活动，给予经费等方面的支持。教师主持和参与各级课题研究的情况，是各类评先评优及选送参加高端培训的必备条件。

广州市培正中学将对教师的科研能力以量化考核的方式固定下来，做到标准明确，科学合理。采用这种评价机制来促教学、促研究，为教师的专业成长提供一条指引清晰的路径。

七、结语

课题研究是促进教师专业发展的重要途径，借课题研究之东风，助力教师提高认识水平，转变观念，努力使自己成为研究型、学术型的教师。同时，教师将课题研究与教育教学实践紧密结合起来，不仅进一步促进了自身的专业化成长，也必将发挥课题研究对教育教学发展的促进作用，有效提升学校的教育教学质量和水平。

研究型教师队伍对于学校教学质量保障、人才培养、社会服务等方面具有重要的意义。一流的师资队伍，是学校不断前行的根本保障。基于我校一直以来对课题研究和探索的正确引导和大力支持，我校的教科研氛围日益浓厚，主持和参与课题研究的教师人数日益增多。今后，广州市培正中学将进一步借助课题的研究和实践，一方面引领广大干部和教师促进自身的专业化发展，另一方面逐渐化解学校在办学路上遇到的难题和瓶颈，探索学校持续高位发展的新路径，把学校办成在省内外享有盛誉的百年名校，为打造一支研究型、学术型、专家型师资队伍而不懈努力。

　　撰稿人：广州市培正中学　吕超　具惠兰　张碧铿　徐敏
　　指导专家：华南师范大学　首批教师教育专家工作室主持人徐曼菲教授）

附件 1：

"学校文化继承与创新研究"子课题结题情况选录

序号	学科	子课题名称	主持人
1	综合	建设学习型党组织，构建培正红蓝特色教师文化	许文芳
2	语文	培兰文学社的继承和创新研究	陆赛
3	语文	校园历史文化美与语文阅读教学的美学交融	赵小英
4	语文	中学语文综合性实践活动初探	黄映云
5	语文	语文课外活动与传承培正文化相结合的实践探索	曹翠莲
6	数学	构建学校文化，创新数学课题学习	汤俭
7	数学	数学教学策略的转变与培正教育文化的发展研究	斐传峰
8	英语	开展英语课程资源，传承培正文化	黄丹华
9	英语	培正英语教师与兄弟学校英语教师对于学校文化认同感的对比调查分析	汤雪斑
10	英语	发挥学生在初中英语课堂中的主体性，构建创新的教学平台	龙庆
11	政治	中学礼仪文化教育研究	许爱日
12	地理	传承培正文化，促进地理教学的实践探索	黎婉华
13	美术	校本美术课程的设计与校园美术文化资源开发的实践研究	潘芳
14	综合	从校友对培正文化的认识度角度思考学校文化的建设	张锦标
15	综合	培正学生审计署的起源与发展机制的研究	邓小华

附件2：

广州市培正中学获奖情况

序号	学科	作者	题目	获奖等级
1	语文	蔡星海	诗中有真味——诗词教学中彰显新课程标准的语文味	三
2		蔡星海	写作实践应建构"文与深"的路径——时评写作要落实新课程标准的"思维"素养目标	三
3		曹翠莲	语文味教学法在文言传记教学中的应用——以《垓下悲歌》为例	二
4		郭嘉敏	新时代下初中学生语文阅读能力的初探	三
5		何文娟	对于名著阅读课程整体设计的初探——以《骆驼祥子》为例	三
6		何文娟	中学生学校满意度研究——以广州市某中学为例	一
7		胡晓麟	在语文学科的综合性学习课程中培养学生的创新和实践能力	三
8		梁安司	写好"有机关联"，提高"内容"得分	表扬
9		梁安怡	议论性写作对"言之有理"的落实	表扬
10		梁安怡	高二片段写作对"言之有物"的探索	二
11		肖鸿莹	诗意增素养，语文沁芬芳——多渠道的诗歌教学，全面提升语文核心素养	三
12		徐敏	基于语文核心素养的高考备考思维能力的培养	二
13		赵小英	问渠那得清如许，为有源头活水来——强化阅读，突破文言文教学瓶颈	三
14	数学	裴传峰	从高考例题看对称之美	三
15		汤俭	借助数据分析开展初中数学复习课教学的实践与反思	一

（续表）

序号	学科	作者	题目	获奖等级
16	数学	汤俭	新课程标准下提高初中数学自主探究能力的一些尝试	表扬
17		时红芳	基于有效教学的初中数学复习课策略分析	三
18		余文艾	关于高中数学生命化课堂建构的思考与探索	二
19		余文艾	在新课程背景下高中数学建模的探索和实践	表扬
20		张碧铿	如何加强中学生数学运算核心素养的培养	三
21	英语	何燕	高中英语数字化教学的应用研究及评价	三
22		黄碧莹	体验式教学构造有生命力的英语课堂——*A Bite of Guangzhou*课堂剖析	三
23		黄静	预制语块理论在高中写作教学中的应用	一
24		林小燕	培养思维品质的初中英语读后续写教学设计与反思	三
25		沈红娟	预制语块理论应用于高中英语写作教学的行动研究	三
26		伍春兰	高中生命化写作教学试探究	三
27		张静	基于学生思维能力培养的高中英语阅读课堂教学	二
28		张瑞	建构主义支架理论在初中英语写作教学中的应用	三
29	政治	李迎	德润心灵，行到实处——核心素养视角下高中思想政治课教学渗透社会主义核心价值观培育策略探析	三
30		杨整君	翻转课堂在初中道德与法治课堂的应用探索	二
31		杨整君	思维力与初中思想品德学科的教与学	表扬
32	地理	邓艳华	基于学科核心素养背景下的自然地理深度教学探究	三
33		潘洁敏	地理核心素养培养下的"主题+问题式"教学	一
34		张葵	地理核心素养中的"综合思维"的培养	二
35	化学	纪权旭	提高初三学生化学学习兴趣的研究	二
36		魏平	基于化学核心观念之微粒观的习题课设计——以选修四第三章第三节《盐类的水解》习题课为例	三

（续表）

序号	学科	作者	题目	获奖等级
37	化学	衣爽	中学化学不同阶段"糖类"教学实践	二
38		尤枝亮	科学取向教学论指导下的元素化合物课型研究——以苯为例	二
39		张一川	SOLO分类评价理论指导下的化学"三重表征"教学研究——以"金属的电化学腐蚀与防护"为例	二
40	生物	毕玉花	浅谈导入在生命化课堂中的关键作用	三
41		贾宏	巧用图表分析提升"科学思维"能力	表扬
42		贾宏	提升学生"科学探究"能力的实践研究	表扬
43		贾宏	优化知识逻辑提升学生"科学思维"能力的实践研究	三
44		李德伟	重知识探究教学的生命化课堂的建构——以"细胞的能量通货——ATP"为例	三
45		李慧珍	课例"伴性遗传"中素质教育的体现	二
46	信息	向彩华	基于Arduino平台的创客课堂教学策略研究	三
47	艺术	李毅翔	美、术分工与中学美术教育的思考	三

附件 3:

广州市培正中学数学科申报立项课题选录

序号	主持人	课题名称	课题组成员
1	陈燕玉	以变式教学促进高中数学学习"轻负高质"的课例研究	阳广平、张宇玉
2	何秀红	探究式教学在高中数学中的应用思考	蒋志强
3	杨华	高中数学课前预习学法指导的实践性研究	王欢、付雯
4	汤俭	提高数学中考复习课效益的教学策略研究	初三备课组成员
5	汤俭	注重知识探究的初三数学运算课堂的实践研究	初三备课组成员
6	张碧铿	基于数学中考压轴题的"轻负高质"教学实践研究	魏振柱、易湘春

附件4：

广州市培正中学干部教师近年主持的国家、省市课程选录

主持人	课题级别	课题名称
吕超	全国教育科学"十一五"规划教育部重点课题	学校文化继承与创新研究（已结题）
邓小华	全国教育信息技术研究"十二五"规划专项课题	PBL模式下高中通用技术校本技术实践课程资源开发与应用的研究
向彩华	全国教育信息技术研究"十二五"规划专项课题	基于形成性评价的智能化实时教学评价系统开发与应用
何燕	全国教育信息技术研究"十二五"规划专项课题	新高考模式下高中英语数字化教学资源的建设与应用研究
吕超	2015年广东省基础教育课程改革项目	义务教育现代化学校试点试验（已结题）
具惠兰	广东省教育科研"十二五"规划研究项目	中学历史课堂教学中历史感培养的策略研究（已结题）
冯桂明	广东省教育科研"十三五"规划课题	以"我与化学"活动为基础的高中研究行学习校本课程的开发
吕超	广东省教育科学"十三五"规划课题	"港澳子弟班"校本特色课程的开发和实施研究
吕超	广州市教育科学"十二五"规划面上重点课题	重知识探究教学的生命化课堂建构研究（已结题）
具惠兰	广州市教育科学"十二五"规划面上重点课题	构建中学教学"轻负高质"机制的研究（已结题）
陈华林	广州市教育科学"十二五"规划课题	"有预习"的高中有效数学课堂探究
汤雪班	广州市教育科学"十二五"规划课题	构建高三英语写作生命化课堂的研究与实践

（续表）

主持人	课题级别	课题名称
沈红娟	广州市教育科学"十二五"规划课题	预制语块理论下3A写作教学模式的行动研究
何燕	广州市教育科学"十二五"规划课题	新高考模式下高中英语数字化教学资源建设与应用的研究
许爱日	广州市教育科学"十二五"规划青年专项课题	基于阳光教育论的高中政治教学实践与研究
王燕珊	广州市教育科学"十二五"规划课题	基于积极心理学的高中政治教学实践与研究
黄志权	广州市教育科学"十二五"规划青年专项课题	基于学习结果分类理论下高中历史教学策略优化的研究
邓小华	广州市教育科学"十二五"规划课题	基于项目的学习（PBL）模式在中学校本技术课程的开发与应用的行动研究
林志杰	广州市教育科学"十三五"规划名师专项课题	新高考模式下小组合作探究学习模式在化学教学中的应用

参考文献

［1］田振华. 组织变革理论视角下教师专业发展的新"勒温模型"［J］. 教育理论与实践，2020（35）：32-35.

［2］郑鑫，沈爱祥，尹弘飚. 教师需要怎样的专业学习共同体？——基于教师教学满意度和教学效能感的调查［J］. 全球教育展望，2018（12）：77-88.

［3］张红. 以情促研，以研达知：情知思想引领下的英语校本特色研修［J］. 华夏教师，2019（32）：7-8.

［4］李春玉，王宇航. 再论创新型教师的含义及特征［J］. 通化

师范学院学报，2019（9）：56-59.

　　［5］卢永翠，朱丽梅.高中数学教师的专业知识结构：基于教师职前培养的视角［J］.教师教育学报，2021（6）：107-114.

　　［6］沈佳乐.“创新型教师”的研究困境与未来所向［J］.国家教育行政学院学报，2019（6）：83-88.

　　［7］李春玉，王宇航.再论创新型教师的含义及特征［J］.通化师范学院学报，2019（9）：56-59.

　　［8］武咏梅.从课堂着力，建设创新型教师队伍［J］.内蒙古教育，2020（27）：1.

　　［9］刘明成.“认同·参与·创造”激发教师内驱力［J］.北京教育（普教版），2020（7）：34-36.

　　［10］黄强.试论教师如何利用自身素质来提高教学水平［J］.教育现代化，2018（33）：124-125.

如何培养教师教学成果的培育和凝练能力
——以广州市第十六中学为例

为鼓励教育工作者从事教育教学研究，提高教学水平和教育质量，国务院于1994年3月14日颁布《教学成果奖励条例》（以下简称《条例》），《条例》对于"教学成果"，有着明确的内涵界定："教学成果，是指反映教育教学规律，具有独创性、新颖性、实用性，对提高教学水平和教育质量、实现培养目标产生明显效果的教育教学方案"。[①]《广东省普通教育教学成果奖实施细则》也参照《条例》，规定了普通教育教学成果奖的对象："反映普通教育教学规律，具有独创性、新颖性、实用性，在普通教育教学理论、教学管理、教学内容、教学方法、教学手段等方面，对提高教学水平和教育质量、实现培养目标产生明显效果的教育教学改革方案和教学改革、研究成果"。[②]笔者通过剖析教学成果培育和提炼中存在的诸多现实问题，结合学校教科研的实际操作经验，在如何培养教师教学成果的培育和凝练能力方面，呈述自己的一些见解和观点。

---

① 中华人民共和国国务院. 教学成果奖励条例[EB/OL]. （1994-03-14）［2021-3-10］. http://www.gov.cn/zhengce/2020-12/26/content_5575073.htm.

② 广东省教育厅. 广东省普通教育教学成果奖实施细则[EB/OL]. （2013-10-16）［2021-3-10］. http://edu.gd.gov.cn/zwgknew/jyzcfg/dfjyzcfg/content/post_3.

　　教学成果的培育包括教育教学方案研制、实践检验、宣传推广的全过程，成果的凝练是将方案进行系统梳理、总结形成完整的成果物化形式。[①]教学成果的培育和凝练是一个长期践行的过程，对于教师个人而言，有利于强化业务能力，促进个人专业发展；对于学校而言，有利于优化和提升教育教学水准，提高育人水平；对于学区甚至区域而言，价值较大的教学成果的推广，有利于推动学区或区域教育改革，提升教育质量。以广州市第十六中学为例，学校教学成果"君武课程"，鲜明地体现了学校的"至真育人"办学理念，学校在培育和提炼教学成果的过程中针对实际情况，从课程开发、教学组织、资源建设、体制管理等方面进行综合考量和研究，深入反思、不断实践，最终凝练而成，从整体上优化了学校教育教学、提升了学校育人能力，也为周边学校开展课程建设提供了一个良好的范例。

　　毫无疑问，教学成果的培育和凝练，对于教师、学校和区域基础教育体系都具有重要意义。但纵观各级各类学校，对此热情并不高。从主观因素看，不少教师缺乏教科研意识，忙于埋头教书，很少参与教学理论的学习与研究、教学方法的改革与创新、教学问题的提出与探索，他们仅仅专注于教学水平和能力钻研，对于教育教学改革的研究实验，却表现得不以为然，甚至有抵触的心理。从客观因素看，一是组织工作做得不够。教学成果培育工作并未提上学校重要日程，成果培育、申报未作为学校教学中心工作来抓，不管是学校还是个人，往往临急上马，仓促应付，无法形成团队合力，

---

① 曾令鹏，耿丹青，李英骨. 关于基础教育教学成果培育和提炼的若干思考：以广东省为例[J]. 基础教育课程，2019（18）：69-77.

人力分散，资源分散，平台匮乏，自然也就无法形成高水平、高层次的教学成果。二是对培育和提炼的流程方法不够熟悉。教师在开展研究时，遇到了种种困境。如有些选题，过分热衷于追求当下教育热点，却忽视本校的实际问题和自身能力水准问题；理论水平参差不齐，缺少规范科学的教科研方法，研究过程不规范；提炼意识不强，错把简单的经验总结当成教学成果等。以上这些不仅弱化了教科研本身的价值，客观上也降低了教师教科研的水平，阻碍了成果的推广普及。

为摆脱现实存在的种种困境，进一步提升教师教学成果的培育和凝练能力，我们从实践操作层面，提出"三强化、三搭建"的"三三"策略，向内强化教师意识，向外搭建多元平台，并以公开课和课题研究为主要载体，不断提高教师的教科研能力，促进教师专业化发展。

一、"三强化、三搭建"的内涵

（一）强化认同意识

苏霍姆林斯基曾说："从事教学研究是教师职业生涯的重要部分，是教师获得职业幸福感的重要源泉。"一名教师不仅要能把书教好、把人育好，还要会做教育科研，会写文章、做课题，这样才算是一名优秀的、全面发展的好教师。如何扭转中小学教师参与教育教学研究的被动意识，解决从事教科研工作的动力问题，就成为有效推动中小学教师从事教科研工作的首要前提。

以广州市第十六中学为例，一是建章立制。通过《广州市第十六中学教育教学成果奖励条例》的制定和实施，通过学校层面，重视加大教育教学研讨力度，营造出崇尚研究、乐于研究的良好环境氛围。二是厚实学校良好的科研文化土壤。广州市第十六中学不断打造教科研先进团队，成立了杨霞校长劳模工作室、刘虹劳模工作室、黄伟忠名师工作室，充分发挥他们在区域或者学校教科研的示范带头作用，从而带动区域或者学校教科研工作顺利开展，使教师学有榜样。三是教师的自我学习和反思。不断强化中小学教师对自身专业发展的认识、理解和信念。

解决好教师从事教科研工作的动力机制问题，使其从"要我研究"转变为"我要研究"，实现教师从事教科研从外因推动到内在驱动的一个转变，可以有效促成教师主人翁地位的回归，为教学成果的培育奠定良好的基础。

（二）强化创新意识

教学成果要具有独创性和新颖性，具备一定的创新价值，作为教师，一定要具备良好的创新意识。不可否认，教师与专门的教研人员相比，无论系统的知识体系，还是专业的理论水平，均有一定差距，但是在经验方面却有得天独厚的优势。教师把自己在教学和班级管理等方面遇到的困惑、对问题的思考、解决的办法和过程、取得的成绩、引发的思考等撰写出来，往往具有意想不到的价值。如果将这些小心得、小灵感累积起来，便有可能产生大创新、大成果。广州市第十六中学一直鼓励教师立足一线常规课堂，在课堂教学与班级管理过程中，不断累积丰富而独特的体验，记录和提炼闪光点和独特的思考价值，并做好相关收集和指导工作，以此不断激发和强化教师们的创新意识。这些成果既可以论文的形式呈现，也可以其他更为灵活的形式展现。即便是关于作业的布置、试卷的设计、复习的方法等，这些常规性的、细节性的经验和做法，虽然不是严谨的教学论文，但对一线教师来说也是一笔宝贵的财富。这些小创新，同样具有很强的针对性和指导意义。

（三）强化整理意识

学校要指导教师定期对自己的教研成果进行汇总和梳理，及时发现自己在专业发展中出现的问题，适时加以调整、充实、完善，这必然对自己的专业发展有指引和矫正的意义，也为成果的培育和凝练提供了丰富的素材。

广州市第十六中学建立专门的教师专业成长记录档案，教师如发表论文、讲公开课、论文获奖、主持课题、实验、辅导学生、获得教科研主管部门的表彰等，均要分类登记在成长记录档案中，这些成果需要定期地收集整理和分类保存，纸质版保存在档案盒或档案袋中，电子版保存在电脑中。同时注意引导教师通过对汇总的教学成果进行观察、分析、比较，研判教学教研的长处和短板，以及成果薄弱甚至空白之处，聚焦力度，有所突破，这对教师确定后期专业发展的方向和重点，起到了良好的参考和指导作用。

（四）搭建团队协作平台——引领示范，助力成长

团队协作在任何时代都是取得成功的重要条件。中小学教师教科研更需要摒弃以往那种单打独斗的"独行侠"状态，进一步改变那种功利性、形式化的拼组状态的松散体，而转向组建能实际参与

的功能性、结构性的教师教科研共同体，正如日本东京大学佐藤学教授所言："学校本身就是一个大的'学习共同体'。"①借助学校这个大舞台，有效实现松散体到共同体的转变，可以在短时间内收集大量信息，集思广益，使教科研的广度和深度不断拓展，实现多方共赢，这也正是当下教科研所倡导的"协作创新"。

这当中，名师引领示范、助力成长的作用不可替代。名师工作室的成立和运行，对于学校整个教科研工作的推动，乃至工作室成员之间教育教研能力的共同促进和提升，效果巨大。从广州市第十六中学历届不同级别教学成果可以看出，拥有大师级项目主持人和学科带头人的团队，所取得的教学成果价值较大，其学术影响力也较大，更易获得业内认可，这些大师级项目主持人和学科带头人是推动教学成果培育和凝练的引擎和方向盘；而具有丰富教学经验、开拓创新精神的研究与实践队伍，则是整个项目推动不可或缺的车轮。工作室成员在名师引领下，共享教学经验，共享活动成果，共同研讨问题，共同实施计划，各有分工，又相互配合和协作，既有科学合理的顶层设计和目标规格，又有扎扎实实的教学改革推动和实践，促使教学成果的培育和凝练，事半功倍，也进一步推动了团队内部教师走进自身专业成长发展的快车道。

名师工作室的引领和示范，也客观上推动了其他教师的专业发展。广州市第十六中学利用杨霞校长劳模工作室、刘虹劳模工作室、黄伟忠名师工作室、陈琼环省名班主任工作室平台，建立相关工作室网站，及时更新教学教研成果，发布优质课、展示课等优质

---

① 佐藤学. 学校的挑战：创建学习共同体[M]. 钟启泉，译. 上海：华东师范大学出版社，2010.

教学资源，以网络的形式进行辐射推广，全面引领教师的专业发展。除此之外，我们利用名师工作室平台，开展同课异构、校际交流课堂、课堂磨课、观课、议课等活动，并做出合理诊断，引导教师展示优点，发现不足，并切实提出解决问题的方案，帮助他们充分发掘自己的潜力，不断提高自己的教育教学教研水平。

（五）搭建开放交流平台——厚实土壤，濡养成长

要做到教学成果的有效培育和凝练，教师自身的理论水平和知识体系也要同样得到充分的濡养和提升。因此，除了日常的讲座和培训外，搭建开放交流平台来保证教师高水平和多元化的理论学习，为"临门一脚"修好内功，也是非常重要的手段。

平台搭建的形式，一是"请进来"，邀请相关教育专家名师，对教师进行规范的教育科研方法培训与指导，做好教学成果的申报、审核、立项、完成的理论指导和过程指导。广州市第十六中学一直重视充分发挥名师工作室的引领和示范作用，开展各式各样的教科研培训和观摩，促进教师教科研水平的快速提升；同时积极聘请专家，如聘请华南师范大学钱扬义教授作为学校教师发展的专门指导教师，就教师重点关注的一些痛难点，进行及时的点拨和指导，让参加培训的教师受益匪浅。二是"走出去"，让教师参加相关的学术会议和培训，增强对教科研方法的掌握。近几年，广州市第十六中学为支持教师教研实践，不断创造机会，让教师走出教室、走出学校，走向高校和兄弟学校，不断拓宽视野，拓展其对研究的认识，厚实了教研发展土壤。三是"坐下来"，采用线下和线上同步结合形式，借助现代通信、互联网、多媒体等技术，进行可

视化、信息化和远程化指导。广州市第十六中学充分依托网络和图书馆，购买专业教科研网站资源和征订顺应教育教学形势的理论指导期刊，并为教师开放以供其查阅，从而打破时空限制，拓展教科研的空间，让教师时时可学，处处可学，进一步提升自身的教育教研理论水平并掌握研究方法。

（六）搭建梯度发展平台——量身定做，孵化成长

教师群体庞大，每个教师特质不同，能力水准和经验也各有差异，教学成果的呈现，也必然出现水平、价值、影响上的差异。教学成果的培育和凝练，也要尊重这一基本事实。因此，对于不同的教师群体，我们要设置好"跳一跳，摘桃子"的空间，充分搭建"量身定制、梯度发展"平台，积极保护和鼓励教师在教学成果的培育和凝练道路上，行稳致远。同样以广州市第十六中学针对不同目标群体，设置不同阶梯目标为例。

针对理论或写作基础薄弱的教师，要取得成果，最简单的做法就是指导其精心编写教学设计。事实上，一篇好的教学设计就是一项成果，因为它反映了教师的思维过程，以及对问题的认识水平和处理能力，也反映了教师的教学方法和教育理念。

针对从教时间不长、教学研究能力不够的教师，可要求其撰写教育或教学叙事。不仅要把自己遇到了什么问题、怎样遇到这个问题写出来，而且要写出解决问题的过程。教师及时将经历的故事、获得的独特体验撰写成教育或教学叙事，不仅为课题研究积累了材料，还提高了自己的思考能力，并在一定程度上推动了自身教育教学研究与行动、理论与实践的结合。

　　针对积累了一定教学和管理经验的教师，我们可以鼓励其将平时的做法、经验进行适当的总结，融入一些理论性的东西，形成教学案例或育人案例，变成一个可供借鉴和推广的教学成果。

　　梯度目标的不断实现，能促使教师在教学管理过程中，行有所思，行有所获，不断积累经验和能力，提升自己的教育教学水平，也不断积累自己教育教研的底气和资本，进而向有价值、有创新的论文和课题领域进军。为了进一步降低课题入门的门槛，鼓励教师积极参与课题研究，我们制定了《广州市第十六中学学校课题研究计划》，并对申报的课题进行有益的指导和建议，让更多的教师在课题研究中，积小步为大步，收获专业成长的价值。在这个基础上，遴选优秀课题，搭建梯台，层层申报，让更多的教师，实现了课题申报研究从小平台到大平台、从低水平到高水平的飞跃。

　　"三三"策略的实施，能够较好地激发教师教学教研的内驱力，为教师教育教研提供了良好的环境氛围和肥沃土壤，进一步促使教师教育教学与教科研形成良好的互动，也为教师的专业发展提供一个广阔的舞台。在此基础上，通过公开课、课题研究提升教师能力，才有了实践的基础和良好的落脚点。

二、依托公开课成果的培育和凝练，促进教师专业成长

　　对教科研有浓厚兴趣和一定基础的教师，尤其是中青年教师，是每个学校教科研的主力军，他们对自我成长有着迫切的需求。如何引导他们聚焦课堂，催化成长，推动他们从经验型教师向科研型教师甚至是名师转变，从而进一步支撑起学校教科研的品牌和特

色，这是值得每所学校思考的问题。

公开课，毫无疑问，是推动教师教研成长发展有力的助推器。教师牢牢把握公开课历练机会，积极参与，深入探究，多维发展，实现教研价值的最大化，促进自己教研成长，被证明是行之有效的重要方式。关于公开课价值的挖掘，华南师范大学钱扬义教授提出了著名的公开课"1+8套餐"模式，即引导教师对相关课例进行整理、思考，在此基础上进行多元化的微研究、微探索，从公开课中提炼并生成8种成果。教师在这个过程中，不断培养研究精神，通过课前研究综述、制定教学设计、课堂实践反思、整理课堂实录、撰写教学反思等，找到问题所在和研究方向，构建独特教学研究体系，从而实现自己成果的多元化，促进自己专业方向的跨越式发展。

广州市第十六中学积极施行公开课"1+8套餐"成果培育和凝练策略，引导教师从课堂小窗口中领略成果大世界。以本校某位年轻历史教师为例，我们的过程指导如下。

（一）前期综述，初步设计

该教师被指定执教高一上学期历史学科校级研讨公开课"辽宋夏金多民族政权的并立与元朝的统一"。我们引导执教者协同备课组围绕"立德树人"的教学理念进行教学分析，关注教材内容、课程标准并分析学情，经过前期大量的资料收集，查找相关论文和教学设计，做好文献综述。执教者在查阅中国知网的核心期刊后进行文献梳理时发现：出于新教材新课程标准的原因，关于这一时期的教学设计并不多，共有5篇教学设计，而这5篇教学设计也多是以自然课时为主体设计，分为四课四主题，从不同角度表述，如从中华民族认同的角度讲述"辽、西夏与北宋的并立"。

执教者在咨询了教研员的意见后，大胆革新，思考能否从形式上进行创新：寻找一个能全面概括这一历史时期的阶段特征，并以单元为单位进行知识结构的重组来进行教学设计。执教者又在中国社会科学网中查找到相关的文章，如《民族交往交流交融促进中华民族复兴》《"多元一体"——习近平的民族观》，初步设想以"民族交融"为主题和切入口，但是执教者不确定这种操作方式是否可行，进一步查阅文献后终于发现理论依据。《普通高中历史课程标准（2017版2020年修订）》中提及：重视以学科大概念为核心，使课程内容结构化，以主题为引领，使课程内容情境化，促进学科核心素养的落实。徐蓝、朱汉国《普通高中历史课程标准（2017年版2020年修订）解读》中提及：提炼每个较长时段历史发展的主要特点，各个专题的名称力求突显历史发展阶段的重要特征。做好文献综述后，基于现行教材中民族史教学是重点这一现状，执教者最终确定以"民族交融"为主题来引领单元教学，这样的设计既有历史意义，又有现实意义，符合长时段的阶段特征，又能凸显课标要求，并且能落实核心素养，能解决教材教学容量过大的现实问题。以此角度开展教学，确定教学目标和教学重难点，执教者和备课组教师共同钻研这一课内容的必备知识和关键能力。在具体的教学设计环节，充分考虑历史学科特点，提供不同形式的史料，锻炼学生信息检索和分类整理的能力，落实学科核心素养；设置问题链来创设情境，引导学生进行梯式思考，在逻辑演进中优化思维，逐层深入地感受历史事实。在经过前期的充分讨论和论证后，备课组确认此教学设计符合新课程的教学理念，给新课程的教学提供了一种新范例，有逻辑、有亮点、有学科特色。教师在此基础上做出授课课件。

为让学生开展有效的自主学习和建构知识体系，变"导读、导听、导思、导做"为"自主读、自主思、自行建构"，执教者制定学案，以此为抓手，指导学生在课前预习中提出问题，以便为后续教学中的"互动、对话、深思、新知"打基础。

（二）实践反思，二次构建

做好充分的前期准备后，执教者进入课堂教学环节。初次试教，邀请了历史科组部分教师和教研员一同参与听课、评课。试教结束后，立刻组织进行了评课和议课活动，听取了执教者的执教设想和思路汇报后，大家提出的核心问题主要集中在两点：一是不仅要理解教材本身的逻辑，即其中体现的政治、经济、思想文化等方面的逻辑关系，更要理解教材背后的逻辑，即为何如此设置，设置的理由和意义何在，深挖历史教材的生活价值和发展价值；二是新教材是一本纲要式的学材，如何用足、用好，大概念统领教学是一种有效的解决办法，但提炼出既能体现阶段特征，又能对教材内容做合理化建构的大概念也是一种考验。此外，在教学目标的达成程度、教学的流畅程度、教学组织的语言和艺术、多媒体灵活运用，尤其是问题的导入方式和师生的互动反应方面进行了坦率的交流，并提出了一些中肯的改进意见，帮助执教者在对这堂课的理解和把握上，有了更深层的思考和认识。

对此，执教者深思熟虑后着手修改：重新梳理知识点的逻辑关联，整体呈现出从阶段特征出发，这一时期的阶段特征即为民族交融，民族交融的内涵再到民族交融的意义；从小标题的设置上更能凸显"民族交融"这一主题；从时间轴设置上，删繁就简，更能直观体现阶段特征；从史料的选取上，删掉一些有阅读障碍的内容，调整设问，逐层设问，解决史料阅读的难题等。以上修改内容覆盖了课堂预设和相应的解决方案，整体设计更流畅、连贯，符合教学逻辑，并且能够突出单元教学的重点，无论是学生还是教师，在这样的教学形式下，都会对这一部分内容的学习有耳目一新的感觉，提高学生的参与度，这也是有效的教学策略。执教者进一步改进自己的教学设计和教学方法，并在此基础上重新调整了学案和说课课件以及授课课件。

（三）再涉课堂，精雕细节

第二次磨课，再次邀请资深教师和教研组长一同参与。经历了初次试教后，第二次的课堂效果明显得到进一步提升，课堂组织流畅有序，多媒体使用和课堂导入的情境极大地激发了学生的热情，师生互动和谐，教学目标达成度高，教学重点突出。参与评课的教师在高度肯定执教者的成长和进步后，也进一步指出了需要注意的细节问题：设问本身要有梯度，要关注全体，而不是小部分学生，分层次设置，满足不同学生的需求；所选的素材还不够典型，要体现新课标的理念，选取不同类型的史料。参与教师勉励执教者精益求精，不断完善教学过程的每一个环节和细节，从而实现教学效果的最大化。

执教者听取专家意见并结合试教过程中学生的反馈，进一步调整教学设计：将"民族交融的内涵"这一部分细分成定义、特点和方式三部分。民族交融的特点部分用演绎推理的方法，要求学生快速阅读教材第三单元，从中找出有关民族交融的史实，并对其进行分类归纳。依据概念内涵对教材零散史实进行分类整理，便于厘清历史脉络，发现和解决新问题。这一过程有助于加深理解并明确民族交融的横向表现：经济、文化、政治、社会和人口（血统）等方面均有所体现，也为后面民族交融的途径的学习做铺垫。学法方面，学生锻炼了信息检索和分类整理的能力，落实了时空观念。关于"民族交融的内涵"，便于学生直观感受，调整策略，以疆域地图的形式展现并设问：与西汉、唐朝疆域做对比，元朝的疆域有什么拓展？结合所学知识说明其意义。

执教者在修改过程中做到了精雕细琢，细化每个环节，关注教学内容、学生反馈、教学环节等的内在关联，在此基础上，教学设计更为完整、科学，更具实操性。

（四）公开课堂，收获价值

最终的公开课，在备课组前期的群策群力和执教者精心的准备和改进下，获得一致的肯定和赞赏。听课教师们认可课程所呈现的教学理念、思路和课堂为高一历史教学作出了理论和方法的指引，大概念教学、以单元形式开展、民族史教学等都给听课教师以全新的感受，特别是"民族交融"教学立意很好地涵养了家国情怀，有较高的推广价值。基于课程设计的新颖性和实操性，这节课很快被推荐到了广州市教研会上作展示，执教者作了题为"大概念整合下的单元教学初探——以'辽宋夏金多民族政权的并立与元朝的统一'为例"的讲座，给广州市的新一轮课程改革提供了新思考，获得了一致好评；后又被进一步推荐参加广州市教师技能大赛，获得了一等奖。

（五）提炼成果，多元呈现

在上述基础上，我们鼓励执教者充分利用这一次公开课的准备和研讨，根据课程所呈现的教学理念，结合自己的思考、实践、研讨，分门别类作了整理、总结、积累、提炼，丰富自己的成果。最终呈现成果如图1所示。

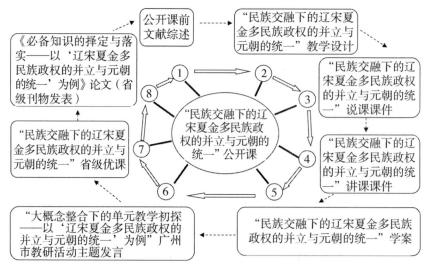

图 1　公开课 "1+8 套餐" 成果培育和凝练

公开课是教师提升自己教学教研能力的必经之路。公开课成果培育和凝练的过程，不仅体现了教学的价值，也充分体现了教研的价值。在公开课或教学竞赛模式下推行的 "1+N" 的做法，既呈现了多元化成果，激发了教师在教科研方面的成就感，又使教师拓展了自己的思维深度和广度，提升了自己的理论水平，为以后课题申报奠定了良好的基础，极大促进了教师教科研尤其是年轻教师的专业发展。

三、依托课题研究成果的培育和凝练，促进教师专业成长

课题研究是学校内涵发展的必然要求，是教师专业成长的必然选择，是深化课程改革的必要条件。但是，这又是一个系统的过程，学校有必要做好充分的指导和保障工作，不断提升教师培养和凝练成果的能力，使教师在课题研究上获得充分成长。

（一）聚焦问题——在实践中科学提炼课题

研究源于问题，问题源于实践，课题的研究同样如此。发现和思考教学实际中的 "真问题"，是培育、凝练教学成果的前提。任何教学成果的研究，首先要明确背景是什么，教育教学面临着什么挑战和问题，这样的研究，才有真正存在的意义。因此，要指导教师在日常教学实践中培养问题意识，善于发现和思考教育教学改革中的"真问题"，[①]广州市第十六中学每年都会以科组为单位，开展教师沙龙，交流教学实践过程中的问题和困惑，并以科组为单位，建立"问题库"，学校及时、有的放矢地聘请专家分析引领，从中找到有研讨和探索价值的"真问题"，并逐步将"真问题"提炼成"课题"或"小课题"。如申报的市"十二五"教育规划课

① 柳夕浪. 试析基础教育教学成果的内涵与特征[J]. 中国教育学刊，2013（5）：12-17, 29.

题"基于SPOC的混合式学习模式在高中语文'任务群'教学中的实践研究"，就很好地结合了当下疫情防控背景和"抗疫保学"线上教学面临的教学效果达成度较差的实际问题，敏锐感受到了SPOC、混合式学习方式在当前高中教学中的应用前景，并申报课题以研究。

（二）提供抓手——按部就班推进课题研究

以培训为抓手，积极开展课题培训，聘请专家、名师开展讲座，进行观念、理论引领。教师在与理论专家的对话和研讨中，对新的教学设计模式的研究与预设，对课题内容、方法与技术路线的研究等，有了更深刻的认识和理解。广州市第十六中学一直非常重视课题研讨，如在2020年6月30日开展的如何做好课题研究和结题的专题讲座中，钱扬义教授对在座教师们的研究课题一一做了充分的指导并提出相关建议，他提出应结合新课标素养导向的特点进行研究，并把研究目标明确化、具体化、聚焦化，在研究方法和路线上结合实际，严谨制定等，大大提高了学校教师在研究课题方面的针对性和实效性。

以过程为抓手，让研究更加规范。为了引导教师循序渐进，有效进行课题研究，我们可以化大为小，将大目标分解成一个个小目标，将每个程序步骤转化成各种表格和记录单。以市"十二五"规划课题"开展基于核心素养的线上财商实践活动的探究"为例，我们将其分解成了财商教育问题分析单、财商教育理论学习纲要、财商教育研究计划安排、财商教育实践记录表、财商教育实践总结反馈表等，引导教师一步步完成研究目标，获得成就感。在不同阶段或遭遇一些研究困难时，我们更会聘请专家进行专题研讨，集思广益，帮助教师顺利实施课题研究。

学校还要做好各方面的保障工作，为课题实施提供有力的支持。在课题"开展基于核心素养的线上财商实践活动的探究"的实施过程中，为了推动理论研究和现实实践充分结合，学校专门开辟了相关的实践课堂，创设和实施了"金融课堂""理财大赛""商品交易会"实践活动，从一个学科到所有学科，从一个年级到所有年级，边推进，边修订完善。在学校的有力支持下，财商教育实践课题顺利开展，在展现财商教育魅力的同时，教师的理论素养和专业研究能力也得到了进一步提升。

（三）创新形式——多向互动，提升课题研究的能力

广州市第十六中学的课题研究一般以群体协作的方式开展，级组联盟、科组联盟、校际联盟是团队构建的三种形式。在课题研究中，根据需要，我们可以跨年级、跨科组、跨学校进行团队的研究。灵活的组合，为课题开展提供了极大的便利。在课题研究中，我们鼓励教师带着问题上课，在真正的教学实践中实施研究；利用同类型班级较多这一优势，不断进行"同课异构"，在教学中对比借鉴，对话反思，不断调整、改进思维方式，总结提升成果，有效解决教育教学中的"真问题"，提高教师的专业发展水平。

除此之外，课题研究的方式也有了新的变化，充分利用信息媒介，推动课题研讨实践，已经成为一种潮流。同样以广州市"十二五"规划课题"开展基于核心素养的线上财商实践活动的探究"为例，在学校的牵头下，团队与科大讯飞合作，建立工作室，

共同合作应用系统建设；并通过微信群，利用圆钉公众号建立教育班级，利用UMU应用App建立云班级开展活动；在这个基础上，进一步整合各类信息技术，如录屏软件、VR场景设计软件、图像制作软件、作业发布管理软件，将这些新颖的技术形式运用到课题实践中，大大提高了课题开展的趣味性和高效性，开阔了教师的视野，提高了教师的专业素养，提升了课题影响力。半岛电视台驻北京分社的工作人员就来到广州市第十六中学，对金融理财课程进行了专访和拍摄。

（四）指导提炼——优化成果的表达

教学成果培育和提炼，最关键的"临门一脚"，在于如何将抽象的理念、方法、模式、方案转化为可观看、可模仿、可实践的实物，这直接关系教学成果的宣传推广效果。不同的成果类别，其物化形式是不一样的，如课程建设成果的物化形式可以是课程实施方案、课表、课程纲要等，教学改革成果的物化形式可以是教学设计、课型、教学模式、教学指南等，各种物化形式最终服务于教学成果核心内容的表达。[①]然而教育教学成果的梳理与提炼却十分考验研究者的总结归纳和提炼升华能力，也因此被许多教师视为教育研究过程中的痛点和难点。

优秀教育教学成果是科学性和艺术性的融合和统一，我们认为，教育教学成果的表达，要做到从如下几方面加以优化。

1. 要善于反思、总结

在教学成果的研究实践中，教师是探索者和实践者，是摸着石

---

① 柳夕浪. 教学成果这样培育[M]. 北京：教育科学出版社，2019.

头过河的人，这当中必然有很多调整和改进的空间。唯有将反思行动纳入教学探索实践中，才能进一步促进成果的生成，进一步促进自身的专业成长。[①]

因此，我们要指导教师学会反思。反思探究的定位，以便更好地实现设计的意图，纠正原有探究中的偏差，达到应有的目的；反思探究活动的进程和结果是否与教学设计一致；反思探究活动是否达到了预期的效果，学生的行为是否实现了预期的变化；反思自己在学生活动的开展过程中可能遇到的问题和困难，是否有预设和解决方案。在反思的基础上，做好成果的梳理、归纳、提炼、升华。同样以广州市第十六中学为例，在实践过程中，广州市第十六中学都会定期召开教学成果中期总结会，通过前期实践，不断总结、反思、调整课题研究发展的策略，解决课题中存在的种种问题，并进一步思考接下来成果实践的最有效途径，通过勤于反思、善于反思，不断累积经验，提升能力，为成果最终提炼做好充分的准备。

2. 要有严谨的结构

一篇优秀的教育教学成果总结就是一篇结构严谨、逻辑清晰的好文章。所以，要指导教师在撰写成果时，做到框架、体系一目了然，如以"针对什么问题，开展了哪些相应的研究和实践，取得了哪些成果，成果是否解决了问题"进行框架的搭建。各要素环环相扣，一脉相承，内在逻辑高度一致，互为印证。

以广州市第十六中学申报广州市"十二五"教育规划课题"普

---

① 徐洋，王旭飞. 浅论课题探究活动中的积极反思[J]，新课程探究（下旬刊），2011（8）：76-78.

通中学利用STEM学习空间实施STEM课程的实践研究"这一成果为例，几经推敲，数次调整，最终呈现了如下的内容体系：结构上，首先明确问题，即如何利用STEM学习空间实施STEM课程的实践研究；聚焦过程上，课题立项后教师培训工作，场馆建设工作，领导力培训工作，整个课程构建体系和实施策略工作，课程效果评估等，最后呈现成果；理论上，构建"培训课程设计与实施六要素""学生STEM课程体系"等，各层次脉络清晰，紧扣选题，逐层推进，得到了点评专家的高度肯定。

3. 要有新颖的观点

所谓观点新颖，就是要做到"人无我有，人有我新"，提出别人没有提出过的观点，或者是在别人研究的基础上呈现新的观点，解决别人尚未注意或还没解决的问题。因此，在指导教师凝练成果时，要注重内涵挖掘，在实践基础上，呈现成果的创新价值。

仍以广州市第十六中学的广州市"十二五"教育规划课题"基于SPOC的混合式学习模式在高中语文'任务群'教学中的实践研究"为例，我们这样指导其创新点的呈现：国内SPOC的混合式学习模式在职业类学校运用较多，但较少运用在高中学科学习上；国内外将"SPOC的混合式学习模式"和"任务群"教学结合起来研究的案例很少。基于上述情况，一是将SPOC和混合式学习方式落地于普通高中语文学科；二是将新课标中"任务群"教学与"混合式学习方式"相结合，与新一轮课程改革提出的"把语文活动作为与素养直接结合的轴心"的核心理念一致，具有时代价值；三是跨学科完成项目学习的研究，与新课标中提出的课程"整合"内涵一致。跨学科运用项目学习，不仅可以打通学科壁垒，排除年级障碍，而且具有更强的操作性。

4. 要有凝练的表达

提炼是对已有成果进行分析和概括，使之成为规律性认识的过程。因此，要指导教师学会规范的学术语言甚至理论术语表达，文风要朴实简练，有特定内涵。有时还可以借助图文、图表等方式，更加直观地显示一些比较复杂的成果，让各部分关系一目了然，使内涵更加清晰地彰显。为进一步加强教师凝练成果的能力，我们往往指导课题研究者将课题相关的文献资料、实践资料进行汇总分类，团队成员以"聚焦研究方向，有效淬炼成果"为目标，比较分析，去伪存真、去粗取精，甚至借助外力，聘请专家共同深入挖掘成果的内在价值。

以广州市"十二五"规划课题"开展基于核心素养的线上财商实践活动的探究"为例，在提出假设、大量实践的基础上，多方淬炼，形成了鲜明的系统成果价值。

价值一：引领学习风向。（1）引导实践活动的方向。引导学生树立学习目标，而不会流于形式。（2）强化学生的实践与探究学习。（3）及时发现问题并提供矫正处方。

价值二：引领教学风范。（1）促进师生关系的转变，从传统的"师道尊严"转变成新型的伙伴、朋友关系。（2）促进教学关系的转变，教师不仅是知识的传授者，而且是学生学习活动的组织者。（3）对其他教师的示范和导向作用。

价值三：丰富教学资源。借此契机撰写了系列校本教材，开拓了丰富的教育实践基地。

广州市第十六中学在课题上的引领、指导和保障，让参与研究的教师积极投入，充分实践，多元探索，呈现了丰硕的成果。同样以广州市"十二五"规划课题"开展基于核心素养的线上财商实践活动的探究"为例，课题研究组成员先后在国家级、省级、市级刊物发表论文8篇，在省、市专题讲座中宣读论文3人，参与省市区级教学比赛获奖2人；《信息时报》以《市十六中校长杨霞解读该校办学经验与探索——以特色课程推动教学创新》为题，报道了我校金融特色课程的风采，《新华社》《羊城晚报》《广州日报》《中国青年报》《南方都市报》《信息时报》等媒体也纷纷报道了我校课程，我校教师专业发展水平得到了充分肯定。

四、结语

在以"立德树人"为根本任务的今天，社会对教师专业发展的要求越来越高。教师要具备成果意识，要善于在教育教学中不断发现和思考问题，并在体验过程中，不断总结反思，提升自己的教科研水平，促进自己从经验型教师向科研型教师转变。而源于实践的"三三"策略的提出和实施，以及以公开课和课题研究为主要载体的学校教研实践，正是顺应了这一形势发展要求，有助于教师教学科研能力的提升，从而把教科研发展推向更高水平、更深层次。

撰稿人：广州市第十六中学　王勇　陈煦　幸奇越
指导专家：华南师范大学　首批教师教育专家工作室主持人钱扬义教授

参考文献

［1］中华人民共和国国务院．教学成果奖励条例[EB/OL]．（1994-03-14）［2021-3-10］．http://www.gov.cn/zhengce/2020-12/26/content_5575073.htm.

［2］广东省教育厅.广东省普通教育教学成果奖实施细则[EB/OL].（2013-10-16）［2021-3-10］．http://edu.gd.gov.cn/zwgknew/jyzcfg/dfjyzcfg/content/post_3.

［3］曾令鹏，耿丹青，李英骨.关于基础教育教学成果培育和提炼的若干思考：以广东省为例［J］.基础教育课程，2019（18）：69-77.

［4］佐藤学.学校的挑战：创建学习共同体［M］.钟启泉，译.上海：华东师范大学出版社，2010.

［5］柳夕浪.试析基础教育教学成果的内涵与特征［J］.中国教育学刊，2013（5）：12-17，29.

［6］柳夕浪.教学成果这样培育［M］.北京：教育科学出版社，2019.

［7］徐洋，王旭飞.浅论课题探究活动中的积极反思［J］.新课程探究，2011（8）：76-78.